英語で大学が亡びるとき

「英語力=グローバル人材」というイデオロギー

寺島隆吉

明石書店

英語で大学が亡びるとき——「英語力＝グローバル人材」というイデオロギー

目次

第2章　京都大学における「国際化」……97

第3章　「地救原理」を広め、世界をタタミゼ（畳化）する言語教育……209

第1章　グローバル時代の大学英語

第1節　「英語力＝研究力、英語力＝経済力、英語力＝国際力」という神話

＊以下の論考は、二〇一〇年一一月五日（金）に京都大学で開かれた国際シンポジウム「大学のグローバル化と複言語主義」で私がおこなった問題提起に加筆修正を加えたものです。

1　強まる「英語化」への圧力

いまEUを中心として「複言語主義」が叫ばれ、CEFR（ヨーロッパ言語共通参照枠）といった言語教育の指針が大きな注目を浴びつつあるようです（杉谷二〇一〇）。しかし、日本の大学は、これとは全く反対の方向に進みつつあるように見えます。

というのは、かつて私が勤務していた岐阜大学を初めとして近隣の大学を見るかぎり、大学における外国語教育は英語一辺倒へと大きく傾斜しているからです。今までは第二外国語として教えられていたフランス語やドイツ語は周辺部に押しやられています。

EUの複言語主義は基本として「母（国）語＋二つの外国語」であり、二つの外国語のうち一つは近隣国の言語を選ぶように勧められています。それを日本に当てはめるとすれば、中国語・韓国朝鮮語あるいはロシア語（出稼ぎの日系ブラジル人を考慮すれば、ポルトガル語も、これに加わる）ということになるでしょう。

では周辺部に追いやられたフランス語やドイツ語の代わりに中国語・韓国朝鮮語あるいはロシア語が、それと同じ地位を占めているかといえば、決してそうではありません。岐阜大学の例で言えば、私の在職時には、中国語・ポルトガル語・韓国朝鮮語は非常勤講師で間に合わせていましたし、ポルトガル語・韓国朝鮮語の開講もごく最近のことでした。

私は今年（二〇一〇年）三月に岐阜大学を定年退職しましたが、岐阜大学が民営化＝法人化される以前でも、工学部を初めとする理系学部からは「英語ですらまともに使えないのだから、共通教育では英語さえ教えてくれればよい。他言語は必要ない。とにかく『使える英語力』を育ててくれ」という強い要求がありました。

国立大学が民営化＝法人化されてからは、このような要求はいっそう強くなり、大学上層部からも、「英語力＝研究力」「英語力＝経済力」「英語力＝国際力」という理由で、ＴＯＥＩＣを全員に受験させようとする、あるいはＴＯＥＩＣを念頭においた授業を開かせようとする圧力が強くなりました。しかし、このような傾向は、法人化された国立大学だけでなく、私学でも見られる全国的な傾向のようです（鳥飼二〇〇二、二〇〇四）。

そこで、「英語力＝研究力」「英語力＝経済力」「英語力＝国際力」という考えは本当に正しいのかという観点で、日本における外国語教育のあり方について改めて考えてみたいと思います。

2 「英語力＝研究力」という主張は正しいか？――「研究力」の基礎は国語力と数学力

最近では「英語力＝研究力」ということが声高に叫ばれ、それを裏で後押しをする財界の圧力に屈して文科省も「英語ができる日本人の育成」ということを大きな柱に据えました。しかし、果たして「英語力＝研究力」なのでしょうか。

最近は「コミュニケーション能力」すなわち「会話力」が特に重視されていますが、もし「英語力＝研究力」ならば、英語を話せない益川敏英氏がノーベル物理学賞を受賞したのは実に奇妙なことになります。また今年のノーベル化学賞を受賞した鈴木章氏・根岸英一氏は、それぞれ一九三〇年・一九三五年生まれですから、終戦時には、それぞれ一五歳・一〇歳です。ですから、いま流行の「小学校英語教育」を受けているわけではありませんし、中学校で初めて習ったであろう英語も、いま流行の「会話中心」の英語教育ではありませんでした。このような教育環境でありながらノーベル化学賞を受賞していることは、「英語力＝研究力」だと考えることのおかしさを何よりも雄弁に物語っているように思います。

これも考えてみれば当然のことで、日本語で書かれた教科書だからといっても大学や大学院レベルの物理学や化学の教科書を私たちが理解できるわけではありません。それが理解できるためには日本語で論理的に考えたり、その説明のために記述されている数式や化学式が理解できなければなりません（鈴木二〇一〇）。

日本語で書かれた教科書ですら、この有様なのですから、「英語ができる」から（すなわち「会話」ができるから）といっても英語で書かれた物理学や化学の教科書を理解できるわけではありません。英文学専門のひとが英語で書かれた物理学の教科書を読む姿を想像してみれば、「英語力＝研究力」という主張のおかしさは容易に理解できるのではないでしょうか。

ですから、「研究力」ということを考える場合、その土台としてまず考えなければならないのは、母（国）語で論理的に考える力だと思いますが、その次に必要なのは数学の力です（岡部ほか二〇一〇）。しかし、基礎学力として数学が必要なのは物理学や化学だけではありません。最近の経済学は数学の力なしには理解できません。

「デリバティブ」などという摩訶不思議な金融商品を発明したウォール街の住人たちは、その多くは工学部出身で、「流体力学」で使う数学＝微分方程式を駆使して「金融工学」なるものを開発したそうですが、それがいかにいかがわしいものであるかを理解するためにも高度の数学力が必要でした。だから、多くのひとは騙されてしまったのです。

東大工学部の卒業生の多くも金融界に就職し、「これでは、ものづくり日本が崩壊する」と指導教官を嘆かせています（宇沢・内橋二〇〇九、八七－八八頁）。

ですから、「研究したいと思う対象が見つかり」「その研究対象を深く掘り下げるために英語の文献を読んだり」「研究を深めるために必要に迫られて英語で情報交換をする」という活動の中でこそ、英語力は育てられるべきです。そのために大学がまず第一にすべきことは、学生に数学や日本語の基礎学力を育てつつ、「知的好奇心をかきたてる授業」を展開し、もっと深く研究してみたいと思う学生を育てることです。

たとえばノーベル化学賞（二〇一〇）を受けた鈴木章氏は、中学校・高等学校のとき数学が好きで、初め数学をやろうと思って北海道大学の理類に入ったのです。その氏が英語力をつけるきっかけになったのは、知的興奮をかきたてる化学の専門書『テキストブック・オブ・オーガニック・ケミストリー』との出会いだったのです。それが同時にノーベル賞につながったのであって、ＴＯＥＦＬの受験学習で英語力をつけたのでもないし、英会話の授業によるものでもありませんでした。その出発点は知的興奮をかきたてる英書を「読む」ことを通じてでした[註1]。

3 「英語力＝経済力」という主張は正しいか?――英語の広がりは貧困の拡大だった

次に、「英語力＝経済力」という主張を検証してみます。最近、英語を社内の公用語にする方針を打ち出した会社が話題になっていますが、これを見ると「英語力＝経済力」という言説が、あたかも本当であるかのように見えてきます。

しかし、もし「英語力＝経済力」ということが本当なら、なぜ英語を母国語とするアメリカが、世界を金融危機に追い込んだだけでなく、今もなお高い失業率を更新し続けているのでしょうか。なぜ今もなおアメリカでは住宅の差し押さえで家を失い路上生活を強いられ、フードスタンプをもらうためのひとで長い列ができるのでしょうか。

デモクラシーナウによる記事（二〇一〇年一〇月一一日）は、二〇一〇年九月だけで九万五〇〇〇人のひとが職を失い、失業率は九・六％のまま下がらないと報じています。しかもこれは公式の数字であって仕事探しを諦めたひとは数字に入っていません。ですから本当の失業率はたぶん二桁を超えているでしょう。

同じくデモクラシーナウの記事（二〇一〇年一〇月五日）は、罰金で済むような微罪なのに、その罰金が払えずに刑務所に入るひと、刑務所から出られないひとが激増していることを示しています。しかも恐ろしいことにアメリカでは刑務所の中でかかる食事代なども自己負担です。こうして、ますます刑務所人口は増えていきつつあります（堤未果『ルポ貧困大国アメリカ』）。アメリカでは刑務所を民営化しているところが多いのですから「刑務所ビジネス」は大儲かりですし囚人をタダ同然で働かせる大企業もこれを大歓迎するかもしれません。しかしこれを「経済力」と呼べるのでしょうか。

それどころかアメリカは「発展不全国」"Underdeveloping Nation" になりつつあるという経済学者もい

ます。チリの著名な経済学者マンフレッド・マックスニーフは、デモクラシーナウのインタビュー（二〇一〇年九月二一日）で、アメリカの一％だけが豊かになり、残りの九九％の生活は下降の一途をたどっていると述べています。家を差し押さえられて空き地の自家用車で寝起きをするひとが何十万・何百万人もいる国が、「経済力」の強い国と言えるのでしょうか。

さらにマックスニーフは「アメリカは、馬鹿げた戦争のために何億ドル何兆ドルものお金を浪費し、一三兆ドルものお金を投機家救済のために使い、そして家を失っているものには一セントも出さない」と憤っています。

もちろん戦争で大儲けをする軍需産業や、空爆で破壊された国に乗り出し世界中から集められた援助金を元手に大規模な「復興ビジネス」に精を出す、ハリバートンのような大企業にとっては、現在のアメリカは「経済力」そのものかもしれません。しかし、一般庶民はこれを「経済力」とは呼ばないのではないでしょうか。

では英語を母（国）語としない国ではどうでしょうか。よく引き合いに出されるのは、いま興隆しつつあるインドです。インドは英語を公用語にしていて、だからIT産業を中心として経済力を飛躍的に伸ばしているのだと主張されています。

確かに、インドのIT産業の急成長はインドの国際的なイメージを大きく変えています。インド工科大学（IIT）やインド経営大学（IIM）といった先端的な高等教育機関が日本のマスコミにもしばしば登場し、「ゼロを発見した国」の数学教育などと併せて大きな話題になっています。

しかし絵所（二〇〇七、一〇三頁）は『躍動するインド経済――光と影』という本の書評の中で「ソフトウェア産業は製造業とは異なり、産業の裾野が広くない。英語を使いこなすことができるインド人は人口の五％程度であることを考えると、ソフトウェア産業は、現時点までのところエリートによるエリートのための『飛び地』でしかない」と書いています。

これをさらに詳しく説明しているのが、ルース（二〇〇八）『インド　厄介な経済大国』です。この本のなかでルースは、「インドの総労働人口の約〇・二五％しかＩＴ産業で働いていない」と述べ、「この国のＩＴ部門は職に飢えた大多数の国民の期待に応えるものにはなっていないし、これからもその望みは薄い」「所得についても差は広がるばかりだ。ここは格差の国である。片方の世界からもう片方の世界へ移るためには、高学歴と能力、あるいはたぐいまれな運のよさが求められる。だが、幸運はそうたびたび訪れてはくれない」（二〇〇八、六九－七〇頁）とも書いています。

ルース（二〇〇八）は上で「職に飢えた大多数の国民」と述べていますが、その実態はどのようなものでしょうか。「国連の報告によると、インドでは一人一日一ドル以下しか所得のないひとの割合は三四・七％である」、つまり「国民の三人に一人が一日一〇〇円そこそこで生活していることになる」（広瀬他編著二〇〇七、一六八頁）と述べています。

インドでは英語が公用語になり、それがインド経済力の牽引車になっているように喧伝されていますが、実態はそれとはかなり異なることが分かっていただけたと思います。インドでは英語教育はおろか基礎教育すらも満足に終えていない児童が七五％もいるのです（中村二〇〇六）。つまり、「英語＝経済力」というのは、インドの一般庶民にとっては全く幻想に過ぎないのです[註2]。

それどころか英語は格差社会と大量の貧困をつくり出す原動力になっていると言ってもよいでしょう。それはインドだけでなくフィリピンや韓国、中国を見れば分かります。また英語は Goodman & Graddol（一九九七）などが指摘しているように、少数言語を抹殺する力ともなっているのですが、その詳細を語る時間が今日はありません[註3]。

なおTOEICやTOEFLの点数が日本よりも高く、小学校の英語教育についても先進国だとされている韓国については、九鬼太郎『「超」格差社会・韓国』、雨宮処凛《かりん》『怒りのソウル――日本以上の「格差社会」を生きる韓国』、禹晳熏《ウソックン》・朴権一《パククォニル》『韓国ワーキングプア　八八万ウォン世代』などの書籍が、その実態を示していることを指摘するにとどめます。

4　「英語力＝国際力」という主張は正しいか？――英語が狭《せば》める国際的視野・グローバル力

しばしば「英語力＝国際力」という場合に引き合いに出されるのは、「英語は今や国際語だから、英語さえ知っていれば世界中どこでも旅行ができる」というものです。もう一つは（英語は国際語だから）「英語さえ知っていれば世界中のあらゆることを知ることができる」というものです。

まず第一に、「世界中どこでも旅行ができる」という主張ですが、これも半分は真実で半分は全くの嘘です。確かに高額の一流ホテルに泊まるつもりならば、たぶん世界のどこへ行こうが英語で事足りることは事実でしょう。

しかし貧乏人の個人旅行では一流ホテルに泊まることは無理ですし、世界中どこへ行っても、英語国以外の安宿では英語が通じません。私たち一般庶民は世界中を旅行するだけの時間もお金も持っていませんし、庶民が世界を旅行する場合の一般的方法は案内人付きの団体旅行です。ですから、ウィーンへ行こうがパリへ行こうが、ドイツ語やフランス語どころか英語すらも必要ありません。日本人の案内人がすべて用を足してくれるからです。

また庶民は死ぬまでの一生の間に、そう何度も世界旅行をできるわけでもありません。そのような数度しかない団体旅行のために、ほとんど使うことのない会話文を暗記し続けるのでしょうか。しかも英会話学校やテレビ・ラジオの講座で会話学習しても使う機会があまりないので、覚えた会話文はすぐ忘れてしまいます。つまり「ザルに水をいれている」ようなものです。私はこれを「ザルみず効果」と呼んでいます。

第二の「世界中のあらゆることを知ることができる」という主張ですが、これも半面の真実です。確かに、いまアメリカは世界第一の経済大国であり、ノーベル賞の受賞者も圧倒的にアメリカの学者が多いことを見ると、英語さえ学べば世界のすべてが手に入るかのように見えます。

しかし、世界中の出来事を英語で知るためには、よほどの英語力がなければ、英字新聞も読めませんし、英語ニュースを聞いても分かりません。私が三重県の講演に呼ばれたとき、駅まで迎えに来てくれた高校英語教師と話していたら、「英語ニュースは難しくて分からない」と言っていました。つまり「英語さえ知っていれば世界中のすべてを知ることができる」と生徒を説得している英語教師も、実は自分では実行できていないことを説教しているだけなのです。

これだけなら、まだ英語教師の罪は小さいとも言えます。英語教師のもっと大きな罪は、「学習者の視野を狭めたり」、それどころか「間違った世界観を教えかねない」ということです。英語を通じて学ぶ世界は非常に狭いものであり、時には非常にゆがんでいたりすることを私たちが知る必要があるのではないでしょうか。大手メディアの情報がほとんどはアメリカ経由だからです。ですから、ヨーロッパの情報はほとんど入ってきませんし、アジアの視点からものを見るということも欠落してしまいます。

たとえば、私が授業で学生たちに確かめたかぎりでは、ヨーロッパのほとんどの大学では授業料が無料であるとか、日本では出生率が落ちているのにフランスでは逆であり、その裏には育児に対する手厚い保護政策があるからだということなどは、ほとんど知られていません。また、ドイツでは環境意識が極めて高く、その反映として「緑の党」の支持率が他の国に比べて極めて高く、原発にたいして大規模な反対デモがあり、それを廃棄する方向に舵を切ったことなどは、大手メディアしか見ない若者は全く知りません。現在の日本では原子力発電所が当たり前のようになっていますから、上記のような話を聞くと、学生たちは眼を丸くしてしまいます。

日本では、テレビもアメリカの野球情報（イチローの活躍ぶりなど）は毎日欠かさず報道しても、ヨーロッパの情勢を報道することは稀ですから、若者の視野はますます狭くなっていきます。せめて大学でドイツ語やフランス語の授業があり、それを通じて上記のような話題を聞く機会があれば、若者の意識も確実に変わるでしょう。

以上は、英語が「理想の国としてのアメリカ」ばかりに学習者の眼を向けさせることになった結果、私たちの視野を非常に狭くしている一つの例ですが、英語学習が「間違った世界観を教えかねない」ことも、肝に銘じておかねばならないことでしょう。

その典型例が嘘で始められたイラク戦争ではなかったでしょうか。この戦争はオバマ大統領によって、今一度アフガンに引き戻され、それは今やパキスタン、さらにはシリアやイエメンにまで拡大されています。そして、この戦争の結果、「イスラム教＝原理主義＝テロリスト」というイメージが定着し、アメリカ経由の大手メディアを通じて、日本人にも定着しているようです。

そもそもイスラム教はキリスト教と同じ程度に開明的な宗教です。もしイスラム教が原理主義的宗教だとすれば、それと同じ程度にキリスト教も原理主義的宗教だし、アメリカも原理主義の国だと言うべきでしょう。なぜなら、聖書に反するからという理由で（特にアメリカ南部を中心として）進化論を学校で教えてはならないという風潮が極めて強く吹き荒れています。また聖書に反するという理由で、堕胎を許すような産婦人科医は殺しても良いと考えているひとも少なくありません。実際に殺害も起きています。

さらに言えば、オバマ大統領は、ブッシュ氏による「愛国者法」を廃止するどころか、盗聴や裁判所による令状なしの逮捕をさらに強化したり、グアンタナモのような人目につくところを避けるために、拷問をエジプトその他の独裁国家に外注（アウトソーシング）したりしています（堤未果二〇一〇b）。ですから何度も言いますが、英語ニュースやオバマ演説を教材に使えば使うほど、「理想の国アメリカ」「民主主義のモデル国」という間違った世界観を教えてしまうことになりかねません。

つまり上記のことは、「英語を知っているからといって［英語教師ですら］アメリカのことすらも本当は知らない」ということをも示しているのです。

他方で、これだけ英語熱が盛んな国に住んでいながら［あるいは、だからこそ］、日本人は隣国の韓国・中国のことを全くと言っていいほど知りません。知っているのは韓国や中国の反日感情だけです。日本に韓国事情がいかに知られていないかは、先述の『韓国ワーキングプア　八八万ウォン世代』が象徴的に示しています。

これだけ翻訳文化が盛んな日本でありながら、この本『韓国ワーキングプア』の訳者は在日の韓国人であって日本人ではありません。これは日本人で上記の本を訳す適任者がいなかったことを示します。フランス文学・ドイツ文学・ロシア文学の日本人による訳書の多さと比較してみれば、これは驚くべき事実です。いかに欧米よりも韓国・中国が日本にとって遠い存在であったかを示す象徴的事例ではないかと思います。

また、今の若者と違って、日本が戦前に韓国や中国で何をしたかを知っているつもりの私ですら、実はつい最近『光州事件で読む現代韓国』（平凡社）などを読むまで、光州事件や済州島四・三事件の詳細を全く知りませんでした[註4]。眼が欧米、特にアメリカにしか向いていなかったからです。「英語＝国際力」がいかに間違った観念かを示すもう一つの例と言えるかもしれません。

5　英語力は「研究力、経済力、国際力だ」という神話に終止符を

与えられた時間が二〇分という短い時間でしたから、十分に意を尽くした説明になっていないかもしれませんが、それでも、「英語力＝研究力」「英語力＝経済力」「英語力＝国際力」という主張が、いかに間違った神話に基づいているか、その一端だけでも理解していただけたのであれば、これほど幸せなことはありません。ご清聴ありがとうございました。

註記

1　鈴木章氏はノーベル賞受賞インタビューで、この『テキストブック・オブ・オーガニック・ケミストリー』との出会いを次のように語っている。

「僕は初め数学をやろうと思ったので理類に入った。教養課程を一年半勉強してから自分の進む専門を決めるのですが、僕はもうその時点でフィーザー先生の英語の教科書を何度も読んでいて、数学から気持ちが変わっていたのです。（中略）この本はすごく面白かった。もちろん訳本なんかないし、大学に入ってすぐで英語の知識もそれほどない中で、字引を開きながら読んでいったのですが、とても面白かった。一回読むたびに印をつけて、「正」の字になったら五回になるでしょう。そうして、なんと三三まで書いた記憶があるんだ。三三回は読んだんですよ。（中略）この本のおかげで有機化学が好きになって、数学はやめたのです。」『産官学連携ジャーナル』（二〇一一年九月号）

ご覧のとおり、「英語の知識もそれほどない」鈴木氏が数学をやめて化学に鞍替えしたのは、この本が面白くて辞書を引きながら「三三回も読んだ」結果だった。三三回も読んだのだから英語力もついたし化学の専門用語も蓄積され、その後の研究に大いに役立ったことは疑いないだろう。やはり英語力は知的好奇心＝研究力のあとについてくるものなのである。

2　インドの初等教育については中村（二〇〇六）に詳しい説明がある。またルース（二〇〇八）は、インドの識字力がどのように庶民の経済力すなわち「職に飢えた大多数の国民」と関わってくるのかについて、次のような興味ある記述をしている。

「インド工科大学（IIT）の成功によってインドの科学・技術能力はアメリカと日本に次いで世界第三位にランクされるほどになり、中国をしのいでいる。しかし、インドとは対照的に、中国は社会の最底辺にいる国民の初等教育に重点的に投資してきた。［その結果］インドの識字率は六五パーセントにすぎないのに対して、中国は九〇パーセントに近づいている。」（七四頁）「中国は何百万人という工場労働者を使っているが、インドではゴカルダス・エクスポーツのような小規模な企業が、数千から数万人を雇用しているにすぎない。ヒンドゥージャの工場の従業員は三万三〇〇〇人だ。もし彼が数百万の読み書きのできる労働人口がある中国で操業できれば、二〇万人近くを雇えるだろう。」（七五頁）

つまり「農村住民への初等教育をなかば犠牲にして、英語で授業を行なう中流階級向けの大学に資金を注ぎ込む」政策の結果（ルース二〇〇八、七四頁）、識字力に欠ける「職に飢えた多数の国民」がうまれ、その三人に一人が一日一〇〇円そこそこで生活しているのである。これでどうしてインドの英語力＝経済力と言えるのか。むしろ英語力＝貧困力と言うべきであろう。

3　英語力が、「貧困力」「格差力」であるだけでなく少数言語の「抹殺力」になっていることは、初版以来ずっと版を重ねて、英語教育の世界では名著とされている Goodman & Graddol（1997）でさえ、その第五章の第三節および第四節が下記のような題名になっていることでも分かるであろう。ここでは英語が「言語の殺し屋」あるいは「社会的格差の作り手」として言及されていることに注目されたい。

Goodman & Graddol (1997) *Redesigning English: New Texts, New Identities*

Chaper 3 "English as a Killer Language"「言語の殺し屋としての英語」

Chapter 4 "English and the Creation of Social Inequality"「英語と社会的格差の創成」

4　「光州事件」とは、一九八〇年五月一八日から二七日にかけて大韓民国（韓国）の全羅南道の道庁所在地であった光州市で発生した事件。民主化を求める活動家とそれを支持する学生や市民が韓国軍と衝突し、韓国軍によって多数の死傷者を出した。これについては真鍋祐子『光州事件で読む現代韓国』が自分自身の光州体験をふまえて詳細に紹介してくれている。この本を読めば、第二次大戦後、日本による植民地から脱却したはずの韓国だったが、その直後からアメリカに支援された軍事独裁政権の時代が長く続いてきたことが手に取るように分かる。光州事件もアメリカ軍によって裏で支援された韓国軍による陰惨な弾圧事件（死傷者五〇〇〇人ちかく）であったが、金泳三、金大中、盧武鉉とつづく文民政権で、ようやく光州市は民主化運動の国家的聖地として認められるようになった。私は自分の目で光州市を見ておきたいと思い、現地を訪れたが、そのときは市の郊外に巨大な「五・一八記念公園」がほぼ完成に近づいていて、その一角に博物館も併設されていた。館内では当時の「民衆抗争一〇日間の記録」のビデオを上映していたが、衝撃と感動の記録だった。

また「済州島四・三事件」は、在朝鮮アメリカ陸軍司令部軍政庁支配下にある南朝鮮（現在の大韓民国）の済州島で、南朝鮮国防警備隊、韓国軍、韓国警察、朝鮮半島本土の右翼青年団などが、一九四八年四月三日から一九五四年九月二一日までの期間に引き起こした、一連の島民虐殺事件を指す。島民は南朝鮮単独での総選挙実施に反対し、南北統一された自主独立国家の樹立を訴えて強力な抗議行動をおこなったが、韓国政府側はアメリカ軍が黙認するなかで、政府軍・警察などが徹底的な粛清をおこない、島民の五人に一人にあたる六万人が虐殺され、島の村々の七〇%が焼き尽くされた。これについては、文京洙編、金石範・金時鐘『なぜ書きつづけてきたか、なぜ沈黙してきたか――済州島四・三事件の記憶と文学』などが参考になる。私は日本平和学会の大会が済州島で開かれたのを機にこの地を訪れたが、この島が、実はこのような悲しい過去を背負った島であることを、それまで全く知らなかった。しかし残念なことに今この島は再び韓国軍とアメリカ軍の軍事基地として再利用されようとしている。まさに「韓国の沖縄」が済州島なのだということを、そのとき初めて知ったのだった。

参考文献

雨宮処凛《かりん》（二〇〇八）『怒りのソウル――日本以上の「格差社会」を生きる韓国』金曜日

宇沢弘文（一九九八）『日本の教育を考える』岩波新書

宇沢弘文・内橋克人（二〇〇九）『始まっている未来――新しい経済学は可能か』岩波書店

禹晳熏《ウソックン》&朴権一《パククォニル》（二〇〇九）『韓国ワーキングプア　八八万ウォン世代』明石書店

絵所秀紀（二〇〇七）書評『躍動するインド経済――光と影』、『アジア研究経済』Vol.53, No.1: 一〇一－一〇五

岡部恒治・西村和雄・戸瀬信之（二〇一〇）『新版 分数ができない大学生』ちくま文庫

九鬼太郎（二〇〇九）『〝超〟格差社会・韓国』扶桑社新書

杉谷眞佐子（二〇一〇）「CEFRの基本を理解するために」『英語教育』一〇月増刊号：五四－五五

鈴木義里（二〇〇二）『日本語のできない日本人』中公新書ラクレ

寺島隆吉（二〇〇七）『英語教育原論』明石書店

寺島隆吉（二〇〇九）『英語教育が亡びるとき――「英語で授業」のイデオロギー』明石書店

堤未果（二〇〇八）『ルポ貧困大国アメリカ』岩波新書

堤未果（二〇一〇a）『ルポ貧困大国アメリカⅡ』岩波新書

堤未果（二〇一〇b）『アメリカから〈自由〉が消える』扶桑社新書

鳥飼玖美子（二〇〇二）『TOEFL・TOEICと日本人の英語力』講談社現代新書

鳥飼玖美子（二〇〇四）「大学改革の哲学」『英語教育』七月号：八－一一

中村修三（二〇〇六）「インドの初等教育の発展と今後の課題」『立命館国際地域研究』第二四号：一一－二三

広瀬崇子・近藤正規・井上恭子・南埜猛編著（二〇〇七）『現代インドを知るための六〇章』明石書店

真鍋祐子（二〇一〇）『光州事件で読む現代韓国』平凡社
文京洙《ムンギョンス》編、金石範《キムソクボム》・金時鐘《キムシジョン》（二〇〇一）『なぜ書きつづけてきたか、なぜ沈黙してきたか――済州島四・三事件の記憶と文学』
平凡社
ルース、エドワード（二〇〇八）『インド 厄介な経済大国』日経ＢＰ社
ロイ、アルンダティ（二〇一〇）「インド経済成長の犠牲者たち――民主主義にいま、何が起きているのか」『世界』三月号：
二〇四－二一一
Goodman & Graddol (1997) "English as a Killer Language," *Redesigning English* (Chaper5-3, pp.156-157)
Goodman & Graddol (1997) "English and the Creation of Social Inequality," *Redesigning English* (Chapter5-4, pp.200-225)
Goodman, Sharon & David Graddol eds.(1997) *Redesigning English: New Texts, New Identities*, New York: Routledge; illustrated edition.
ビデオ
五・一八記念財団『記憶を記憶しろ――五・十八民衆抗争、その一〇日間の記録』

参考サイト

96,000 Jobs Lost in September
http://www.democracynow.org/2010/10/11/headlines
Report: Debtor Prisons on the Rise
http://www.democracynow.org/2010/10/5/headlines
Chilean Economist Manfred Max-Neef: US is Becoming an "Underdeveloping Nation"
http://www.democracynow.org/2010/9/22/chilean_economist_manfred_max_neef_us

第2節 「英語化」「国際化」は、「創造的研究者」「グローバル人材」を育てるか

＊以下の論考は、二〇一四年一一月二四日に京都大学で開かれた国際シンポジウム「大学教育の国際化とは何か」における基調講演に加筆・修正を加えたものです。

1 はじめに

近年、文科省は「大学の国際化」と称して、京都大学の外国人教員一〇〇人計画に代表される「大学の英語化」「英語による授業」を強力に押し進めつつあります。

しかし「国際化」とは「国と国の垣根を越えてヒトやモノが自由に交流すること」を指すのだとすれば、それが「英語人」「米語人」との交流や「英語」「米語」という言語商品の流通だけに収まるはずがありません。

その証拠に、最近では空港の国際線だけではなく岐阜市のような田舎町のデパートでも中国語・スペイン語・韓国朝鮮語などの表示が見られるようになりました。それどころか東海北陸自動車道を走っていたら富山県城端サービスエリアではロシア語の観光案内まであって驚かされました。

考えてみれば日本海のすぐ向こう側にロシアがあり、石川県の金沢港や富山県の伏木港にロシアの貿易船が出入りしているのですから、これは当然のことでもあります。「国際化」とはまさにこのようなこと

をさすのではないでしょうか。ロシア語の観光案内で私が驚かされたのは「英語」で洗脳されていたからではなかったのか。

とすれば大学の「英語化」は、「隣国ロシアとの貿易をしたほうが太平洋を隔てたアメリカよりも経済的に有益かつ効率的かも知れない」という発想を、学生たちの頭から奪う危険性があります。このような教育は果たして真の意味での「グローバル人材」を育てることになるのかどうか。ロシア語の観光案内で私はそんなことを考えさせられました。

ところが今や多くの大学で共通教育の必修科目から英語以外の外国語が一掃され、キャンパスでの案内表示が英語一色になっています。そしてさらには大学の授業までも英語でおこなおうとする動きが強まっています。かつて大学の一般教育でしか学べなかった外国語を、今や大学自らが「国際化」という名目で英語に一極化しようとしているのです。

そこで本シンポジウムでは「留学生が増えているから英語で授業」「大学ランキングが隆盛しつつあるから英語で授業」などという主張の妥当性を検証しつつ、「英語で授業」という政策が実は日本全国で原発を推進した時と同じ構造になっているのではないかという問題提起をしてみたいと思います。また時間があれば、「そもそも大学教育が実をあげるためには母（国）語や数学はどのような役割をはたすべきか」という点にも言及する予定です。

2　営利企業と化しつつある大学

さて、グローバル化の加速する現代世界において、留学生は年を追うごとに増加し、研究者の交流も年々活性化しています。これに加えて、「大学ランキング」の隆盛は大学教育の市場化に拍車をかけています。

こうして、今や大学の「国際化」は教育者、研究者だけではなく、政財界の注視の対象ともなっているわけですが、「大学ランキングの隆盛」「大学教育の市場化」ということは、教育が「ビジネス」、すなわち「利潤追求の対象」「利潤追求の道具」になっていることでもあるわけです（『米国キャンパス「拝金」報告』中公新書）。

名著『民衆のアメリカ史』および『肉声でつづる民衆のアメリカ史』（ともに明石書店）の著者であり、歴史学者として有名だった故ハワード・ジン氏も、かつて「アメリカの大学は営利企業になってしまっている」と述べたことがありますが（ジン一九九三）、今や日本の国立大学でさえ、法人化されてからは、儲け中心の営利企業になりつつあります。

その象徴的事例がコンビニ経営です。私が勤務していた岐阜大学も大学生協でほとんどのものが買えるのに、あたらしくコンビニ店を構内の正門近くに建てて、営利・儲けを主目的にする経営を始めました。

私が国際会議で北京師範大学を訪れたとき、大学構内に銀行・ホテル・レストランなどがあり、大学が儲けを主目的にしたさまざまな建物や施設をもっていることに驚かされました。社会主義を標榜しているはずの中国の、その国立大学でさえ、このような状態なのですから、資本主義日本の大学がビジネス化していくのは当然なのかも知れません。

国立大学が法人化され営利企業に変わっていることを示すもう一つの例は病院経営ではないでしょうか。本来、附属病院は国民の税金で運営されているのですから、民間経営と違って営利を目的としてはならないはずです。医学部と連携しつつ国民の健康を守るための研究をし、その成果を生かして国民の健康を守るための医療を提供するのが附属病院の使命であるはずです。

ところが、国立大学が法人化されてからは「大学財政の健全化」と称して、附属病院が営利重視に変わりつつあるように思います。医学部の附属病院は、教育学部の附属中学校と同じで、儲けのためではなく「国民のための研究」に奉仕すべき機関のはずです。しなくてもよい検査をし、飲ませなくてもよい薬を飲ませたり、看護師の数を減らし、パート職員を多く雇えば経営的には潤うでしょうが、そのしわ寄せは看護師の健康と患者の命に関わってきます。

このように大学が「教育」「研究」を中心とする機関ではなく、「経営」を中心とする機関に変わりつつあることは、組織編成のあり方にも現れています。今まで岐阜大学は学部の「教授会」と全学の「評議員会」が大学の基幹組織であり、学長がその組織のまとめ役でした。しかし今は学長と理事会（あるいは経営協議会）が巨大な権限をふるい、元の「評議員会」は「教育研究評議会」という地位に低められてしまいました。

しかも岐阜大学の場合、経営協議会には「学内委員」のほかに、外部から財界人など半数近くが「学外委員」として送り込まれ、各学部の学部長は「オブザーバー」の地位しか与えられていません。しかも小さな地方大学なのに、驚いたことに、八人もの副学長がいるのです。このように現在の大学は、文科省の指導によって、民間会社と同じように階層構造を何重にもして、「経営重視」の体制に変えられてしまっています。

このような「経営重視の体制」と「学長の権限強化」とは、ワンセットで進められています。民間会社では社長の権限は絶大ですが、このようなビジネスモデルを法人化された国立大学にそのまま移植しようとしているわけです。法人化したばかりの頃、さる会合で、「岐阜大学は岐阜県下で最大の企業であり、私はその最大企業の最高経営責任者である」と発言した学長がいたようですが、法人化された新しい国立大学を象徴するようなできごとでした。

このような現象は、ずっと以前から、アメリカの大学で典型的に現れてきていました。チョムスキーは、理事や副学長の数を増やして上意下達の体制を強化することが州立大学の財政を圧迫して、授業料値上げの原因をつくっていると批判していますが、それと同じことを日本でもやろうとしているのでしょう。しかも授業料を値上げした分は、多くの場合、学長・理事などの給料値上げに使われている、とチョムスキーは憤っています。「ビジネスモデルは大学をだめにする」というのがチョムスキーの意見です[註1]。

3　ビジネスの道具としての大学ランキング

このように大学は、「教育」の場ではなく「営利」「ビジネス」の場となりつつあるのですが、それに拍車をかけているのが「大学ランキング」ではないでしょうか。ランキングで上位に位置し、大学名がブランド化すれば、学生がその大学に集中しますから、大学経営者としては学生集めに苦労することがなくなるからです。外国から留学生が来れば、ますます儲けが増えます。

アメリカの州立大学の場合、州内の学生、州外の学生、国外の学生は、それぞれ授業料が異なり、国外の学生が一番高くなっているのが普通です。ですから留学生が増えることは大きな利潤をもたらします。だから「大学ランキング」で「国際化」=「留学生比率」という指標がもうけられていることは、アメリカの大学にとって非常に好都合です（宮田二〇一二）。

また「国際化」=「外国人教員の比率」という指標があることも、アメリカの大学にとって非常に有利です。毎年のように大量の留学生が流れ込み、優秀な留学生が博士号をとってそのまま大学教員として居残る確率が最も高いのはアメリカだからです。

さらに「頭脳流出」の行き先として最優先的に選ばれているのもアメリカです。かつて理論物理学はヨーロッパ中心だったのですが、多くの優秀なユダヤ人学者がナチスの迫害を恐れてアメリカに逃れてきて、アメリカの理論物理学を一挙に高める結果になりました。

ノーベル物理学賞を受賞した南部陽一郎などの諸氏も、アメリカの方が研究環境が良いとして、アメリカに「頭脳流出」したひとたちでした。ノーベル化学賞の根岸英一氏もアメリカで学位を取ったあと日本の大学に職を求めましたが得られず、やむを得ずアメリカに戻りました。

こうして「外国人教員の比率」という指標があることによって、ますますアメリカの大学はランキング順位を上げ、そのブランド力で留学生を集めることができます。そういう意味では、この「国際化」という指標、すなわち「留学生の比率」「外国人教員の比率」は、アメリカの大学経営者にとって、便利この上ない指標だと言えます。

もう一つアメリカの大学の経営効果を上げるのに役立っている指標に「論文引用数」があります。その研究者の論文がどれくらい他の研究論文で引用されているかを示す数値です。しかし、引用されるのは英語で書かれた論文が圧倒的に多く、これもアメリカやイギリスの大学経営者にとって圧倒的に有利ですし、英語話者の研究者にとっても母語で論文が書けるわけですから便利この上ない指標です。

言いかえれば、アメリカやイギリスの大学ランキングが高くなるように仕組まれた格付けシステムの中で競争させられているのです。文科省から「世界ランキングが極めて低い」と声高に非難されている東京大学や京都大学の順位は、このようなデータをもとにしたランキングでした。

文科省の「国立大学改革プラン」（二〇一三年一一月）で「世界ランキングの状況」として提示されている資料をみると、日本のランキングを引き下げている最も大きな要因は、やはり「留学生の比率」「外国人教員の比率」、その次が「論文引用数」です。

しかも、これはいずれも英語を公式言語とするイギリスで設立された、二つの格付け機関ＱＳ（Quacquarelli Symonds）とＴＨＥ（Times Higher Education）による数値だということにも留意すべきでしょう。

しかし大学は本来「教育」と「研究」が本務なのですから、基本的にはこの二つの指標で評価されるべきでしょう。この二つの指標だけで大学ランキングを計算し直せば、たぶん日本のランキングは急上昇するはずです。というのは、「研究」が優れたものであれば「論文引用数」も上昇するはずですから、「引用数」という指標は不要のはずだからです。それどころか、この指標を入れることはダブルカウントしているのと同じことになります。

この指標でもっと矛盾が目立つのは、「研究力」と「引用数」がしばしば逆転現象を起こしているという事実です。「研究力」が優れたものであれば「引用数」も上昇するはずですが、実際の数値は、「研究力」の数値が高いのに「引用数」が低かったり、その逆の場合もあります。こんな不思議なことがなぜ起きるのか。『英語への旅』（影書房）というフランス人女性（アッパー・ノルマンディ大学医学薬学部教授）が書いた本を読んで、その謎が解けました。

なんとそこには、「引用数を増やすために、知り合いの研究者同士で引用し合って引用数を上げるという弊害も生じている」「今や英語で発表し、友人をつくるのが一番となりました」（四六－四七頁）と書いてあったのです。

今年（二〇一四年）のノーベル賞受賞者三氏のうち、赤崎勇・天野浩の二氏は名古屋大学ですし、もう一人の中村修二氏は徳島大学出身でした。しかし名古屋大学は格付け機関QSでは九九位（二〇一三年九月発表）で、徳島大学は初めから対象外です。また格付け機関THEでは、名古屋大学は一五〇位以内（二〇一三年一〇月発表）にすら入っていません。

世界大学ランキングといっても、あまり信用できないものであることが、これでよく分かるはずです。だとすれば政府・文科省は、こういう不公正で不確かな世界ランキングによって振り回されて大学に無用な圧力をかけるべきではないのです。そんなことをすれば、理化学研究所の問題で露呈したように、論文捏造事件を誘発・頻発させることになりかねません[註2]。

宮田（二〇一二）は、『米国キャンパス「拝金」報告——これは日本のモデルなのか』という書名が示すように、「アメリカの大学はランキング競争が過熱し、産学連携に踊らされ、アメフトやバスケで人集め。米国の大学では、エリートへの道も、大学が名を上げるのも、すべては金次第になった」と述べ、「日本の大学は、学長のリーダーシップ、外部評価、法人化など、彼の国を範としてきたが、このままで良いのか」と警鐘を鳴らしています。著者自身の留学体験を踏まえた報告だけに説得力があります。

ちなみに、国際的格付け会社の評価がいかにいい加減なものであるかは、世界五大会計事務所の一つであったアンダーセンが会計事務を引き受けていたにもかかわらず、超優良企業と評価されていたエンロンが、あっというまに破綻したことでも明らかです。大学の世界ランキングといっても、その程度のものだと認識しておくべきではないでしょうか（本山二〇〇八）。

4 「名古屋大学物理学研究室憲章」の精神を全大学に

それはともかく、政府・文科省は「国際化を断行する大学」に高額の補助金を出すことに決めたわけですが、そのほとんどは旧制帝大や有名私大に集中しています。これでは中小の大学の研究はやせ細るばかりで、地方に埋もれている宝を発掘しないまま捨て去ることになりかねません。

たとえば、頭脳流出した中村修二氏は徳島大学卒業です。しかも高輝度青色発光ダイオードを開発したとき徳島県の中小企業（日亜化学工業）に勤務していて博士号を持っていませんでした。

同じように田中耕一氏は東北大学を出てすぐ民間企業（島津製作所）に就職し、現在も修士号すら持っていません。ノーベル賞の研究も島津製作所での研究です。

また山中伸弥氏も神戸大学出身で大学院は大阪市立大学でした。iPS細胞の開発に成功したのは奈良先端科学技術大学院大学で、京都大学ではありません。

文科省は、こういった事実に、もっと注目すべきでしょう。「スーパー・グローバル大学」などという指定大学だけに大金を回すようなやり方は、能力別学級にしてエリートだけを育てるような教育と同じく、長い目で見ると、結局は失敗します。

これに関連して、もう一つ注目しておきたい事実があります。それは、最近のノーベル賞受賞者は、赤崎勇・天野浩、小林誠・益川敏英の諸氏をみれば分かるように、名古屋大学に集中している感があるということです。

これは坂田昌一研究室から提唱された「名古屋大学物理学研究室憲章」の精神が、物理学教室だけでなく理学部・工学部の全体に広がっていった結果ではないかと推察されます。このような学風のおかげで、研究室内に上下の隔てがない自由な討論が保障され、そのことが自分たちの研究の幅と質を高めたと、益川敏英氏が語っているからです。

ちなみに坂田昌一氏は、ノーベル賞受賞者である湯川秀樹・朝永振一郎の両氏とともに日本の素粒子物理学をリードした人物であり、湯川氏の中間子論の第二から第四論文の共著者でもありました。坂田氏自身もノーベル賞を受賞してもよい人物だったのです。しかも坂田氏の門下生から多数の優秀な研究者が生み出され、ノーベル物理学賞（二〇〇八年度）を受賞した小林誠・益川敏英の両氏も、そのなかのひとりでした。

だとすれば、政府・文科省は、「英語化」「留学生の比率」「外国人教員の比率」などといった「国際化」に無駄なお金とエネルギーを使うのではなく、研究者に自由な討論を保障する体制、やりたいことを自由に研究できる財政的保障にこそ、財源と精力を集中すべきでしょう。ところが事態は全く逆の方向に向かっています。

というのは、先述のように、現在、多くの大学は、文科省の指導で、教員の自由な意見表明をおさえて学長の権限を強化することのみにエネルギーが割かれ、教授会は単なる上意下達の機関になりつつあるからです。このような環境からは、「独創的な研究」も「グローバル人材」も生まれてこないでしょう。

今年度の受賞者である赤崎勇氏も「自分のやりたいこと、いつ結果が出るかも分からない研究に打ち込むことができたことが、今回の受賞につながった」（朝日デジタル、二〇一四年一〇月七日）と述べています。

「国際ランキング」を上げるために、すぐ結果の出る研究にテーマを絞り、お互いに論文を引用しあう環境から、いったいどんな研究が生まれるというのでしょうか[註3]。

5　商品としての「英語・米語」「英語人・米語人」

それはともかく、ヨーロッパでは確かに一九九九年のボローニャ宣言にもとづき欧州高等教育・研究空間が創設され、大学の国際化が進行しています。しかしこれは、EUがひとつの経済的政治的統合体になることに伴って、EU加盟国の教育制度も統合体にふさわしいものにしなければならないという事情がもたらしたものでしょう。

しかし、日本はこれとはまったく違った環境にありますから、「国際化」という名のもとに、大学を「英語化」に追い込む理由や必然性はまったくありません。教養部・共通教育のときから英語漬けになれば、辞書繰りに追われて学生たちは疲弊し、むしろ学力は低下するでしょう。専門教科と違って教養部・共通教育で学ぶ科目は全分野にわたりますから、未知の単語は無限に近くなるからです。

また日本語でたっぷり教養を身につける時間も奪われますから、国際人（=グローバル人材）になる土台が崩れていきます。苦労しながら原書を一冊読んでいる間に日本語なら最低一〇冊は読めるのですから。また、その程度の読書力・国語力がなければ、まともな研究はできないと言うべきでしょう。

ですから、大学の「英語化」は、赤字解消策の一環として「英語・米語」という商品や「英語話者・米語話者」を輸出したいとねらっていたアメリカを利するだけです。日本にTOEFLという二万円以上もする高額商品を購入させ、「英語で教える」「外国人教員」を日本に輸出する絶好の機会になるからです。

先に紹介した『英語への旅』というフランス人が書いた本には次のような興味深いエピソードが載っています。

EUが拡大するにつれて、共通言語として「英語」が選ばれていった。これは「イギリス英語」を売り込み、英語教師として「イギリス人」を買わせる最高の商機だ、とイギリスは考えたが、結果としてEU各国が購入したのは「アメリカ英語」と「アメリカ人」ばかりで、まったく当てが外れてしまった。（八〇頁）

すなわちEUの場合、加盟国が増えるにつれて、皮肉なことに、「アメリカ語」と「アメリカ人」の売れ行きだけがよくなり、「イギリス語」と「フランス語」を衰退させることになったというのです[註4]。

それはともかく、京都大学では「外国人教員一〇〇人計画」に代表される大学の「国際化」が進みつつあるようです。しかし「外国人教員を採用し」「共通教育の半分は英語による授業を開講する」といったことで、京都大学の「真の国際化」は進展するのでしょうか。

今までノーベル賞といえばすぐ京都大学が思い浮かんだものでした。しかし私は、「国際化」という名の「英語一極化」は、大学本来の使命を投げ捨てることになるだけでなく、今後は京都大学からノーベル賞は出ないのではないかと危惧しています。

その証拠に、先述のとおり、最近のノーベル賞受賞者は名古屋大学に集中しています。山中伸弥氏は、なるほど今は京都大学教授ですが、出身は神戸大学であり、大学院は大阪市立大学でした。

本質的には、「研究力」は「英語化」「国際化」と何の関係もありません。「研究力」に関係があるものといえば、むしろ「国語力」「数学力」でしょう。これらはいずれも「自然」と「社会」を読み解くための基礎言語だからです。金融工学という用語が示すとおり、今では経済学ですら数学＝微分学なしには存在し得ません。

ですから、大学を「英語化」「国際化」で競争に駆り立て、「世界ランキング～位に入る」などという目標で尻をたたいても、そのような競争から意味のある成果を期待できないことは、韓国がよいモデルになるでしょう。

韓国は国をあげて「英語化」を断行していますが、いまだにノーベル賞受賞者はゼロのままです。それどころか韓国では「日本は母語で深い思考ができるからノーベル賞受賞者が続出している」という反省すら起きています（『韓国日報』二〇〇八年一〇月九日）。

大学の博士課程も母国語でおこなっている日本は、アジアでは稀な存在ですし、赤崎勇氏や益川敏英氏など歴代のノーベル賞受賞者の多くは留学すらしていません。それどころか益川氏は「俺は英語ができないから」と言ってノーベル賞の受賞講演を日本語でおこなって話題を呼びました。

また、「好きな研究を、好きなだけやらせてもらえたことが今回の受賞につながっている」と語った赤崎氏も、新聞のインタビューで「英語よりも国語をやれ」とすら述べているのです（『朝日新聞』二〇一三年九月二六日）。

ですから、大学への交付金を削って大学財政を危機に追い込みながら、もう一方で億単位の補助金を餌にして、見かけだけは壮大な「国際化を断行する大学」をつくらせるやり方は、今まで日本の大学がもっていた豊かさを削りとり、大学教育を劣化させるだけでしょう。

これは、貧窮化する過疎地や地方自治体を札束で誘惑しながら原発を受け入れさせたやり方と本質的には同じで、日本を危機に陥れる「亡国の道」です。

だとすれば、いま文科省が気にすべきなのは、「大学の世界ランキング」よりも、教育にかける「公費割合の世界ランキング」ではないでしょうか。公教育への支出は、ＯＥＣＤ三一か国のなかで日本は三〇位で、世界最低水準だからです。その下にイタリアがいるのみなのです［註5］。

そもそも「国際化」「グローバル化」とは、冒頭でも述べたように、「ヒトやモノが国境を越えて自由に交流する時代になったこと」を意味するものであり、「英語化」「アメリカ化」は真の「国際化」とは無縁のものです。

いま世界は多極化しつつあります。最近、中国やロシアがBRICS諸国と手をつないでWB（世界銀行）やIMF（国際通貨基金）に代わる新しい国際的金融機関をつくるという発表をおこないました。しかもロシアからは、これまでの恣意的な格付け機関に代わる新しい国際的な格付け機関を設立するという動きすらも出ています。さらに、アメリカを追い越して中国が世界経済一位になったというニュースも流れました[註6]。

つまりドルの一極支配が終わりを告げつつあるということです。英語の強さはドルの強さと一体になっています。そのドルの強さに翳りが見え始めているのです。にもかかわらず日本の大学を「英語一極化」にするということは、このような世界の動きが見えない人材を育てるということです。

これは「グローバル人材」を育てるという趣旨に逆行するものです。なぜなら「グローバル人材」とは「世界の動きが見えるひと」のことだからです。世界がグローバル化しているからこそ、大学教育は多言語・多文化であるべきなのです。沈没しつつあるドル船を支えるために、日本も一緒に沈没させられてはたまりません。

6　外国からの留学生は「英語による授業」を望んでいるか

ところで政府・文科省は、外国からの学生・教員・研究者を受け入れるためにも、「大学の英語化」が不可欠だと言っています。しかし留学生は、「どうせ英語で授業を受けるくらいなら、日本ではなく英語話者の国に行きたい」と言うでしょう。最近の例では、ベトナムのホーチミン市のフランス系大学で、講座を英語でやることにしたら、学生たちはアメリカ系大学へ鞍替えしたという例もありました（『英語への旅』四八頁）。

留学生が日本に来たいのは、日本に興味があり、日本のことを知りたい・日本から学びたいと思っているからに他なりません。昔は日本の科学技術、今は日本の漫画やアニメを通じて多くの若者が日本に興味をもっています。

私が中国の旧満州国を訪れたとき、大連でも長春でもハルビンでも大学の日本語教師や日本語学科の院生のお世話になりましたが、右傾化・軍国化する日本政府のせいで反日感情が強まっているはずなのに、日本文化や日本語にたいする熱い情熱を感じました。尋ねてみると、それは宮崎駿氏らによる優れたアニメ文化のおかげなのです。

先述の『英語への旅』によると、パリのオペラ座近くのカラオケバーでも、たくさんの若者たちが日本語字幕のついたカラオケ画面を見ながら大声で歌っている光景がみられるそうです。同書には次のような記述もあります。

しかも最近、パリ大学の国立東洋言語文化院で、日本語科の生徒数が再び中国語科のそれを追い越したそうです。中国の経済力が伸びるに連れて、数年前から中国語科の生徒数が日本語科のそれを追い越していたのですが、結局は日本の文化すなわち映画や文学や漫画やアニメが中国の経済を押さえたのです。（一三七頁）

このように、世界中で多くの若者が日本語・日本文化に興味をもっているにもかかわらず、「英語だけで卒業できる環境」をつくるというのは、留学生から日本語・日本文化を学ぶ貴重な機会を奪うことです。

日本語・日本文化・日本の科学技術を学んだ留学生が自分の国に戻ったときに、彼らは日本の企業進出のための大きな架け橋になってくれるでしょう。ですから、「英語だけの授業」で卒業できるようにすることは、留学生の祖国と日本をむすぶ貴重な人材を失うことでもあります。これは国益に反する行為であり、税金の無駄づかいです。

日本政府は、日本文化がフランスで中国の経済を押さえていることを知らないのかもしれません。ですから予算をかけて日本の文化を保護すること、日本語・日本文化を世界に輸出することにあまり関心がないのです。これはフランス政府がとってきた姿勢とは正反対です。

つまり日本政府の眼はアメリカにしか向いていないのです。これは、「TOEFLなどの外部試験を大学入試に入れる必要がある」「外国留学にも役立つ」という政府・文科省の主張とも符合します。

しかしTOEFLはアメリカ留学のために開発された資格試験ですから、「外国への留学生を倍増する」といっても、その外国は第一にアメリカなのです。何度も言いますが、日本政府の眼はアメリカにしか向いていないのです。

7 「頭脳流出」「学力低下」を招きかねない「外国人教員一〇〇人計画」

このようなことを考えると政府が大学の「国際化」と言うのは表向きの理由であって、むしろ政府が心配しているのはアメリカ留学の激減ぶりだったのではないか、「英語化」はそれをくいとめる口実ではないか、とすら思えてきます。

しかし研究力は英語力でも留学でもないことは、益川敏英氏、小林誠氏、赤崎勇氏、天野浩氏などノーベル賞の受賞者の多くが留学経験すらないことでも明らかです。ノーベル賞受賞者のなかでアメリカで博士号をとったひとは三人しかいません。

また先述のとおり、根岸英一、南部陽一郎などの諸氏がアメリカに頭脳流出したのは、日本の大学に彼らを受け入れる包容力や研究環境がなかったからでした。南部氏らがアメリカの大学で教えているのは英語ができたからではありません。彼らの研究力をアメリカが必要としたからです。

同じように、イチローがアメリカで活躍しているのは英語ができたからではありません。野球ができたからこそアメリカの大リーグでプレーができるようになったのです。英語はそのあとを追いかけてきたにすぎません。

二〇一〇年にノーベル化学賞を受賞した根岸英一氏も、アメリカで学位取得後、日本の大学で職を求めたのですが見つからず、やむを得ずアメリカに戻ったのでした。ウィキペディアでは次のように書かれています。

東京大学（工学部応用化学科）卒業後、帝人へ入社。その後、帝人を休職してフルブライト奨学生としてペンシルベニア大学博士課程へ留学し一九六三年に博士号を取得。学位取得後は日本の大学での勤務を希望していたが職場が見つからず、一九六六年に帝人を退職してパデュー大学研究員（帝人は慰留したため休職扱い）となる。

これを読むと、当時の企業は社員を休職あつかいにして海外に留学させるだけの余裕と度量をもっていたことが分かります。ところが現在の企業は、社員を海外に出す（余裕があっても）度量をなくし、税金を使って「ＴＯＥＦＬの大学入試」と「英語による授業」を大学に要求しているだけなのです。

にもかかわらず政府は「留学」や「英語力」をあおり、「国際化」の名のもとに「外国人教員」を輸入することに血道をあげています。その典型例が、京都大学の「外国人教員一〇〇人計画」ではないでしょうか。しかしこれは日本の優秀な研究者一〇〇人が職を得る機会を失うことを意味します。これでは、ますます「頭脳流出」が進むだけです。

しかも「一〇〇人」などと人数まで決めて採用するのですから、人数を満たすためには「優秀でない外国人」まで採用しなければならなくなります。さらに、この計画は「～年までに」という期限付きなのですから、なおさら「アメリカの大学では採用されなかった人物」を雇う危険性は大きくなります。

そもそも「優秀な外国人」が欲しければ「公募」して優秀な日本人と競わせればすむ話です。そのほうがはるかに「公明正大な選考」になり、京都大学の世界ランキングを高めるのに貢献するでしょう。またそれは優秀な日本人の「頭脳流出」をくいとめることにも役立つはずです。

上記のような事態になるのは、「国際化」すなわち「英語で授業」「外国人教員の採用」ということを最優先にしているからです。言いかえれば、外国から「英語話者」を輸入することが、まず第一にあるからです。かつて貿易摩擦の解消策としてＡＬＴ〔外国語指導助手〕を強制的に輸入させられたのと同じ構造です（『英語教育原論』明石書店、一三七頁、二一七頁）。

しかし現場教師の強い反対を押し切ってＡＬＴをどれだけ輸入しても、日本の英語教育はよくなりませんでした。外国語学習では、英語教師の自由な海外研修、授業時数やクラスサイズが決定的な要因ですが、それを拒否して「ALTの輸入」だけを強行したのですから、当然の結果でもありました。

また文科省は、二〇〇二年度から「スーパー・イングリッシュ・ランゲージ・ハイスクール」（略称「セルハイ」）というプロジェクトを起ち上げ、補助金を餌に、全国の高校に立候補を呼びかけました。しかし、その成果はどうだったのでしょうか。

この「セルハイ」が成功していれば、今さら指導要領を改訂して「英語の授業を英語でおこなう」などという新指導要領をつくる必要もなかったはずです。いま大学で、「スーパー・グローバル大学」という名のもとに同じ愚を繰り返そうとしている——私にはそのように見えます。

有名な笑い話に、「難しいことを易しく説明するのは小学校教師、易しいことを難しく説明するのが大学教師」というものがあります。これは反面の真実で、一般的に大学教師は、日本語で説明する授業でさえ、小学校教師よりも下手なのです。

だとすると、高校や大学で、日本語を使ってですら、うまく生徒や学生に説明できない教師が、日本語で説明してもきちんと理解できない生徒や学生を相手にして、英語で授業をしたら、どんな悲惨な結果になるか、想像に難くないでしょう[註7]。

ところが下手をすると今度は、大学で、「国際化」を理由に、「日本語のできない外国人教員」が「英語を速読すらできない学生」を相手に講義し、それを学生が「速聴」しなければならなくなるのです。とすれば、どんな悲惨な結果が待ち受けているか、これまた想像に難くないはずです。

先述の『英語への旅』では、「マレーシアの大学でも、講座をマレー語の代わりに英語で始めたら、学生の成績が悪くなり、中止されたという例もあります」（四八頁）と書かれています。英語が準公用語であるマレーシアでさえ、このようなことが起きているのです。だとすれば、同じことが日本でも起きる可能性は極めて大きいと私は思います。

私は家で連れ合いと話していて、お互いに些細なことを聞き違えてけんかになることがよくあります。そして最後に「日本語ですらこんな状態なのだから英語で授業したらどうなるんだろうね」と大笑いして終わりになります。それも一度や二度ではありません。

しかし、「英語で授業を受ける」生徒や学生にとっては、笑い事ではすまない深刻な事態です。と同時に、これは日本の未来を左右する重大事でしょう。にもかかわらず政府・文科省がこのような愚策を強行するからには、何か別の意図があるのではないか、と疑いたくなる理由がここにあります。

8 アメリカは苦労して留学するに値する国か

もう一つ私が文科省の意図に疑いをいだく理由は、そもそもアメリカの大学は留学するに値するのかということです。というのは、『ニューヨーカー』誌（二〇一三年一〇月二三日）によれば、OECDが一六～二四歳の若者を対象に二二か国の学力調査をした結果は、アメリカが最底辺にいるからです。たとえば、次の数値を見てください。［ただし問題解決能力（Problem Solving）の場合、ロシアを含めた二〇か国の調査です］

Numeracy（数学力）：イタリア二一位、アメリカ二一位で最下位

Literacy（読み書き能力）：イタリア二二位、アメリカ二一位

Problem Solving（問題解決能力）：ポーランド一九位、アメリカ二〇位、やはり最下位

このように、世界最下位の学力をもつ若者が通っているのがアメリカの大学なのです。そこへ何のために日本の若者を送り込まなければならないのでしょう。日本は博士課程まで世界最高レベルの教育を日本

語で享受できるのに、なぜアメリカに送り込んで英語で苦労させなければならないのでしょうか。

平和学の創始者として有名なヨハン・ガルトゥング氏は、アメリカ各地の大学で教えた経験をもつ学者ですが、彼も同じ趣旨のことを言っています。「アメリカの学生は大学に入ってくるとき知識らしい知識は皆無」と言っているからです（『日本は危機か』かもがわ出版）。つまりアメリカの大学は高校レベルだ、ということです。

ただしガルトゥング氏は、「だけど大学院の博士課程は別格だ」とも言っています。だとすれば、アメリカの大学で留学する価値のあるのは大学院博士課程だけということになります[註8]。

しかし、何度も言うように、日本では、博士課程まで世界最高レベルの教育を日本語で享受できますし、事実、大多数のノーベル賞受賞者は留学すらしていないのです。私が調べたかぎりでは、アメリカに行ったのは、研究者として招聘されたひとが大部分でした。

ですから大金を使い、かつ英語で苦労しながら留学する価値はどこにあるのかと私は疑ってしまうのです。なぜなら安倍政権の言う「留学生倍増、一二万人計画」は、主として学部レベルの留学を念頭においているからです。大学院の博士課程に進学するのは圧倒的少数者で、これだけではとうてい一二万人にはなりません。

しかも、ここにもう一つの問題があります。それは学費の問題です。アメリカの大学の学費は極めて高く、州立大学でも最近は授業料の値上げが続き、学生は悲鳴をあげています。私立大学の学費はさらに高くなり、たとえばワシントンDCの名門校ジョージタウン大学の学費一年分が、カナダの名門校マギル大学（「北のハーバード大学」と言われる）の四年分と同じなのです。

ですから、いまアメリカでは多くの学生がカナダに流出しています。このような学費の高い、しかも高校レベルの内容しか教えないアメリカの大学へ、なぜ政府は留学生を大量に送り込もうとしているのでしょうか。ひょっとしてカナダに逃げ出した学生の穴埋めに、日本の学生を送り込もうとしているのでしょうか。日本の大学にアメリカ人教師を輸入させられるだけでなく、日本人学生までアメリカに貢納しなければならないのでしょうか。

さらにアメリカには、もっと頭の痛い問題があります。それは相継ぐレイプ事件と銃の乱射事件です。アメリカでは、高校や大学でのレイプ事件があとを絶ちません。女子学生の五人に一人の割合です。しかもハーバードやプリンストンのような名門校ですら珍しくないのです。バイデン副大統領を委員長にして特別対策委員会を起ち上げねばならないほど深刻な事態です。

そのうえ現在のアメリカは、毎日のようにどこかで銃の乱射事件が起き、毎日どこかでひとが殺されています（八七人／一日）。それも普通の市街地どころか、小学校から大学にいたるまで、学校のような安全であるべき場所でさえ、日常茶飯事なのです。

また銃による殺人は、今では警官による民間人の殺人にまで広がっています。住民を守るべき白人警官が丸腰の黒人を銃で殺しても無罪になるという事件が各地で相継ぎ、アメリカ全土で怒りが広がっています。しかも警官は兵士と間違われるくらいの重装備で、抗議する一般市民を弾圧し、戦場を思わせる光景があちこちで展開されています。まるで一九五〇〜六〇年代のアメリカに逆行した感じです。

このように現在のアメリカは、警察国家・軍事国家・監視国家へと変貌し始めているのですが、このような国に留学生を送り込んで、何を学ばせるつもりなのでしょうか。「反面教師」としてのアメリカを学ばせるつもりなら、大いに賛成なのですが。（なおアメリカにおける「学力問題」「学費問題」「暴力問題」については第3章で改めて詳述した。）

9 求められているのは、日本語で考え日本語で疑問をつくりだす力

このように考えると、「国際化」という名で大学を「英語化」し、入試や卒業資格として「ＴＯＥＦＬ受験」を義務づけることは、ほとんど何のメリットもありません。むしろいま真剣に取り組まなければいけないのは、日本語で対話・コミュニケーションができない学生が増えている深刻な現実ではないでしょうか。

少なからぬ都道府県で、高校入試に日本語の聴き取りテストが導入されるようになってきている事態が、そのことをよく示しています。また患者の症状が聞けない医者・歯医者が増えてきていて、開業医として仕事ができないという話も聞こえてきています。歯学部のなかにはチュートリアル教育で「日本語で対話・コミュニケーションできるように指導するカリキュラム」を組み始めたところすらあります。

このような事態は弁護士や会計士の世界にも広がってきていて、司法試験や会計士の国家試験に合格しても開業できないというひとが目立ち始めてきているという話も聞きました。もしこれが事実だとしたら、日本中が「英語、英語」と騒いでいる間に、肝心の日本語学力が衰退し始めているということです。これでは「創造的研究者」「グローバル人材」どころか、「一億総白痴化」となりかねません。何度も言うように、これは亡国の教育政策です。

しかし、だからといって英語を学ぶ必要が減ったわけではありません。むしろ逆です。日本を第二のアメリカにしないためには英語を学び、本当のアメリカを知らねばなりません。ところが残念なことに日本の英語教育は、いま「英会話」に大きく傾斜し、読解力の低下が深刻な問題になり始めています。しかし、会話学習に熱中しているかぎり、独立メディアから情報を得る読解力が身につきませんから、真実の姿を知られたくないアメリカにとっては、こんなに好都合のことはないでしょう[註9]。

チョムスキーが常に述べているように、教育には二つの道があります。知識を「詰め込む」教育と知的好奇心を「引き出す」教育です。Educateは「引き出す」という意味ですから、後者こそ本当の教育でしょう（『チョムスキーの「教育論」』明石書店）。

学生の知的好奇心を引き出し、疑問をつくらせ、自分の知りたいことを発見させる授業をつくりあげれば、あとは学生が自力で学んでいきます。そのような授業をつくりあげることが教師の使命であり、そのような教育の場を提供するのが大学でしょう。

そして知りたいことを日本語で読み尽くし、さらに湧いてきた疑問の答えが英語でしか書かれていなければ、誰でもそれを読みたくなります。そして読めば英語力がつきます。私の知るかぎりノーベル賞受賞者はすべてそのようにして英語とつき合ってきています。また、知りたいこと研究したいことが英語で書かれている保証はどこにもありません。

今度、新しく下から推されて京都大学総長に選ばれた山極壽一氏も、京都大学新聞のインタビューで、「実際、私はアフリカで長いこと仕事をしてきて、スワヒリ語っていう共通語やフランス語の両方を習得して、その言葉で地元の人たちとお話してきたんです。英語だけ学べば世界で活躍できるって話じゃないでしょう」（二〇一四年一〇月一日）と述べています。

ですから、「英語を学べば研究力がつく」という考え方は、まったく本末転倒なのです。「英語力」は「研究力」のあとを追いかけてくるのであって、その逆ではありません。

要するに、「英語化」という名の「国際化」が「創造的研究者」「グローバル人材」を育てるという主張は、まったくの間違いなのです。今の政府・文科省の文教政策は、「日本を取りもどす」どころか、「日本を売り渡す」ことにしか貢献しないのではないか、と私が恐れる所以《ゆえん》です。

今からでは難しいのかもしれませんが、新総長の下、逆に文科省の間違った方針を少しでも押しもどす方向で、京都大学が全国の大学の先頭に立っていただきたいと念じつつ、講演を終わらせていただきます。ありがとうございました［註10］。

註記

1　チョムスキーはインタビュー記事「企業モデルが米国の大学をダメにしている」のなかで、大学が「テニュア」と呼ばれる「終身教授」の人数をどんどん減らし、それを任期制教員や非常勤教員で埋め合わせる傾向を強めていると指摘し、これは正社員を減らして契約社員や臨時職員を増やして企業利益を上げようとする民間企業のモデルを大学に当てはめようとするものだと述べている。これは大学の管理体制を強化し、研究と教育を本務とする大学を利潤追求の道具に変えようとするもので、大学の機能を著しく傷つけるものだと厳しく批判している。詳しくは以下の拙訳を参照されたい。
「企業モデルが米国の大学をダメにしている」
http://www42.tok2.com/home/ieas/Chomsky20141010BusinessModelsAmericanUniversities.html

2　理化学研究所（理研）の小保方《おぼかた》晴子氏らによるＳＴＡＰ細胞の論文捏造事件は、理研理事長であった野依《のより》良治氏（二〇〇一年ノーベル賞受賞）を辞任させ、ＥＳ細胞研究で次のノーベル賞候補として世界的にも高い評価を受け「国の宝」とすら言われていた笹井芳樹氏（理化学研究所「発生・再生科学総合研究センター」副センター長）を自殺に追い込んだ。それだけでなく、この事件はハーバード大学医学部教授チャールズ・バカンティ氏をも辞任に追い込む世界的大事件となった。
しかし、小保方晴子氏が論文捏造の際おこなったとされる「画像の加工」「他論文からの複写」「データ未公開」などは、この研究分野では多かれ少なかれ誰でもやっていることであり、彼女は先輩諸氏の論文作成方法を見習ったにすぎないことが、のちに明らかとなった。その典型例がＳＴＡＰ細胞問題で理研の調査委員長を務める石井俊輔氏の論文に疑義が露見し、辞任に追い込まれたことだ。

ことはそれにとどまらなかった。ノーベル賞受賞者の山中伸弥氏までが、奈良先端大時代における論文について「捏造ではないか」と『週刊新潮』によって指摘され、二〇一四年四月二八日、記者会見して、問題画像の生データすら提出できないことを認めて謝罪したのだ。この記者会見に先立つ四月四日に山中氏は、医療研究に関連する法案を審議する国会に参考人として出席して「実験ノートの記録は研究不正を防ぐいい方法です。ノートを出さない人は、〝不正をしていると見なされる〟」と明言し、明らかに小保方氏を意識した答弁をしたばかりだった。ところが山中教授は『週刊新潮』の直撃インタビューにこう答えているのだ。「僕の実験ノートに、データが全くないのです」（詳しくは船瀬俊介『ＳＴＡＰ細胞の正体』二〇一五）

このような事件が相次ぐのは、大学や研究所の研究が政府からの巨額補助金を得て特許を取り莫大な利益を得るための競争的ビジネスに転化してしまっているからに他ならない。理研の笹井氏も京大の山中氏とは再生医療をめぐるライバル同士だったというから、小保方氏は「利権」団体と化した「理研」の犠牲者だったとも言えよう。安倍内閣は二〇一三年度から一〇年間で約一一〇〇億円もの再生医療予算を組むという政策を掲げていたし、ＳＴＡＰ細胞に特許が認められたら数百兆円という利権が転がり込むと予想されていたからだ。

なお、小保方氏のＳＴＡＰ細胞は嘘ではなく現実に存在すること、ただし試験管のなかでは再生できないこと、山中氏のｉＰＳ細胞は癌を多発させる危険性があることも、「千島・森下学説」に基づき、前掲書（船瀬二〇一五）に詳述されている。また免疫学者として名高い安保徹氏も、氏独自の免疫学に基づき、ｉＰＳ細胞による再生医療を「問題が多い、間違っている」と明言している（安保二〇一三、二〇―二六頁）。私たちはこれらの警告をどう受け止めたらよいのだろうか。

3　また最近では、任期制や年俸制ということが強く言われるようになってきた。しかしこのような研究環境では、「自分のやりたいこと、いつ結果が出るかも分からない研究に安心して打ち込む」ことができない。だから、このような環境からは、「独創的な研究」「ノーベル賞級の研究」は今後生まれてこないだろう。それどころか、民間と同じような期限付き採用や年俸制を、国立大学に導入するための口実として、「大学の英語化」「国際化を断行する大学」が使われているのではないか、という疑問すら出てくる。

4　もう一つの皮肉は「ウクライナ危機」を理由にフランスを初めＥＵがロシアへの経済制裁に加担していることだ。この裏にはアメリカによる強い圧力があったことは間違いないが、この経済制裁がロシアとの貿易に大きく依存していたEUの経済を弱化させ、結果として、没落しつつあったドルの力=英語の力を再び維持・強化することになった。

そもそも言語の力は単独には存在せず、その言語を公用語とする国家の国力に比例するものであることは歴史が証明している。ラテン語がヨーロッパを制覇していたのもローマ帝国の巨大な軍事力の反映でもあった。フランス語がヨーロッパやアフリカの植民地を制覇したのも、当時のフランスの軍事力や経済力などによるものであり、「文化力・芸術力のおかげ」だけによるものではなかった。

かつてアメリカが「大量破壊兵器をもっているから」という嘘の口実でイラク戦争を開始したとき、当時のフランス外務大臣ドヴィルパン氏が国連の安保理でアメリカ非難の演説をおこない、満場の拍手を浴びた。そのとき世界におけるフランスとフランス語の威信は急速に高まり、フランス語への関心も非常に強まった。しかし最近のフランスは、リビア、シリア、ウクライナの問題でアメリカと同調する動きが強く、せっかく高まったフランスの威信とフランス語への関心に水をかける結果になっていることは、極めて残念なことだ。

5 OECD加盟のうち三一か国を対象した調査「Education at a Glance 2014」によれば、日本の公的教育費は加盟国のなかで最低水準にあり、政府の全体経費を示す歳出に対して一・八%、GDP（国内総生産）に対して〇・八%となっている。日本の高等教育への支出割合において、約六五%は私費（個人負担）で賄われており、OECD平均の三一%と比べて倍以上であるのが現状だ。詳しくは左記サイトを参照されたい。
「教育支出の公費割合は世界で最低水準」（OECD - Education at a Glance 2014）
http://ojyukench.com/archives/4326845 8.html

6 一般的には、中国が日本を追い抜いて世界経済第二位の地位についたと言われている。しかしGDPを購買力平価で見ると、二〇一四年には中国が一位になった。これについて中国研究者の矢吹晋氏（横浜市立大学名誉教授）は『アジア記者クラブ通信』二〇一五年六月号で、次のように述べている。だが日本の大手メディアは、このような事実を全く報じていない。
「GDPを購買力平価でみると、二〇一三年まではアメリカが一位だった。それが去年二〇一四年に逆転し、中国が実質一位になった。アメリカの国債を日中どちらが多く持っているかというと、二〇一五年三月現在、中国の保有高は一兆二六一〇億ドル、親米派の日本は一兆二二六九億ドルで、中国よりわずかに少ない（米国財務省MAJOR FOREIGN HOLDERS OF TREASURY SECURITIES https://www.treasury.gov/ticdata/Publish/mfh.txt）。日本と中国だけを比べると似たような金額です

が、台湾や香港を含めると中華圏は一兆六一〇〇億ドルで、日本の一・三倍になります」（八–九頁）

7　大学の教員になるためには教員免許は必要ない。免許なしでも教えることができる。だから教育実習も体験していない。ところが最近は、少子化で定員割れの心配が出てくる大学も少なくないので、そのような大学は、一応の入試はするが実質は「無試験」「全員入学」に近い。「スポーツ推薦」というかたちで入ってくる学生も少なくない。したがって従来であれば入学できないような低学力のものも入学してくる。このような学生たちを相手に教育実習をしたこともない大学教師が授業をしなければならないのだから、日本語で授業をしていても理解できない学生が多く、「授業崩壊」が今や大学でも珍しくなくなってきている。教育実習も教員免許も必要ないので、悪くすると研究業績がゼロに近くても、コネさえあれば大学教授になれる。だから最近は企業から天下りで大学教授になるひとも少なくなく、そのようなひとは、企業経営と同じ感覚で授業に臨むから、なおさら「授業崩壊」がひどくなる。昨今、FD（Faculty Development）と称する学内の教員研修が盛んなのも、このような事情を反映しているのであろう。しかし大学現場がこのような状況なのに、そのうえ「英語で授業をしろ」というのだから、「授業崩壊」がいっそう進行することはあっても、「授業崩壊」が改善することは、まずあり得ないだろう。

8　ガルトゥングの話にもあったように、アメリカの大学劣化は激しい。苅谷（二〇一二）は、自分のTA（ティーチングアシスタント）体験をふまえて、アメリカの大学（特に学部教育）が劣化しつつある一因は、院生がTAとして学部の授業を教えているからだと言っている。TAを重用するのは、大学ランキングの隆盛で、教員は研究業績を上げる必要に迫られ、大学院の授業以外は院生（特に博士課程の院生）に任せ、その時間を自分の研究に振り向けているからだという。ところが安倍内閣の教育政策は、「留学生倍増計画」と称して、このように劣化しつつあるアメリカの大学に、一二万人もの日本人学生を送り込もうというのだ。このアメリカの大学における学力問題については、第3章でもう一度取り上げて詳しく考察する。

9　英文学者・中野好夫氏の言う「英語バカ」を、英語を通して繰り返し再生産しているのではないか、という疑問については拙著『英語教育が亡びるとき――「英語で授業」のイデオロギー』および『英語教育原論』（ともに明石書店）で詳しく論じているので、そちらを参照されたい。

10　なお、この京都大学国際シンポジウムにおける講演では、フランス語を母語とする教授がシンポジウムの発言者として多く参加していたので、フランス人学者エルヌフ女史が書いた『英語への旅』という本から多くのエピソードを引用・紹介した。これはそれほど示唆に富むエピソードが多い本だった。

しかし、この本の欠点は最後の補章「『新人類』への旅」にある。彼女の言う「新人類」とは、どうもユダヤ人のことを指すらしい。読んでいるかぎりユダヤ人とはいかに優秀な人種であるかをアインシュタインなどを例にあげながら説明しているからだ。

しかしイスラエルのパレスチナ（特にガザ地区）にたいする蛮行・戦争犯罪について全く言及されていない。また金融危機をひきおこした張本人や、今ではアメリカが裏で画策したことが明白になっているウクライナの「オレンジ革命」、そこで名を馳せたティモシェンコ女史までも手放しで褒めそやすようでは、「ひいきの引き倒し」になってしまう。

せっかく良い本なのに、これでは安心して本書を他のひとに推薦できない。ぜひ最後の補章を削除した新版を出して欲しいと願っている。その際、本文で言及されているエピソードの出典も追加していただければ、読者にとってさらに便利で有益な本になるだろう。もっと詳しい事実を読みたいと思っても、出典が示されていなければ読めないし、エピソードの検証もできないからだ。改訂版を強く要望したいと思った所以《ゆえん》である。

参考文献

安保《あぼ》徹（二〇一三）『免疫力で理想の生き方・死に方が実現する――安保免疫学の完成』さくら舎

苅谷剛彦（二〇一二）『アメリカの大学・ニッポンの大学――TA、シラバス、授業評価』中公新書ラクレ

寺島隆吉（二〇〇七）『英語教育原論』明石書店

寺島隆吉（二〇〇九）『英語教育が亡びるとき――「英語で授業」のイデオロギー』明石書店

船瀬俊介（二〇一五）『STAP細胞の正体――「再生医療は幻想だ」復活！千島・森下学説』花伝社

宮田由起夫（二〇一二）『米国キャンパス「拝金」報告――これは日本のモデルなのか？』中公新書ラクレ

本山美彦（二〇〇八）『格付け洗脳とアメリカ支配の終わり――日本と世界を振り回す「リスク・ビジネス」の闇』ビジネス社

矢吹晋（二〇一五）「習近平政権の強硬外交をどう読むのか――反中ナショナリズムと日中関係の危機」『アジア記者クラブ通信』二〇一五年六月号

エルヌフ、ピュス&内田謙二（二〇一四）『英語への旅』影書房

ガルトゥング、ヨハン&安斎育郎（一九九九）『日本は危機か』かもがわ出版
ジン、ハワード（一九九三）『甦れ独立宣言――アメリカ理想主義の検証』人文書院
ジン、ハワード（二〇〇五）『民衆のアメリカ史』明石書店
ジン、ハワード&アンソニー・アーノブ編（二〇一二）『肉声でつづる民衆のアメリカ史』明石書店
チョムスキー、ノーム（二〇〇六）『チョムスキーの「教育論」』明石書店

参考サイト

コーズィ、ジョン「暴力、それはアメリカの生活様式だ」（Violence: The American Way of Life）
http://www42.tok2.com/home/ieas/ViolenceTheAmericanWayOfLife.pdf
チョムスキー、ノーム「企業モデルが米国の大学をダメにしている」
http://www42.tok2.com/home/ieas/Chomsky20141010BusinessModelsAmericanUniversities.html
Chomsky, Noam "Corporate business models are hurting American universities"
http://www.chomsky.info/talks/20141010.htm
New Yorker（October 23, 2013）"Measuring America's Decline, in Three Charts"（アメリカの衰退を測る三つのグラフ）
http://tacktaka.blog.fc2.com/blog-entry-220.html
ＯＥＣＤ「教育支出の公費割合は世界で最低水準」（OECD -Education at a Glance 2014）
http://ojyukench.com/archives/43268458.html
Russia Today "BRICS establish $100bn bank and currency pool to cut out Western dominance"
http://rt.com/business/173008-brics-bank-currency-pool/
Russia Today "China and Russia to launch new credit rating agency in 2015"
http://rt.com/business/222175-russia-china-rating-agency/

第3節 「英語一極化」に抗して外国語教師に何ができるか

＊以下の論考は、二〇一一年一一月一二日に南山大学でおこなわれた日本フランス語教育学会「二〇一一年度秋季大会」での講演に加筆修正をくわえたものである。

1 英語教師「三つの仕事」「三つの危険」

御紹介いただいた国際教育総合文化研究所の寺島です。退職するまでは岐阜大学教育学部で未来の英語教師を育てる仕事をしてきました。「英語科教育法」の他に「異文化理解」という科目も担当してきました。この科目は二つとも英語教師になるためには必修科目です。しかし「授業開き」に配る授業計画では、「異文化理解」と言わず「国際理解」という用語を使ってきました。その理由については、あとで説明するつもりです。

ところで講演依頼のメールをいただいたとき、それには「最近は外国語教育といえば英語一辺倒に傾いている。これを打ち破るにはどうすればよいか。できれば、そんなことをテーマにお話を願えないか」という趣旨のことが書かれていました。

そんな依頼が舞い込んできたのは、昨年の秋に京都大学でおこなわれた「国際シンポジウム」で、私が発言者の一人として「大学における英語教育を再考する──英語力＝研究力、英語力＝経済力、英語力＝国際力という言説は本当か？」という問題提起をしたからではないかと思うのです。

しかし、もう一つ考えられる理由は、英語以外の外国語教師が「英語一辺倒の外国語教育」に異議申し立てをしても、単なる「ねたみ」「そねみ」と受け取られかねないからではないか、と思っています。その点、英語教師で「英語一辺倒の外国語教育」に警鐘を鳴らしてくれるひとがいれば非常に好都合なわけです[註1]。

そこで思い出したのが拙著『英語教育原論』です。この本の第一章で私は、英語教師には「三つの仕事」と「三つの危険」があることを、詳論しました。それを箇条書きにすると次のようになります。

英語教師「三つの仕事」

（1）「英語だけが外国語ではない」ことを教える

（2）「英語を学び続ける夢」を育てる

（3）英語の「学び方」、「転移する学力」を育てる

英語教師「三つの危険」

（1）英語による「自己の家畜化」

（2）英語による「学校の家畜化」

（3）英語による「国家の家畜化」

ご覧のとおり、英語教師「三つの仕事」の一番目として「英語だけが外国語ではないことを教える」という項目があります。これが今回の講演に私が招かれたもう一つの理由ではないかと思っています。

そうすると、外国語における「英語一極化」を防ぐには、この「英語だけが外国語ではないことを教える」「英語教師、三つの危険」を詳しくお話した方が良いようにも思うのですが、しかしそうなるとすで

に拙著『英語教育原論』を読んでおられる方には、全く新鮮味のないものになりますし、あちこちで同じ話を繰り返すのは私にとっても退屈です。

そこで、この英語教師の「三つの仕事」「三つの危険」については、お配りしてあるレジュメを参照していただくことにして、ここでは英語一辺倒をくいとめる別の方策を提案してみたいと思います。それを以下で、「英語教師の側から」と「仏語教師の側から」の二つの側面から考えてみます[註2]。

2 「英語一極化」は「英語の弱さ」の現れ

まず英語教師の立場から考えてみたいと思いますが、外国語学習にいたる「みちすじ」は二とおりあるように思います。ひとつは、学ぼうとする外国語（あるいはその外国語が話されている国）があこがれの対象である場合です。英語がその典型例ではなかったでしょうか。

日本人にとっては英語が話されている国、とりわけアメリカは豊かさを象徴する国であり、戦後の民主主義を日本にもたらしてくれた「世界で最も進んだ国」だとみなされてきたからです。

私が中学校に入って初めて英語を学んだときの教科書はJACK & BETTYでした。そこに登場する颯爽としていて親しげな男女の姿、あるいは自動車や芝刈り機のある庭の生活を見て、中学生の多くは日本との大きな違いを感じながら、誰もが一度は素晴らしい国・アメリカを訪れたいと思ったはずです。

ですから、国家が無理に強制しなくても誰もが英語を学びたい、英語ができるようになりたいと思っていました。もちろん受験科目に英語があったということも英語学習熱を高めたことは疑いありませんが、たとえ受験科目に英語がなくても一九八〇年代までは、誰もが英語を学びたいと思っていたし、英語が話せるようになりたいと思っていたのではないでしょうか。

しかし、一九八〇年以降、少しずつ英語学習熱は低くなってきて、拙著『英語教育が亡びるとき』でも書きましたが、その下落傾向はとどまるところを知りません。広島大学の調査によると、今では多くの高校生が「英語は、やりたいものだけがやればよい」と答えるようになっています（寺島二〇〇九、一六九頁）。

これは留学熱についても同じで、留学先としてアメリカを希望するものは激減しています。その理由として、銃の乱射事件が頻発してアメリカは危険な国だというイメージが定着したことが、ひとつあげられるでしょう。しかし決定的だったのは、ブッシュ大統領が大量破壊兵器を口実にイラク侵略に踏み切り、それが嘘だったことが露呈したことによりアメリカの威信・権威が一気に凋落したときではなかったか、と思うのです。

それ以前からも、特に"Japan as Number One"と言われた頃から、理想のアメリカ像は徐々に崩れ始めていましたが、イラク侵略が嘘で固められたものだったことや、米軍によるアブグレイブ収容所（イラク）やグアンタナモ収容所（キューバ）における拷問が暴露されてからは、「民主主義の主導者としてのアメリカ」というイメージは完全に崩れたように思われます。

黒人大統領がアメリカで誕生したことにより、「やはり民主主義の国アメリカは健在だったか」という声が巻き起こり、オバマ演説が英語の教材として本屋に平積みされるという現象も起きました。しかし、ノーベル平和賞を受けた直後にアフガン戦争を拡大し、それをパキスタンにまで手を広げるようになってからは、オバマ人気にも陰りが見え始めました。

アメリカの不人気に拍車をかけたのがウォール街に端を発した金融危機でした。それと併行して、アメリカにもホームレスが溢れているとか、保険料が高くて病院にも行けないとか、医療費が払えなくてホームレスになるひとも少なくないということも、徐々に知られ始めてきました（マイケル・ムーア監督の映画『シッコ』）[註3]。こうして、アメリカはますます魅力のない国として、若者の眼に映り始めているようです。

これらのことが重なって広島大学の調査に現れたのが、「高校生における英語学習熱の確実なる逓減現象」ではなかったかと思うのです。

ところが、ここに不思議な現象が現れました。このように高校では留学熱や英語学習熱が冷めつつあるときに、大学では「外国語学習は英語だけで良い」「第二言語としての外国語学習は必修から外す」という規制緩和が文科省で認められ、それと同時に「小学校における英語教育」を必修化する動きが強まっていったのでした。

この大学や小学校で英語教育を強力に推進する大きな口実になったのが、大学では「英語力＝研究力、英語力＝経済力」という主張であり、小学校では「英語力＝国際力」という掛け声でした。これが「まやかし」だということは、昨年の京都大学の国際シンポジウム（本章第1節）でかなり詳しく述べましたし、拙著『英語教育原論』でも詳述したので、ここでは割愛させていただきます。

むしろ今日ここで考えてみたいのは、「生徒・学生の留学熱や英語学習熱が冷めつつあるときに、なぜ大学や小学校で英語学習が声高に叫ばれるようになってきたのか」という点です。

大学における英語熱の異常さは、ＴＯＥＩＣ受験を全学生に強制したり、「授業で使う統一教科書を作成しろ」「習熟度別のクラス編成をしろ」という上からの強力な圧力があったりすることに、端的に表れています。

小学校英語の方も、文科省は小学校五〜六年生で義務化したものの、著名人の強い反対や疑問が寄せられているだけに、教科化することにまだためらいが見られました[註4]。

しかし県レベルや市レベルでは、小学校低学年からの英語教育を「売り」にしている首長・校長は、珍しくありません。そして「英語を話せる子どもにしたい」という教育ママがこのような流れを後押ししています。

生徒や学生の英語熱が冷えつつあるとき、なぜこのような不思議な現象が起きるのでしょうか。その理由として第一に考えられるのは、上記のような大学や小学校の動きをビジネスチャンスとしてとらえ、「英語」を商品として売りさばいて巨利を得ようとする、教育産業の存在です。

しかも、このような動きは国内の教育産業だけではありませんでした。イギリスやアメリカの教育産業も、虎視眈々とビジネスチャンスをうかがっていました。今では、大学で使われる教科書のかなりのものが、イギリスやアメリカの出版社のものになっています[註5]。

生徒や学生の英語熱が冷えつつあるときに、もう一つ英語熱をあおりたてたのは、「英語を公用語とする」ことを表明した外資系企業や海外進出をねらう大企業の存在です。また大手メディアも「英語を公用語とする」企業の出現を、かなり派手に取りあげましたから、これが「英語＝経済力」という幻想をいっそうかきたてることになったように思います。

しかし、日本語を使ってさえ意思疎通がうまくいかずに、企業内でも取引先でも多くのトラブルが起きているときに、英語を公用語にして企業活動がうまく行くはずがないことは、少し考えれば誰でも分かることのように思うのですが、しばらく、この流れは止まりませんでした。最近ようやくマイクロソフト日本支社の元社長なる人物が『日本人の九割に英語はいらない』という本を出し、「会社における英語公用語熱」も少し冷めてきたようです。

もう一つ問題なのは、アメリカを輸出先とする自動車産業やＩＴ産業・電気産業の問題です。これらの会社はアメリカとの合弁会社であったり、社長が外国人であったりしているので、そのような会社が、経団連といったような組織を使って「大学の教育改革」なるものを提言したりして、大学における英語教育に強力に介入しています。TOEIC受験を全員に強制する動きも、この一環だと言ってよいと思います。

かつて大企業は、社員の英語教育は企業内でおこない、必要ならば企業が費用を出してアメリカに留学させてきました。私がアメリカの大学で日本語を教えていたとき、そのような企業派遣の留学生や院生によく出会いました。しかし今はその費用さえも節約したいのか、大学に「すぐ役立つ英語力」を育てろという強い圧力をかけ、大学の授業がTOEICの受験予備校になったり、そのための能力別学級編成が強制されることになっています。

しかし、アメリカを輸出先とする大企業が日本人を豊かにする方向で役立っていないことは、トヨタが世界一になっても貧富の格差が拡大し、生活保護受給者や受給世帯が激増していることで明らかです。しかも、輸出先のアメリカで貧困層が人口の半数を占めるようになっている現在では、アメリカ人に購買力がなくなってきているのですから、製品の販路をアメリカに求めるということそのものが意味を失い始めています。

つまり「英語を社内の公用語にする」という方針は、貧困大国アメリカという現実の前に、転換を余儀なくさせられつつあると言ってよいでしょう。にもかかわらず大学の経営者は、このような現実に全く気づいていません。国立大学の学長の多くも、法人化された今では学者というよりも経営者になってしまっています。しかも「業績評価」で管理され文科省の言いなりになってしまっていますから、経営者として自分の頭でものを考える力も失っているのです。

他方、文科省は力が弱いので経産省や財務省の言いなりですし、経産省や財務省は財界・大企業と太いパイプでつながっていますから、大学における「英語＝経済力」という主張が、当面その勢いを失うことは難しいかも知れません（文科省と経産省が巨大電力会社と一体になっていることは、福島原発事故で誰の目にも明らかになりました）。

しかしだからこそ、そこに英語教師の出番がある、と私は考えているのです。そのことを、以下で、もう少し詳しく説明したいと思います［註6］。

3 英語教師として「英語一極化」に抗する

これまで述べてきたことは、いま大学では外国語教育の「英語一極化」が進んでいるがそれは「英語の強さ」の現れではなくむしろ「英語の弱さ」の現れではないかということです。

ですから、フランス語など「第二外国語」を教えてきた教師の中には「このまま英語が強くなっていけば将来は自分の仕事がなくなるのではないか」と恐れている方もみえるかも知れませんが、それは半ば杞憂に過ぎないと言いたかったのです。

しかし、「だからと言って、このまま放置すれば当面この流れは止まりそうにない」と思われるでしょう。それにたいする方策は、この講演の後半で述べる予定ですが、まず英語教師は、これにたいしてどう対抗すればよいのでしょうか。

すでに述べたように、「英語は好きなものだけがやればよい」と思っている英語嫌いの高校生が増える一方なのに、ＴＯＥＩＣなどのために、大学に入ったらまた新しい受験勉強を強いられています。大学の英語教師は、それを放置するわけにはいきませんから何とか英語を好きにさせようと努力しています。しかしＴＯＥＩＣ受験対策の問題集を教科書にした授業で英語が好きになるはずがありません。

ところで、ここにもう一つの問題が起きます。いろいろ教授法や教材を工夫すれば英語を好きにさせることは可能なのですが、英語が好きになった途端に「アメリカに行きたい」という学生が現れるということです。非常に手前味噌で申し訳ないのですが、私たちが研究し開発した「記号研方式」で教えると、高校で英語が大嫌いになっていた学生でも英語学習に意欲を持ち始めるのです[註7]。

ところが英語が好きになった途端に「アメリカに行きたい」という学生が現れたり、ケーブルテレビでＦＯＸニュースを見始めたりする学生が出てきます。なぜこれが問題なのでしょうか。それを説明するには少し時間が必要です。

連れ合いの教えている大学は高校時代に英語が大嫌いだった若者ばかりが入学してくる大学なのですが、その学生でも「記号研方式」で教えると英語が好きになって家庭でＦＯＸテレビを見始める学生が現れるそうです。しかし、問題はＦＯＸテレビを見始めると急に連れ合いと意見が合わなくなって困るというのです。

ご存知だと思うのですが、ＦＯＸテレビというのは、ブッシュ大統領が嘘をついてイラク戦争を始めたとき、それを最も強力に推進したメディアでした。もちろん当時はニューヨークタイムズまでもイラク侵略を支持したのですから、ＦＯＸテレビだけが悪者だったわけではないのですが、今ではニューヨークタイムズは当時の報道にたいして反省を表明しています。しかしＦＯＸテレビは、いまだに反省していませんし、タカ派の姿勢を崩していません。

ですから、英語を教えて、英語を好きにさせたのは良かったのですが、そのことが学生の視野や考え方を逆に狭めてしまう結果になることもあるのです。これが私の言う「英語教師の、三つの危険」のうちの一つである「英語による、学校の家畜化」です。

ここに面白い研究結果があります。ニュージャージー州で最大規模の大学フェアレイ・ディキンソン大学（Fairleigh Dickinson University）の研究によれば、FOXニュースを見ている学生は、テレビでニュース番組を見ていない学生よりも、世界情勢について無知だというのです[註8]。

たとえば、FOXニュースを見ている学生で、エジプトに民衆蜂起が起きて政権が崩壊したことを知っている学生は、テレビで何のニュースも見ていない学生よりも、一八ポイントも低かったそうです。

この結果を受けて、同大学の政治学教授ダン・カスィノ氏（Dan Cassino）は、「この結果は、FOXニュースに何か問題があることを示している。なぜなら、FOXニュースを見た結果、ニュースを全く見ない学生よりも、世界情勢に疎くなっているからだ」と述べています。

言語学者で有名なノーム・チョムスキーの本に、『マニュファクチャリング・コンセント、マスメディアの政治経済学』という古典的著作があります。これはマスメディアによって合意（＝コンセント）が捏造（＝マニュファクチャリング）されるということを、詳細な事例をもとに研究したものですが、それをもう一度証明したのが、嘘で固められたイラク侵略だったと言ってよいでしょう。

イラクに大量破壊兵器があるという大々的な宣伝をおこない、先頭に立ってイラク侵略のための進軍ラッパを吹き鳴らしたのがFOXニュースだったのですが、エジプトに関しては逆に民衆蜂起でムバラク独裁政権が崩壊したことをなるべく隠そうとしたわけです。

エジプトの軍事独裁政権を支え続けてきたのが歴代のアメリカ政府でしたし、そのような政府の広報役として振る舞ってきたのがFOXニュースでしたから、これは当然のことかも知れません。オバマ大統領も裏で必死に独裁者ムバラクを支え続けましたが、最後はついに諦めて「民主主義を推進しようとしている若者たちを支持する」と表明せざるを得なくなりました。

ところが日本のメディアは一貫してオバマ大統領を民主主義の旗手であるかのように描いてきました。し、英語教育産業もオバマ演説を英語学習の最適教材であるかのように宣伝し、先述のとおり、その演説集は一時期、本屋で平積みになりました。

大学の英語教師・英語教育研究者もこれを賞賛し、月刊誌『英語教育』（二〇〇九年一〇月増刊号）もオバマ演説の特集を組んだことすらありました。私の言う「英語教師の、三つの危険」のひとつ「英語による、学校教育の自己家畜化」を絵に描いたような事件ではないでしょうか。

４　日本の英語教育は何を目指すべきか

私は、この講演の冒頭部分で、「外国語学習にいたる『みちすじ』は二とおりあるように思います。ひとつは、学ぼうとする外国語あるいはその外国語が話されている国があこがれの対象である場合です。英語がその典型例ではなかったでしょうか」と述べました。では、もう一つの道とは何でしょうか。

それは英語教師が教材や教授法を工夫して学生の「英語嫌い」「英語恐怖症」を治療したあとに生まれる学生の学習熱・学習意欲です。しかしそれは、すでに述べたように、英語が好きになった結果、急に家庭でFOXニュースを見始めたり、「アメリカに行きたい」と言い出したりする学生を生み出す危険性も孕んでいるわけです。

私は別に「アメリカに行きたい」という願望をいだくことが悪いといっているわけではありません。問題なのは、突然「アメリカに行きたい」と言い出す学生のほとんどが、英語どころか日本語の本や新聞ですら、あまり読んだことがなく、アメリカや世界について全く無知なまま、渡航しようとしていることです。

ですから、彼らは銃の乱射事件が絶えないアメリカを知りません。だから、アメリカがいかに危険な国であるかを知りませんし、黒人など有色人にたいしていかに冷たい国であるかも知りません。なにしろオバマ演説を教材として売り出すような英語教育産業がふりまくアメリカ像は、相変わらず「民主主義の理想国家アメリカ」なのですから。

では私たち英語教師は何をすればよいのでしょうか。そのためには、英語教育とは何を目指すものなのかを、もう一度問い直さなければなりません。ふつう考えられているのは、英語教師の仕事は「英語ができる生徒・学生を育てること」だと思われています。しかし「英語ができる学生」を育てても、その結果として育ったのが「英語バカ」であっては何にもなりません。

東大教授でありシェークスピアの研究者としても著名だった中野好夫氏は、かつて「英語は不思議な力を持っている。というのは英語学習者の多くを英語バカにしてしまうからだ」という意味のことを述べたことがあります（寺島二〇〇二）。これは私が組織している英語教育の研究会メンバーをみても実感することができます。というのは、その多くが英語にしか興味がなく人間や社会にほとんど関心がないからです。

私の研究会で、生徒の心をつかみ非常にユニークな教育実践を展開する教師の多くは、文学部英文学科、外国語学部英語科、教育学部英語教育の出身ではありませんでした。そうではなく、心理学科・歴史学科・国際関係論などを専攻した英語教師でした。前者の出身者は、英語学習は辞書をくることであり会話のフレーズを覚えることだと信じて疑わないひとが多かったのです。

そのような教師は、教材の内容そのものにはあまり関心がありませんし、生徒がどんな思いをいだいて学校に来ているか、あるいは日本や世界がどのように動いていて、それが生徒の未来にどう関わってくるかも、ほとんど関心ありません。こうして「英語教師の、三つの危険」を絵に描いたような授業を展開することになります。ですから、生徒の心もうまくつかめませんから、しばしば授業は「崩壊の危機」に晒されます[註9]。

これでどうして教育という営みが成立するのでしょうか。私が講演冒頭の自己紹介で「英語科教育法と異文化理解を教えていますが、学生には『異文化理解』ではなく『国際理解』と言いかえて教えています」と述べましたが、それには以上のような私の思いが込められていたのです。

というのは、私の知るかぎり、従来の「異文化理解」は、英文を読むためには英米文化を知っていなければならないし、英米文化の基礎は聖書やシェークスピアにあると言って、その詳しい説明をしたりすることが多かったように思います。

その結果、クリスマスシーズンになると日本の家々でクリスマスツリーを飾ったりイルミネーションで玄関を照らすなどという家庭も出てくることになります。しかし、これは欧米文化の崇拝者を育てることに役立っても、真の国際理解に役立つとはとても思えません。相変わらずの「英語バカ」を再生産することになるだけでしょう。

こういうわけで私は『英語教育原論』で述べた「英語教師の、三つの仕事・三つの危険」とは別に、もっと明白な「英語教育の目標」を提示する必要を感じるようになりました。私にその必要性と緊急性を強く感じさせ、一刻も早くその目標を提示しなくては、という思いにさせられたのが、文科省による新しい高等学校学習指導要領でした。この指導要領では「授業はすべて英語でおこなう」と明記されていたからです。

この指導要領は、高校生に英語嫌いが激増しつつあること、いわゆる「底辺校」では授業の荒廃・崩壊が極度に進行していること、英語どころか日本語の学力低下が著しいことなどに全く気づいていないのです。ですから、「授業を英語でおこなう」ことを強行すれば、学校の荒廃がさらに深刻化するであろうことは目に見えている——私の主催する研究会で接する現場教師の話を聞くかぎり、そう私には思えました。

また新しく採用されてくる英語教師は「授業を英語でおこなう」ことを念頭において選考されるのですから、外国語学部英語科などを卒業した教師が自然に増えることになるでしょうし、そうなると中野好夫氏の言う「英語バカ」がますます学校で幅をきかすことにもなりかねません。これは生徒にとっても本当に不幸なことです。

そんな思いを込めて執筆したのが、『英語教育が亡びるとき——「英語で授業」のイデオロギー』でした。そこでは「英語教育、三つの目標」として次の三つを掲げました。

（1）日本人の、日本人による、日本人のための英語教育
（2）母語を耕し、自分を耕し、自国を耕すための英語教育
（3）日本を「アメリカのような国」にしないための英語教育

明治以来、日本で英語教育が導入されてからさまざまな英語教授法が輸入され、それが一世を風靡したあと、跡形もなく消えて行くということを何度となく繰り返してきました。それは、英米で開発された移民対象の英語教育、すなわち「生活言語＝第二言語としての英語」（ESL：English as Second Language）を教えるために開発された教授法を、全く条件の違う日本に直輸入しようとしたからではなかったかと思うのです。

日本では英語を生活のために活用する環境は、外資系の会社に勤めるひとなど特殊な場合をのぞいては、存在しません。つまり日本で教えられるべき英語は「外国語としての英語」（EFL：English as Foreign

Language）であってＥＳＬではないのです。ですからＥＳＬのための教授法は初めから失敗する運命にありました。だとすれば、私たちは日本の風土に合った教授法を自らの力で開発しなければならないのです。にもかかわらず、英米で開発された教授法こそオーセンティック（正統）なものだという「欧米崇拝」から、いまだに抜け切れていません。私が「日本人の、日本人による、日本人のための英語教育」をまず第一に掲げた理由が、そこにあります。

最近では「複言語主義」という考え方がヨーロッパを中心に提唱され、「誰でも母語以外に二言語を！」というスローガンだけが一人歩きしていますが、その政策をよく読んでみれば、すべてのひとがバイリンガルやトリリンガルになる必要はなく、各自が自分の必要に応じて到達目標を設定すればよいと言っているのです。

ですから、「読めなくても話せればよい」というひとがいてもよいし、逆に「話せなくても読めればよい」というひとがいてもよいわけです。各自が自分の必要に応じて目標を設定すればよいのであって、「読む」「書く」「話す」「聞く」の四技能がすべて同じレベルに到達しなくてはいけないわけではありません。

英語・独語・仏語といった、お互いに語源や文法がほぼ同じで習得が容易な言語でさえ、ＥＵの言語政策では四技能のすべてを要求していないのです。ところが日本の英語教育界は、すべてのひとが「読む」「書く」「話す」「聞く」の四技能を高度なレベルにまで高め、すべてのひとがバイリンガルにならねばならないかのような幻想に満ちています。

そのような強迫観念を極端に押し進めたのが、文科省の「小学校英語」であり、新しい高等学校学習指導要領「英語の授業は英語で」という政策ではなかったのか、と思うのです。大学ですべての学生にＴＯＥＩＣ受験を強制したり、授業でＴＯＥＩＣ受験の準備をさせるというのも、この流れにのったものと言うべきでしょう。

このような政策がいかに馬鹿げたものであるかは、拙著『英語教育原論』『英語教育が亡びるとき』で詳述しましたので、ここではこれ以上繰り返しません。

また日本で英語教育を強力に押し進めている裏の動因が経済的要因であったことも、すでに説明してきました。学校現場のＡＬＴ（英語指導助手）の採用が、実は貿易摩擦を解消するためのアメリカ側の圧力と関係していたことは、今では周知の事実です。

それは、「英語」という商品を日本で売りさばくための舞台として、ＴＯＥＩＣを大学で受験させるというかたちで実現されています。また大学で採用される教科書のかなりが英米で出版されたものですから、「英語」という商品を日本で売りさばくための市場はさらに広くなっています。

もっと深刻なのは、「英語」という商品が広く出回れば出回るほど、日本人の価値観が歪んでいくということです。英語が広まるにつれて英米文化の崇拝が進み、日本語までも大きく変容させられることになりました。

このような流れにたいする危機感を最もよく示しているのが、鈴木孝夫『日本人はなぜ日本を愛せないのか』ではないでしょうか。この本の中で鈴木氏は、たとえば「風知草」といった風情ある草花名までも、日本人にとって意味不明なカタカナ語に取って代わられてしまっていることを嘆いています。

鈴木氏は、アラビア語や韓国語も含めて、何か国語も駆使できる言語学者ですが、その彼が、「名前を通じて、その植物の優雅な姿・形までも、ありありと目に浮かぶように表現できる、豊かな語彙を日本語が持っているにもかかわらず、私たちはそれを捨て去ろうとしている」と怒り嘆いているのです。

私が英語教育の目標として「母語を耕し、自分を耕し、自国を耕すための英語教育」を二番目に掲げたのは、このような意味合いが込められていました。初めは「母語を見つめ、自分を見つめ、自国を見つめるための英語」という目標を考えたのですが、これではあまりに目標が静的・受動的すぎはしないか、もっと動的・能動的な表現にできないかと考えているうちに、「見つめる」→「耕す」を思いついたのでした。

しかし、英語の広まりが日本にもたらす問題で、日本語の変容よりもさらに深刻なのは、外交政策や経済政策の変容です。たとえばオバマ演説が名演説だとして英語学習の教材として広く使用されればされるほど、アメリカの外交政策は日本で広く浸透し支持されることになります。これが私の言う「英語教育を通じた」「国家の自己家畜化」でした。それが今では憲法九条の変容にまでたどり着いています。

戦後アメリカの占領政策は、初期の頃は良い面をたくさん持っていました。財閥解体や農地改革を通じて貧富の格差をなくし、一部のひとに権力や財力が集中するのを防ぎ、普通選挙権を通じて民衆の政治参加も保障する努力をしました。その頂点にあったのが「憲法九条」をもつ日本国憲法の誕生ではなかったでしょうか。

しかし、日本の民衆からの提案をも入れて、この新しい憲法を私たちにプレゼントしてくれたはずのアメリカが、社会主義の中国が誕生し朝鮮戦争が勃発した頃から大きく路線転換し、日本国憲法の誕生に尽力した多くの若いアメリカ人が、GHQから放逐されることになりました。そして現在の日本は「憲法九条」を持ちながらも、世界有数の軍事力をもつ国家へと変貌しました（油井一九八九）。

しかも近年は、国連という隠れ蓑を着たアメリカの要請で、イラクやハイチやスーダンにまで自衛隊を派遣するようになっています。そして、そのことにあまり疑問をいだかせないようにしているいくつかの要因のなかで、ここで特に注意を喚起しておきたいのが英語教育のもつ隠れた力です。ノーベル平和賞を受けたオバマ氏の演説を教材として学べば学ぶほど、無意識のうちに「侵略・拉致・拷問・暗殺」にあけくれるアメリカの外交政策を正しいものとして受け入れるようになるからです[註10]。

これはアメリカの経済政策についても言えます。アメリカのニュースを教材化した教科書を使えば、富の源泉はすべてアメリカから生まれてくるような印象をもつでしょう。

マイケル・ムーアの映画『シッコ』『ロジャー&ミー』を観たことがあるひとなら、アメリカでは貧富の格差が拡大し、医療費が払えなくて路上生活者になるひとが絶えないことを、徐々に知り始めていますが、私のまわりにいるひとに上記の映画を観たことがあるかと尋ねても、観ていないひとが多いことに驚かされます。英語教師すら観ていないひとが多いのです。

つまり英語教師にとってすら、いまだにアメリカは「豊かな国」「理想の国」なのです。私はこれを「英語読みのアメリカ知らず」と名づけていますが、よく考えてみると英語教師はそれほど英語を読んでいないのです。読んでいるのは主として文科省検定済みの教科書や指導書あるいは受験問題集ですから本当のアメリカを知りません。また今は教科書も会話ブームですから、ますます英語を読む量が減っています。

ですから「構造改革」→「規制緩和」→「民営化」というアメリカ流の経済改革が日本になだれ込んできても、それが日本を豊かにする道だと疑わない英語教師が続出し、「英語を学ぶと良い職業につけて豊かな生活をおくることができる」と生徒に説教することになります。こうしてますます「英語一極化」が進行します。教科書以外の文献を読み、最新のアメリカ事情を知っていれば、こんなことは防げるのですが、今の現場は忙しすぎて、そのゆとりもありません。

私が英語を学ぶ目標として最後に「日本を『アメリカのような国』にしないための英語教育」を掲げたのは、このような意味が込められていました。というのは、日本にアメリカ流の「新自由主義」「市場原理主義」の経済が導入されてから、一挙に「派遣社員」「ワーキングプア」が増え、路上にはホームレスが溢れるようになったからです。

ですから、今の日本で英語を学ぶ意味があるとすれば、日本を「アメリカのような国」にしないために「本当のアメリカ」を知る――そのための武器として英語を学ぶ。これ以上に大きな目標を、今の私は見出すことができません。

日本を「ホームレスで溢れる国」「海外で人殺しをする国」にしないためにこそ、英語を学ばなければならないのです。

ですから、外国語教育における「英語一極化」をくいとめるために英語教師に何ができるかと問われれば、「英語教師の、二つの仕事」のうちの一つ「外国語は英語だけでない」と生徒・学生に語りつつ、それと同時に「騙されないための英語」を学習者に呼びかける以外にはないと思っています。なぜなら今までの私たちはあまりにも「嘘のアメリカ」を教えられてきましたから。

そして、そのために私は「読む」ことの重要さをここでもう一度、強調しておきたいと思います。最近は「話す」「聞く」といった「会話力」ばかりが強調されていますが、TOEICやTOEFLの結果を見ても、日本人の英語力は「聴く力」よりも「読む力」のほうが劣っていますし、また「騙されないための基礎学力」をつけるための最短距離は「読む力」だと思うからです。「批判的読み」(Critical Reading)なしに、どうして「騙されないための言語力」を育てることができるでしょうか。

また、EUの主張する「複言語主義」の観点から言っても、日本のようなEFL環境のなかでは、「読む力」の養成こそが最優先されるべきでしょう。会話のフレーズをいくら覚えても使う機会がなければ、すぐ忘れていきます。私の言う「ザルみず効果」です。「ざる」に水をどれだけ注ぎ込んでも溜まっていきません。そんな無駄なことをやめて、着実に溜まっていく学力こそ育てるべきでしょう。

（また「読む力」「直読直解」の力なしには、「直聴直解」はあり得ませんし、相手の言っていることが「直聴直解」できなければ、会話も成り立ちません。）

もう一つ、ここでどうしても述べておきたいのは、「翻訳文化」の重要性です。日本語を国連の公用語にすることを強く呼びかけてきた鈴木孝夫氏は、『新・武器としてのことば』のなかで「日本ほど翻訳を通じて世界中の情報を入手できる国はない」として、「翻訳文化」の重要性を主張しています。しかし、私は翻訳文化の重要性はそれだけにとどまらないと思っています。

というのは、明治の先人たちは外国文化に接し、それを日本に紹介するために汗みどろの頭が下がるような苦闘を積み重ねてきました。それが現在の日本をつくる土台になっているわけですが、それは単に新しい文明の輸入にとどまらず、それを翻訳し輸入する過程で、新しい日本語が磨かれてきたからです。それが近代日本文学と言われるものでした。ですから、翻訳は「母語を耕す」大きな原動力になったのです。

私が英語教育の目標として「母語を耕し、自分を耕し、自国を耕すための英語教育」「母語を見つめ、自分を見つめ、自国を見つめるための英語」をあげたのには、このような意味も込められていました。しかし、これについては拙著『英語教育が亡びるとき』でも述べたことですので、詳しくはそちらを参照いただければ幸いです。

5 「英語一極化」に抗してフランス語教師に何ができるか

5-1 外国語を学び始める二つの動機

さて以上が、「英語教師として〝英語一極化〟にどう抗するか」について、私が今のところ考えていることです。そこで以下では、「フランス語教師として〝英語一極化〟にどう抗するか」「フランス語教師に何ができるか」について、私見を述べたいと思います。

私がフランス語というものに初めて接したのは、東京大学の専門学科「教養学部教養学科」に進学してからでした。私は元々、湯川秀樹にあこがれて物理学の道を目指すべく、最初は京都大学理学部を受験しました。しかしみごとに蹴落とされて、翌年は泣く泣く東大の理科Ⅱ類を受験して、幸運にも合格することができました。

というのは、湯川秀樹の自伝『旅人』を読んでいたら、「物理学は若い頭脳が必要で、老齢で新しい発見をしたり新しい理論をつくり出したりすることは、まず不可能だ」というようなことが書いてあって、私はこれを「要するに浪人しなければ入学できないような頭脳では、物理学などやめろ」という意味に解釈したのです。

そこで翌年は東大を受験することにしました。というのは教養学部の専門課程に「基礎科学科」というのがあって、そこでは自然科学を自由にいろいろ学べることを知ったからです。ここなら私のような頭脳でもついていけそうだと思ったのです。それがフランス語とどんな関係があるのかと訊かれそうですが、もう少し続けさせてください。

浪人しているとき、武谷三男『物理学入門――力と運動』(上)やアインシュタイン&インフェルト『物理学はいかに創られたか』を読んで、物理学史というものも非常に面白そうだと思ったのです(ちなみに武谷三男というひとは湯川秀樹の高弟かつ共同研究者でしたが戦時中に反戦運動をして獄にいたこともあり、戦後は旧制帝大での職はありませんでした)。

ところが教養課程を終えて専門を選ぶときです。教養学部のなかに「基礎科学科」と並んで「教養学科」

があり、そこに「科学史科学哲学」というコースがあることを知りました。それで「これだ！」と思ってそこに進学することにしました。

教養学科というところは非常に自由なところだったので、専門科目の単位を取り卒論を書きさえすれば、あとはどこの学科も自由に聴講できました。私とフランス語の出会いは、ここから始まります。

その当時、若者の間では「実存主義」というものが大人気でした。とりわけその先導者であったサルトルという哲学者と、その夫人であったボーボワールの著書は、大学生協の書籍部でもよく見かけたように覚えています。それで私も彼らの本を何冊か読んでみることにしました。

サルトルの本は難しくてよく分かりませんでしたが、ボーボワールの自伝『娘時代』などは私でも理解でき、当時の女性の新しい考え方や生き方を教えられて、非常に興味深く思ったことを覚えています。しかも、サルトルの著作を訳している平井啓之氏が「教養学科フランス科」の教授だったこともあり、急にフランス語に興味が湧きました。

これと同じ現象が最近でも起きました。それはアメリカがイラク侵略を開始しようとしたとき、時の外務大臣ドミニク・ドヴィルパン氏が戦争反対の声をあげたときのことです。

日本フランス語教育学会の元会長・三浦信孝氏は、このときのことを「国連安全保障理事会での、あなたのイラクにたいする軍事介入反対の演説は、情報通信手段の発達により、世界中の何百万何千万の市民の耳に届いた」と述べています（三浦二〇一一、二一七頁）。

当時アメリカは、自分を支持したチェコやポーランドを「新しいヨーロッパ」として激賞し、他方でフランスを「古いヨーロッパ」と口汚く非難しました。しかし三浦氏が言うように、このときほどフランスとフランス語にたいする関心と威信が高まったことは、かつてなかったのではないかと思うのです。

ところで、私は入学したとき第二外国語としてロシア語を選びました。なぜロシア語を選んだのか記憶にないのですが、その当時はソ連がスプートニクを宇宙に打ち上げ、科学の先頭を走っているという印象がありましたから、たぶんそのせいで選んだのだと思います。事実、当時の理科Ⅱ類は語学別にクラス編成がなされていて、ロシア語クラスが一番多かったように記憶しています。

なぜこんなことを述べているかというと、生徒・学生が外国語を選ぶとき、どのような動機で選ぶかを説明したかったからです。「英語一極化」をくいとめるためにも、外国語を選ぶときの動機を検証する作業は欠かせないと思うからです。

私がロシア語を選んだのは、今から思うに、当時、世界で最も自然科学の研究が進んでいると思われた国がソ連だったからでしょう。教養部でロシア語を教えている先生の中に物理学者玉木英彦氏がいて、次々とロシアの高名な物理学者の本を翻訳していました。その彼の『日露・物理学用語辞典』をつくるためのカード作りが、私の受講するロシア語の授業だったということもありました。しかし私にとっては極めて興味深い作業でした。

現在の大学の外国語教育と違って、当時の東大は第三外国語まで選ぶシステムでしたから、私はドイツ語を選びました。なぜドイツ語を選んだのか、やはり記憶にありません。医学部進学の学生は外国語としてドイツ語を選ぶのが普通でしたから、たぶん理系の人間にとってはドイツも学ぶべしという程度の認識だったのでしょう。フランス語というのは文学をやるひとが選ぶ言語だという漠然とした思いもありました。

要するに、私がここで言いたかったことは、外国語学習はそのときどきの政治状況や文化情勢に大きく左右されるということです。現在の「英語一極化」もアメリカが世界の帝国だということと切り離して考えることはできませんし、私が教養学科に進学したときフランス語をかじってみたのも、当時の「実存主義の隆盛」という事情が深く絡んでいたように思うからです。

私がアメリカの大学で一年間、日本語を教える機会があったとき、休暇を利用して「パリのカルチェ・ラタンを一度は訪ねてみたい」と思ってフランスに行ったのも、この大学時代の体験が大きな動機になっています。

私の学生時代は、パリが「実存主義」の中心地であっただけでなく、世界をゆるがしていた学生運動の一つの中心地がカルチェ・ラタンだったので、その雰囲気がどんなものだったのか、その残っているかも知れない微かな香りだけでも嗅いでみたいと思ったのでした。

それは、ベトナム反戦運動がアメリカの大学だけでなく日本の大学でも影響力を残していたときでしたし、ピカソの「ゲルニカ」という絵画が平和運動の象徴とされていた時代ですから、絵画のメッカであるモンマルトルもぜひ訪ねてみたいという思いもありました。ピカソが住んでいたという安アパート「洗濯船」にも興味がありました。

5-2 フランス語を通じて学生に何を語るのか

私が自分のこのようなフランス体験やフランス語体験を話すのは、それが「英語一極化」をくいとめるために努力されているフランス語教師の皆さんに、何かヒントになることがあるのではないかと思うからです。

というのは、現在の「英語一極化」をフランス語教師がくいとめるためには、英語学習のもつ危険性を語るか、フランス語学習がもたらす豊かさを語るか、の二つしかないと考えるからです。

しかし、先にも述べたとおり、英語教師ならいざしらず、フランス語教師が英語学習のもつ危険性を語っても、それは単に「嫉妬」「やっかみ」にしか聞こえないという恐れがあります。ですから、残されている道は、フランス語学習がもたらす豊かさを学生に語ることしかないように思うのです。

フランス語を学べば、このような新しい豊かな世界が開けてくる――そのようなことを学生に語ってやれば、かつて私が「実存主義」にひかれてフランス語をかじってみる気になったのと同じように、フランス語に挑戦してみようという学生が現れるでしょう。このような試みの一つが慶應大学湘南藤沢校舎の外国語学習カリキュラムではなかったでしょうか。

すでに皆さんは御存知のことと思いますが、ここでは従来のやり方を大きく変えて、入学してきたばかりの学生に半年かけて「私が教えている外国語を学べば、こんな新しい豊かな世界が開けてくる」という宣伝をするそうです。そして教養課程の残る期間は、そのオリエンテーションによって動機づけられた外国語を、一つだけ選んで集中的に学習すると聞いています（関口編一九九二）。

どれだけ徹底した語学訓練のカリキュラムをつくっても、それだけでは、多くの学生はなかなか外国語を学びたいと思ってくれません。訓練ばかりだと逆に嫌いになる可能性も高いからです。

私は先に、私たちが研究し開発した「記号研方式」で「英語嫌い・英語恐怖症」がなくなり、その結果「アメリカに行きたい」という学生が出てきて困った、という話をしました。しかし、それは「訓練」ではなく、「学び方」を教え「学習意欲」を引き出したからだと思っています。

ですから外国語教育はつまるところ動機づけ・学習意欲の喚起、すなわち「学びたいと思わせる」こと以外にないと思うのです。［ただしチョムスキー（二〇〇六）は、「教師の仕事は〝学びたいと思わせる〟に尽きる」と言っていますから、これは語学教育だけではなく、教育全体について言えることでしょうが。］

ですから、この慶應大学湘南藤沢校舎の非常にユニークな外国語学習カリキュラムは（鈴木孝夫先生の発案で始まったと聞いていますが）、「英語以外の外国語を学ぶと、どんな新しい世界が開けてくるのか」を学生に知らせ、学習にたいする強い動機づけを与えるという点で、非常に素晴らしい試みではなかったかと思うのです。

では、フランス語を学ぶと、どんな新しい世界が開けてくるのでしょうか。それを私に教えてくれたのが、「日本における多文化共生をめぐって――フランス型モデルとの比較検討を通じて」（中村二〇〇七）および「フランスにおける中国系移民――統合のひとつの模範か？」（デトリ二〇一一、中村訳）でした。

この論文は私が甲南大学の講演に呼ばれたとき中村典子氏から頂いたものですが、読んでみてフランスにおける弱者対策が他国に比べていかにきめ細かく配慮されたものであるかが、よく分かりました。

書籍やドキュメンタリー（たとえば『フランスの母になりたい、マダム・ロワイヤルの六か月』ＮＨＫ二〇〇七年五月二六日）などを通じて、以前からフランスには「ポストの数ほど保育所がある」「日本では出生率が落ちているのにフランスでは逆に上昇している」ことを知ってはいましたが、中村論文から新しいフランス像を知った気がしたのです。

たとえば、アメリカでは今、ホームレスが深刻な問題になってきて、「占拠運動」（Occupy Movement）がアメリカ全土に広がる原因になっているのですが、フランスには「対抗的な住居権」（Droit au logement opposable）というものがあることに、驚かされました。中村（二〇〇七）には次のように書かれています。

二〇〇八年以降、フランス市民でホームレス状態にあるひとたち（二〇一二年以降はトイレやシャワーがないような劣悪な住居に住むひとも含む）は、国や自治体が適切な住宅を供給しなければ訴えることができる。この法律により訴えられないために、国や自治体は、困窮状態にある人々に対する住宅対策を強く推進しなければならないことになる（一九四頁）。

しかも、さらに驚いたのは、保守・右派で雇用・社会的団結・住居省の大臣ジャン＝ルイ・ボルローですら、「教育や医療と同様に、各人が資産や収入に応じて、劣悪でない住居に住めるようにすることは、国家の責任である」と語っていることでした。

他方、アメリカではどうでしょうか。住宅供給会社が銀行と結託して貧困者をだまして住宅を買わせたあと、借金を返せないからという理由で身ぐるみ剝いだ上で路上に放り出しているのです。それに抗議して公園を「占拠」してテントを張ると、武装した警官が襲ってきて再び路上に投げ出されるということが、いまだに続いています。

移民問題についても、アメリカでは現在、新しい州法の下で、大量のメキシコ系移民（ラティーノ）が国外に放逐されています。その結果、子どもだけがアメリカに残されて親が中南米に強制退去させられる、「家族離散」という悲惨な状況も、あちこちに現出しています。これはアメリカが出生地主義をとっているからです。

しかし同じ出生地主義をとっていても、フランスでは、中国人移民に関するかぎり、このような問題が起きていないことも、先述した中村氏の翻訳論文から知ることができました（デトリ二〇一一）。

というのは、中国人移民は独自の共同体をつくり、移民をそのなかで受け入れて就職させ、彼らが自分で店を持つなどの「独り立ち」ができるまで、共同体で援助していくしくみをつくっているので、白人から仕事を奪うことにならず、したがって中国人にたいする排斥運動は起きていないというのです。日本でも近年、少子化が進み労働人口が激減する傾向にあることを考えると、貴重な示唆を与えてくれる研究でした。

しかし、それよりも重要なのは、日本が労働人口を移民に頼らなくてもよい社会にするためにも、出生率を増加させてきたフランスの政策から学ぶことではないでしょうか。労働時間を短くして就労人口を増やし、かつ誰もが人間らしい生活ができる「最低賃金」が保障される社会をつくることなしには、若者は就職も結婚もできないからです。

たとえば、フランスでは参入最低所得（RMI：Revenu Minimum d'Insertion）という制度があるそうですし、労働時間と、それに込められた労働観・人生観も、日本と比較すれば、羨ましいかぎりです。中村（二〇〇七）は、それを次のように述べています。

日曜・祝日に商店やデパートが営業することが原則として禁じられており、二四時間営業のコンビニエンス・ストアなどは認められていない。そうした労働環境の中、フランス人は休暇や休日に絶大な価値を認めている。フランスで自主的に規定労働時間を越えて働くのは、管理職や自由業などの「高給取り」であり、一般の労働者については、週三五時間制と最低五週間の法定年次有給休暇が守られているだけでなく、「サービス残業」などは存在しない。下記のグラフからわかるように、二〇〇三年におけるフランスの年間総労働時間は一五三八時間、ドイツは一五二五時間であるが、日本は「サービス残業」を含めずに一九七五時間である。フランスとは少なくとも四三七時間の差があるが、これを日本の週四〇時間制を考慮して日数にしてみると約一一週間、二ヶ月半余りに相当する。ということは、フランス人やドイツ人は日本人に比すれば、少なくとも二ヶ月半以上の有給休暇を取得しているということになる（二〇六－七頁）。

このようにフランスは日本に多くのことを学ばせてくれます。その学んだことを、もっと中村論文から引用したいのですが、長くなりますので、ここでは割愛させていただきます[註11]。

いずれにしても、このような事実を知らせながらフランス語にたいする学習意欲を高めていくことが、結果として英語学習者が野放図に増えていくことにたいする歯止めとなるのではないでしょうか。それどころか、むしろ友人にもフランス語学習をすすめる力や元気を与えることになるでしょう。

なぜならフランス語学習者は、このような事実を知ることによって、「フランス語を学んで良かった」「視野が広がり人間として成長することができた」という実感を持つことができるからです。単なる語学訓練だけでは、フランス語学習者に「人間として成長した」という喜びや自信を与えることはできないでしょう。

5-3 フランス国とフランス語の威信を傷つけるもの

しかし、ここでもう一つどうしても述べておきたいことがあります。それはフランスとフランス語を愛するあまり、フランスの犯してきた罪、いま犯しつつある行為に眼をつむってはならないだろうということです。そういうことをすれば、長い目で見て結局は「英語一極化」を助長することになるだろうと思うからです。

カルヴェ『言語学と植民地主義』『言語戦争と言語政策』などを読めば分かるように、フランスはアフリカの植民地で、イギリスがインドその他でおこなってきたような、搾取と同時に「ことば喰い」もおこなってきました（これは戦前の日本が朝鮮や台湾でもおこなってきたことですが）。

また、フランスは一貫して中米ハイチの独立を妨げてきましたし、最近でも、アメリカの手引きでハイチにクーデターが起こったときもフランスが裏で協力していました。当時のハイチ大統領アリスティドは拉致されて中央アフリカ共和国にまで連れていかれ、空港で投げ捨てられたのですが、そのときアメリカは裏で旧宗主国のフランスと連絡を取り合っていたことは今では明らかだからです（参考サイト「ハイチ」参照）。

もう一つだけ例をあげるとすれば、最近のNATOによるリビア空爆を指摘することができるでしょう。チュニジアの民衆蜂起がエジプトに飛び火し、それがさらにリビアのカダフィ大佐を追放するという動きに発展しました。このリビアにおける民衆蜂起を支援するという名目で大量の空爆がおこなわれたわけですが、この過程で多くの民間人の命が奪われました。その先頭に立ったのがフランスでした（参考サイト「リビア」参照）。

民衆蜂起しているのを独裁者が弾圧しているから民衆を支援するため空爆する、というのであれば、イエメンやバーレーンでも多くの民衆が決起し、殺されたり拷問されたりしているわけですから、これを放置してリビアだけを攻撃するというのは、誰が見てもダブルスタンダード（二重基準）だとしか言えないでしょう。

とりわけバーレーンの場合は、バーレーン自身が王制独裁国家であり、それを助けるため隣の王制独裁国家サウジアラビアから戦車や軍隊が出撃し、しかも血みどろになっている民衆を救急治療した医師団や看護師たちまでも牢獄に入れられているのですから、なおさらのことです。

また、リビア周辺にはバーレーンやサウジアラビアのようにイスラム原理主義の王制独裁国家が多いなか、かつて女性でも無料で大学に行くことのできた世俗国家のリビアは、空爆で破壊されて今は存在しません。悲惨な内乱が続いているだけです。その結果、リビアから大量の難民が生まれているのですが、フランスを初め、EU各国の移民排斥運動は強まる一方です。

ですから、アメリカによるイラク侵略の時、ドミニク・ドヴィルパン外務大臣によって、いちやく威信を高めたフランスとフランス語でしたが、このハイチのクーデターやリビア爆撃で、再びフランスとフランス語への魅力は大きく損なわれてしまいました[註12]。

このように、外国語というものは常に、そのときどきの政治情勢や経済情勢によって浮き沈みを余儀なくされています。したがって「英語一極化」をくいとめてフランス語の拡大をはかりたいのであれば、まちがったフランス政府の行動に異を唱え、フランス語の威信を維持する必要があるでしょう。

日本のフランス語教師に、それがどれだけ可能かは疑問ですが、少なくともフランス政府の行動について「是々非々」の姿勢を貫き、それがフランスの世論に響くよう努力することが、結局は「英語一極化」をくいとめ、フランス語の威信を維持・拡大する道なのではないでしょうか。

6　Aさせたいときには、Bの指示をせよ

教育学の重要なキーワードに「Aをさせたいときには Bの指示をせよ」ということばがあります。これを外国語教育にあてはめれば「会話力をつけたければ会話ごっこをさせてはならない」ということになります。

近年の外国語教育、とりわけ英語教育は、その目的が極度なまでの実用性に傾いています。中学校の英語教科書も今はほとんど会話一辺倒です。しかし、すでに述べたように学校で会話一辺倒の授業をしているかぎり会話力はつきません。それは「ザルみず効果」ですから。

では「AをさせたいときにはBの指示をせよ」という原則を、外国語教育における「英語一極化」をくいとめるための指針として役立てようと思ったとき、フランス語教師は何をすればよいのでしょうか。

それは、すでに述べてきたことですが、「英語やアメリカを攻撃する」ことよりも、「フランス語学習からどんな豊かな世界が開けてくるか」など、「フランスとフランス語の良さ」を学習者に指し示し、学習者に「フランス語学習への誇りと意欲を喚起する」ことに尽きると思います。

もちろん英語教師にとっては、先にも述べたとおり、「英語の害悪やアメリカの汚点を明らかにすること」がひとつの大きな仕事になることは言うまでもありません。以上のことを改めて確認して今日の講演の末尾にしたいと思います。ご静聴ありがとうございました。

註記

1　たとえば、英語一辺倒の外国語教育に警鐘を鳴らすものとして『英語を学べばバカになる、グローバル思考という妄想』という本がすでに出ていている。しかし、この著者である薬師院仁志氏は、内容を読むかぎり、フランス語やフランス社会の眼を通して英語や英国・米国を批判する視点で一貫していた。だから、やはり英語学習＝「国際理解の道具」を信じて疑わないひとからは「ねたみ」「そねみ」と受け取られかねない、というのが読後の印象だった。

2　上記の「英語教師の、三つの仕事」は英語教師を念頭において書いたものだが、これを「仏語教師」と置き換えながら読んでいただければ、仏語教育者にとっても少しはヒントになることが書いてあるのではないかと思うからである。

3　アメリカが貧困化していることは、堤未果（二〇〇八、二〇一〇、二〇一四）、マイケル・ムーア監督の映画『シッコ』『ロジャー&ミー』などで徐々に知られるようになってきたが、ノーム・チョムスキー『破綻するアメリカ　壊れゆく世界』、アリアナ・ハフィントン『誰が中流を殺すのか――アメリカが第三世界に墜ちる日』でも、地域によっては発展途上国かと思われるような惨状を呈していることが紹介されている。いずれにしてもアメリカが危機に瀕していることは確実である。それを「インフラ（経済社会基盤）」という観点から分析したのが、次のインデペンデント紙（二〇一五年四月一〇日）の記事である。

「インフラ整備を怠たり、米国経済は危機に瀕している」http://tacktaka.blog.fc2.com/blog-entry-218.html

4　文科省は、最近、知識人の反対を押し切って小学校五～六年生における英語の「教科化」に踏み切った。しかし「小学校英語」の是非が英語教育界で大きな話題になるなかで、非常に興味ある現象が起きた。それは、日本英語学会の元会長安井稔氏や同時通訳で有名な國弘正雄氏など、英語の使い手として著名なひとたちが、小学校英語に強い疑念を表明したことである。他方、小学校英語の推進者として強い発言を繰り返し表明した勢力の一つが「児童英語教育」団体であった。彼らは「児童英語教師」の資格を出すというふれこみで英語熱をあおりたてた。と同時に、日米経済摩擦の解消策の一つとしてALT＝外国語指導助手の導入が図られた（和田二〇〇四）という事実を考えると、この英語熱の裏には英語を商品として買わせようとするアメリカの思惑も重なっているのではないか、という強い疑問がわく。

5　英語を「商品」として考えたとき、どの程度の価値があるのだろうか。グラズィアニ（二〇一一、一八七頁）は、まず、二〇〇五年に学校評価高等評議会の依頼で作成された報告書『公共政策としての言語教育』で提起された「三つのシナリオ」を紹介する。シナリオ（1）は「すべて英語への移行」、シナリオ（2）は「仏、英、独のうちの二つをできるようにする」、シナリオ（3）は「エスペラント語への移行」である。

そしてグラズィアニは、「フランスが三つの外国語を学ぶという義務を維持するとすれば、かかる費用はシナリオ（1）（2）では同じ」だが、「しかるべきレベルに到達するのが他の言語よりエスペラント語の方が早いことから、（3）では少し安くなる」と分析している。

さらにグラズィアニは、英語が「商品」として売り出された場合どれくらいの収入があるのかを、次のように述べている。「英語圏の国々が英語の優位（シナリオ1）から引き出す利点とはなんだろう。相対的な独占状態あるいは絶対的な独占状態においては、それは拡大する以外ない。（中略）このような『優遇された市場』では、英国の利益は一〇〇億～一七〇億ユーロの間となる。それは英国国内総生産の一％にあたる。」

6　上記では、大学や小学校で英語教育が声高に叫ばれる背景には、「これまでは社内教育で英語力が必要な人材を育ててきた大企業が、今はその度量も余裕もなくして文科省に圧力をかけ、大学や小学校にその仕事を押しつけてきたのではないか」という私の推測を述べた。しかし実は、いま日本の英語教育「改革」をとりわけ強く望んでいるのは防衛省ではないかと私は疑っている。というのは、日本の自衛隊は米軍と緊密な協力関係にあり、頻繁におこなわれている合同軍事演習は英語でおこなわれるのであって日本語ではないからである。したがって自衛隊幹部にとっては、英語力は欠かせない武器であり、それなしには何も進まないのである。

7 ここで言う「記号研方式」（別名「寺島メソッド」）とは、私が高校教師だったときに研究・開発した英語教授法である。普通科高校で研究を開始し、定時制高校の極端な「英語嫌い」や低学力の生徒と格闘しているときにほぼ完成した。その後、私は岐阜大学教養部に異動したが、ここでも「記号研方式」の有効性が試され、今では高校や中学だけでなく、大学でもこの教授法の有効性が証明されつつある。こうして高校から出発した研究・教授法が、下は中学校、上は大学まで広がり、私の主催する研究会の会員には大学教師までいるようになった。国立高専でドイツ語を教えている教師からも、このメソッドの有効性が報告され、ドイツ語教師の会員すら誕生するようになっている。また「このメソッドを小学校でも使いたい」という電話がかかってきたこともあったが、私自身が小学校英語に賛成ではないのでお断りせざるを得なかった。なお「寺島メソッド」および私の主催する研究会（略称「記号研」、現在は「国際教育総合文化研究所」に発展的解消）については拙著『英語教育が亡びるとき』の末尾に関連文献一覧を載せたので、興味ある方は参照されたい。ただし最近に出版された山田昇司『英語教育が甦えるとき——寺島メソッド授業革命』（明石書店二〇一四）は、この一覧に入っていない。

8 それを報じたデモクラシーナウのヘッドライン・ニュース（二〇一一年一一月二二日）を以下に載せておく。

Survey: Fox News Viewers Less Informed than Those Who Don't Watch Any News

http://www.democracynow.org/2011/11/22/headlines#18

A new survey from Fairleigh Dickinson University has found that viewers of Fox News are less informed about world events than people who do not watch any news. The study found viewers of Fox are 18 points less likely to know that Egyptians overthrew their government, six points less likely to know that Syrians have not yet overthrown their government, compared to those who watch no news. Fairleigh Dickinson political science professor Dan Cassino said. "The results show us that there is something about watching Fox News that leads people to do worse on these questions than those who don't watch any news at all."

9　英語教育を「教育学」全体の中に位置づけて「英語科教育法」を展開している教科書や英語教師を、私はあまり見かけたことがない。中野好夫氏のいわゆる「英語バカ」が日本で再生されているのは、こんなところに原因があるのかも知れない。なお私の英語教育観については、拙著『英語教育原論』および同書に採録されている「私の教育原理」を参照されたい（この「教育原理」は、かつておこなわれた研究社主催の英語教員研修会で配布したものである）。また、ここでどうしても言及しておきたいのは、西山（二〇一二）が、宇沢（一九九八、二〇〇三）に依拠しつつ、教育を「社会的共通資本」の一つに位置づけ、経済市場の望む人材育成に強い警鐘を鳴らしていることである。世界的にも著名な経済学者で元シカゴ大学教授の宇沢氏は教育の社会的機能を「社会的統合、平等、人格的発展」にあると考えているのだが、このような視点で言語教育を考えないかぎり、学校教育は企業社会に奉仕し、いわば企業の「下請け」となる恐れがあると西山氏は主張している。また、だからこそ語学訓練だけの外国語教育に堕してはならないし、「英語一辺倒の外国語教育」になってもいけないのである。

10　チョムスキーは次のような諸論文で、アメリカが「世界平和にとって由々しき脅威」であることを、何度も繰り返し論じている。いずれも邦訳を、「寺島研究室」というホームページの「翻訳コーナー」に、拙訳で載せてある。

「アメリカのテロリズム、長く恥ずべき歴史」（二〇一四年一一月三日）

「世界平和への由々しき脅威：アラブの民衆が最も恐れているのは誰か」（二〇一三年一月四日）

「なぜアメリカとイスラエルは世界平和にとって最大の脅威なのか」（二〇一二年九月三日）

11　中村論文で、もう一つどうしても紹介しておきたいのは、「フランスの教育制度、教育内容」である。氏は、「自分の授業では、バカロレアの試験内容を説明し、バカロレアで求められるフランス式の小論文（dissertation）を課題として出すと同時に、フランス式の口頭発表を日本語で行うよう指導している」と述べつつ、日本の教育について次のように書いている。

「もしかしたら現在の高校までの教育は、人を選別するための仕組み、社会人として競争社会で生きていくための予行練習としてしか機能していないのではないだろうか？　小学校の高学年以降は、自分の意見を求められることもなく、というよりも、自分の意見を言うと、教師からも同級生からも疎んじられたり、異端者扱いされるらしい。また、大学受験で問われる内容に関しても、たとえば大学センター試験を見れば明らかであるように、ほとんどの部分が多肢選択式テストになっていることからして、何か新しいものを考え出す必要などなく、「与えられた選択肢の中から選ぶ」という作業に徹することが受験勉強の大半を占める（もちろん、試験によっては記述式の問題や作文、小論文もあるが、ここでは細部に立ち入らない）。こうした「受験のための教育」を一二年間受けて大学に入学してくる学生たちは概して無口である」（中村二〇〇七、一〇九頁）。

これを読んで私は宇沢（一九九八、二〇〇〇）を思い出した。宇沢氏のこれらの著書を通じて、氏が、大学センター試験の発足当初から、「大学の序列化」と「思考レベルの低下」を招くとして、これに厳しい批判を加えていたことを知り、改めて蒙を啓かれる気がしたからである。最近は英語「聴解テスト」が加えられるようになったが、使い捨て機器に莫大な金をかけ、ひたすら教育産業に奉仕するテストの現状を見るにつけ、ますますこの思いを強くしている。ましてＴＯＥＦＬなどの資格試験を大学入試に使うことなど、もってのほかである。

12　最近、フランスの威信を傷つける事件がもう一つあった。それは、福島原発事故を契機に、フランスが「巨大な原発依存国家」であることが露呈してしまったことである。しかも、福島原発事故を援助すると言って乗り込んできたサルコジ大統領だったが、持ち込まれた機械がほとんど役立たなかったことも、さらにフランスのイメージを悪くした。あれは単にアレバ社の機械を高い値段で売りつけるためではなかったのかという疑惑が生まれたからである。それに反してドイツとドイツ語の威信と権威は急上昇した。いち早く脱原発を宣言したからである。しかし、この中で一番威信と権威を失墜したのは日本と日本語だったのではないか。なぜなら自国の原発事故すらまともに終息させる技術を持たないのに、臆面もなく原発を海外に売り込もうと走り回っているからだ。「日本語を国連の公用語に！」と奮闘努力されてきた鈴木孝夫氏にとって、これほど憤懣やるかたない事態はないのではないか。

参考文献

宇沢弘文（一九九八）『日本の教育を考える』岩波新書
宇沢弘文（二〇〇〇）『社会的共通資本』岩波新書
大木充・西山敏行編（二〇一一）『マルチ言語宣言』京都大学学術出版会
大津由紀雄編著（二〇〇四）『小学校での英語教育は必要か』慶應義塾大学出版会
鈴木孝夫（二〇〇〇）『英語はいらない!?』ＰＨＰ新書
鈴木孝夫（二〇〇五）『日本人はなぜ日本を愛せないのか』新潮選書
鈴木孝夫（二〇〇八）『新・武器としてのことば――日本の「言語戦略」を考える』アートデイズ

鈴木孝夫（二〇一一）『あなたは英語で戦えますか』冨山房インターナショナル
関口一郎編著（一九九三）『慶應湘南藤沢キャンパス・外国語教育への挑戦』三修社
大修館書店（二〇〇九）「わたしはこう読む・こう味わう〝オバマのことば〟」『英語教育』一〇月号特別記事
武谷三男（一九五二）『物理学入門――力と運動』〈上〉岩波新書
寺島隆吉（一九九六ａ）『ロックで学ぶ英語のリズム』三友社出版
寺島隆吉（一九九六ｂ）『キングで広がる英語の世界』三友社出版
寺島隆吉（一九九六ｃ）『チャップリン「独裁者」の英音法』三友社出版
寺島隆吉（一九九七ａ）『ロックで広がる英語の世界』三友社出版
寺島隆吉（一九九七ｂ）『キングで学ぶ英語のリズム』三友社出版
寺島隆吉（一九九七ｃ）『チャップリン「表現よみ」への挑戦』三友社出版
寺島隆吉（二〇〇〇ａ）『英語にとって文法とは何か』あすなろ社／三友社出版
寺島隆吉（二〇〇〇ｂ）『英語にとって音声とは何か』あすなろ社／三友社出版
寺島隆吉（二〇〇七）『英語教育原論』明石書店
寺島隆吉（二〇〇九）『英語教育が亡びるとき――「英語で授業」のイデオロギー』明石書店
堤未果（二〇〇八）『ルポ貧困大国アメリカ』岩波新書
堤未果（二〇一〇）『ルポ貧困大国アメリカⅡ』岩波新書
堤未果（二〇一五）『沈みゆく大国アメリカ〈逃げ切れ！　日本の医療〉』集英社新書
中村典子（二〇〇七）「日本における多文化共生をめぐって――フランス型モデルとの比較検討を通じて」『言語と文化』（甲南大学国際言語文化センター）第一一号、一七五―二二五
成毛眞《なるけ》（二〇一一）『日本人の九割に英語はいらない――英語業界のカモになるな！』祥伝社
西山教行（二〇一一）「多言語主義から複言語・複文化主義へ」大木充・西山敏行編『マルチ言語宣言』京都大学学術出版会、一九七―二一五
三浦信孝（二〇一一）「文化的多様性と多言語主義」大木充・西山敏行編『マルチ言語宣言』京都大学学術出版会、二一七―二三六

薬師院仁志（二〇〇五）『英語を学べばバカになる――グローバル思考という妄想』光文社新書
山田昇司（二〇一四）『英語教育が甦えるとき――寺島メソッド授業革命』明石書店
油井大三郎（一九八九）『未完の占領改革』東京大学出版会
和田稔（二〇〇四）「小学校英語教育、言語政策、大衆」大津由紀雄編著（二〇〇四）『小学校での英語教育は必要か』慶應義塾大学出版会、一一二―一二八
アインシュタイン、インフェルト（改版、一九六三）『物理学はいかに創られたか』岩波新書
カルヴェ、ルイ＝ジャン（二〇〇六）『言語学と植民地主義――ことば喰い小論』三元社
カルヴェ、ルイ＝ジャン（二〇一〇）『言語戦争と言語政策』三元社
グラズィアニ、ジャン＝フランソワ（二〇一一）「バベル、わが愛――フランスの言語政策における多様性の概念の発祥について」大木充・西山敏行編『マルチ言語宣言』京都大学学術出版会、一八三―一九五
チョムスキー、ノーム（二〇〇六）『チョムスキーの「教育論」』明石書店
チョムスキー、ノーム（二〇〇八）『破綻するアメリカ　壊れゆく世界』集英社
チョムスキー、ノーム＆エドワード・ハーマン（二〇〇七）『マニュファクチャリング・コンセント――マスメディアの政治経済学』トランスビュー
デトリ、ミュリエル（中村典子訳、二〇一一）「フランスにおける中国系移民――統合のひとつの模範か？」『言語と文化』（甲南大学国際言語文化センター）第一五号、一七九―二〇七
ハフィントン、アリアナ（二〇一一）『誰が中流を殺すのか――アメリカが第三世界に墜ちる日』阪急コミュニケーションズ
ボーボワール、シモーヌ・ド（一九六一）『娘時代――ある女の回想』紀伊國屋書店

参考サイト

アメリカ「インフラ整備を怠たり、経済は危機に瀕している」（拙訳）
http://tacktaka.blog.fc2.com/blog-entry-218.html
チョムスキー「アメリカのテロリズム、長く恥ずべき歴史」（拙訳）
http://www42.tok2.com/home/ieas/Chomsky20141103LongShamefulHistoryofAmericanTerrorism.pdf

チョムスキー「世界平和への由々しき脅威：アラブの民衆が最も恐れているのは誰か」（拙訳）
http://www42.tok2.com/home/ieas/translation_index.html
チョムスキー「なぜアメリカとイスラエルは世界平和にとって最大の脅威なのか」（拙訳）
http://www42.tok2.com/home/ieas/chomsky20120903issraelThreat.pdf
ハイチ「フランスよ、ハイチの『独立債務』を返還せよ」
http://democracynow.jp/video/20100817-3
ハイチ「苦難の歴史、黒人奴隷革命から大統領拉致まで」
http://democracynow.jp/video/20070723-1
http://democracynow.jp/video/20070723-9
リビア「五か月も続く不思議なＮＡＴＯ軍のリビア空爆」
http://blog.goo.ne.jp/syokunin-2008/e/77c268ac2ad1eb5a3b23ae891ddd89b4
リビア「誤爆続くリビア空爆、ＮＡＴＯに限界」
http://www.asahi.com/international/update/0408/TKY201104080511.html
「ＦＯＸニュースの視聴者はニュースを見ない人よりも情報量が少ない」
Survey: Fox News Viewers Less Informed than Those Who Don't Watch Any News
http://www.democracynow.org/2011/11/22/headlines#18

第2章　京都大学における「国際化」

第1節 「英語で授業」「外国人教員一〇〇人計画」は何をもたらすか（上）

＊以下の論考は京都大学新聞のインタビュー記事に加筆修正を加えたものである。インタビューは二〇一三年一〇月一三日におこなわれ、新聞では「前編」「後編」の二回に分けて連載された。以下では、記者から出された質問をQ、それに対する筆者の回答をAと表記してある。

1 会議を英語でおこない文書も英語化する？

Q 近ごろ流行りのグローバル人材、その能力の一つとして異文化理解力があげられています。その力を養成するために「英語で授業」ということが言われていますが、英語を通しての異文化理解というのはどういう問題をはらんでいるのか、先生の考えをお聞かせください。

A そもそも英語すなわち異文化理解というのが実に変な話ですよね。「英語で教える」ということは、英語という眼鏡で世界を見なさいということだから、異文化理解と言ったって、結局は英語文化理解になりますよね。そうすると英語を母語とするイギリス人やアメリカ人、特にアメリカは世界を支配してるからね、アメリカ人の見方がグローバルスタンダードということになってしまう。そういう価値観をみんなに押し付ける役割を果たしかねない。悪く言うと英語力＝洗脳力になりますよね。

グローバル人材ってそもそも意味不明な日本語ですよね。「世界的な視野で物事を見る人間」という意味でグローバル人材を考えるのであれば、「英語をしゃべれるようになれば異文化理解が可能になる」というのは非常に不可思議。というか、むしろ英語という眼鏡でしか物事を見れない人間を育てるから、グローバル人材と逆行してる。

かつて僕がいた岐阜大学では、キャンパスの標識が、たとえば右に行くと工学部の建物があるとか教育学部の建物があるとか、みんな英語なんですよ。岐阜大に来る留学生ってほとんどアジアからですよ。近隣の中国とか韓国からが多い。それから僕が研究生や院生として受け持った中にはベトナムの学生がいたしラオスの学生もいた。それなのに英語の標識だけっていうのは理解できないですよね。そういう国々の言語で表示するほうが、いかにもグローバル化してるなって思いますよ。

たとえば僕の教え子が愛知県犬山市の国際交流協会っていうところに就職して、いつもニュースレターを送ってくるんですよ。見てみると、これ中国語版でしょ。これ英語版でしょ。これスペイン語でしょ。これタガログ語ですよね。これポルトガル語。これだけの言語で犬山市は出してるんですよ。これこそがグローバル化でしょう。空港に行ったら五か国とか六か国語の標識がある。最近はデパートだって韓国朝鮮語と中国語の標識がある。何で大学は英語だけなんだろう。グローバル化って実は単に英米化してるだけ。全然グローバルになってない。

Q　確かに京都大学でも「資料の英語化」とは言われても、他の言語も含めた多言語化ということは聞きません。それどころか、英語を話す外国人教員を呼び込むことで「異文化の学内への持ち込みによる大学自体のグローバリゼーション」とまで言っています。

A　いったい誰のために英語化しているのかってことですよね。教授会で議論するとき、外国人の教員がいるからその教員のために英語化すると言いたいんでしょうけど、それで議論が深まるのか。

教授会とかきちんとした会議の時は必ず議事録つくりますよね。議事録も全部英語にしなきゃいけない。だけど僕の経験では、日本語でさえ議事録がきちんとつくられた例しがないんですよ。一か月に一度、教授会があって、翌月の教授会で前回の議事録が出るんだけど、議論されたことがほとんど書かれてない。僕が発言したことでも、ひどいときにはたった一行だったり、最も大事なポイントが抜けてたりね。

日本人に一番大事なのは、まず日本語で要約する力ですよ。本当は国語教育で身に付けさせなきゃいけないんだけど。国語力といっても、「読む力」には大きく分けて二つある。「しぼって読む力」と「ふくらませて読む力」です。それは「書く力」でも同じで、「しぼって読む」ことができなければ「しぼって書く」、つまり物事を要約して書くこともできないですよね。

議事録なんて「しぼって書く力」の典型みたいなものですよ。だけど実際、教授会とかそういう会議で、日本語でも議事録がつくれない。大学の職員って、そこそこ難しい採用試験を通っていて、それなりに学力もあるはずなのに、議事録を見たら「たったこれだけ?」って思うくらいですよ。それなのに英語で議事録つくれるのか。（それとも、きちんとした議事録を残すなと、上から言われてるのかな?）

もし可能だとしても無駄ですよね。たとえば僕が在職していたとき岐阜大教育学部の教授会は一〇〇人くらいだったけど、そのうちの五人とか一〇人のために残りの九〇人が非常に苦痛な思いをするわけでしょ。議論も深まるかどうか分からない。日本語で議論したって深まるかどうか分からないのに、英語で議論して何が深まるんだろう。むしろ議論させないために英語にするのかな。英語で言おうと思ったらしどろもどろになるから、議論させたくない上のひとにとっては実に好都合だよね。

『日本の植民地言語政策研究』（明石書店）という本があって、これには、日本がアジア太平洋戦争で敗北する前に、アジアの植民地で日本語教育をどうしたかっていうのが書いてある。

中国で辛亥革命が起きて清朝の皇帝・溥儀《ふぎ》が王宮を追い払われた後、日本はその皇帝を満州国の皇帝にして傀儡《かいらい》政権をつくるんですよね。満州国だから正式言語は満州語のはず。ところがこの本では次のように書かれているんです。

「新京（満州国首都）におけるインテリ層などにおいてはほとんど日本語一本だけで済んでいるのが通例である。たとえば満州国語研究会などにおいては、日系の委員と満系の委員とがほとんど同数であるが、そうした委員会ではすべて日本語だけで執り行われている。官庁の会議などもほとんど日本語だけで行われていた。そうした会議などで、日本語を満語に翻訳するなど全くそういう必要は毫もない。」

これは便利だよね。日本人が満州語を勉強する必要がないんだから。

京都大学も同じで、英米語人（特にアメリカ人）を輸入し京都大学の教員にして、教授会を英語でやれば、彼らは日本語を勉強する必要がない。こんな便利なことないよね。だけどひっくり返して言うと、京都大学はアメリカの植民地大学になるってことですよ。向こうの言語ですべてやるわけだから。しかも英米語人は、たとえば教授会の人数比で一〇〇人のうち一〇人ぐらいだとすれば、なんで他の大多数のひとがそんな屈辱的な地位に甘んじなきゃいけないんだろう。プライドはないのか。日本が満州国でやったようなこと、つまり英米語人が御しやすい大学にするということだとしか僕には考えられない。

京都大学は今度、外国人を一〇〇人雇うわけでしょ。京都大学の教員が定年で辞めても、日本人を雇用しないで、外国人に充てる。ということは、大学院の学生が博士号とって就職しようと思ったら、就職口がないんだよ。空いてるポストは外国人用ですってことになるんだから。そうなると日本人の職を奪うために外国人教員がある。すごい不幸だよね。日本人じゃダメって言われたら、たとえ優秀な日本人でも研究力で競争できない。

一歩譲って、研究力あるからってことでアメリカ人が雇われたとするよ。だったらなんで日本語で授業をしないのか。日本人で有能なひとはたくさんアメリカへ行って、アメリカの大学の先生になってるよ。だけど日本語で講義してるかい？　英語でしろって言われるに決まってるじゃない。どうしてアメリカ人は、日本に来たら日本語をしゃべれなくても読めなくても結構ですってなるの？　日本人の教員・職員の側がすべて英語でやらなきゃいけないなんて。これじゃあ公平、平等じゃないよ。僕は日本が植民地化、チョムスキーの言葉を借りれば「家畜化」してるだけだと思うな[註1]。

2 「英語化」は「異文化理解力」「グローバル人材」を育てるか

Q　外国人教員による「英語で授業」を通して、学生にはどのような影響があると考えられるでしょうか。

A　グローバル人材育成推進会議が二〇一二年六月四日に公表した審議のまとめで「グローバル人材育成戦略」というのがあって、そこに「グローバル人材」の定義が書いてある。それを見ると〈要素Ⅰ：語学力・コミュニケーション能力〉。一番最初が語学力なんですよ。次に、〈要素Ⅱ：主体性・積極性、チャレンジ精神、協調性・柔軟性、責任感・使命感〉。そして〈要素Ⅲ：異文化に対する理解と日本人としてのアイデンティティー〉。要素Ⅲでやっと異文化理解が出てくる。だけどこのあとの文章には、語学力の話しか出てこない。語学力＝グローバル人材になっているわけね。それで語学力って何かといったら、結局は英語なんですよ。

要素Ⅱの主体性とか積極性、それから要素Ⅲの異文化理解と日本人のアイデンティティ、これらが、このあと、ほとんどどこにも出て来ない。九九％が英語教育と留学に関連した話です。

これでどうしてグローバル人材って言えるのか。英語力があってもグローバル人材にならないっていうことはさっき言ったよね。英語の眼鏡で世界を見る人間しか出て来ない。有名な英文学者中野好夫の言う、「英語バカ」です。そういう人間を育ててグローバル人材って、それがどうして経済の成長につながるのか。それどころか民衆の貧困化が進む。それは英語を公用語とするインドやフィリピンを見れば分かるでしょ。

アメリカ流の経営をやる人間を育てなさいってことなら分かるよ。アメリカの経営戦略、新自由主義的な、要するにすべて民営化しなさいっていう路線ですよ。いまTPP（環太平洋戦略的経済連携協定）が問題になってるけど、すべて民営化しなさいっていうのがTPPだからね。それはもうずっと前から、郵政民営化に始まって、日本は一貫して次々と民営化させられてきたわけじゃない。それで庶民は豊かになったか。派遣社員やワーキングプアが増えただけだったでしょ。日本の農業だって、規制緩和で関税ゼロにしたら全部死にますよ。それがどうして経済成長につながるのかって普通だったら思うのに、そういうことを疑問に思ってはいけませんって。アメリカ流の経済戦略がベストだと思う人間を育てたいわけだから、疑問を持ってもらったら困るわけですよ[註2]。

だいたい、要素Ⅰ・Ⅱ・Ⅲの中には、「英語で授業」で悪名を馳せた「新学習指導要領・高校英語」で説明されている「論理的思考力や批判的思考力を養う」という文言すら見当たらない。しかも「創造力」っていうのもないんだよ。逆にⅡで述べられているのは「協調性・柔軟性」「責任感・使命感」。つまり疑問や批判を持ったらいけない。「協調性」と「責任感」をもって上から言われたことをやれっていうことでしょ。

この文書では、グローバル人材の「能力水準の目安」ということで英語力が五段階に分けられていて、見てみると、①海外旅行会話レベル、②日常生活会話レベル、③業務上の文書・会話レベル、④二者間折衝・交渉レベル、⑤多数者間折衝・交渉レベル、と書かれている。そして「①②③レベルのグローバル人材の裾野の拡大については着実に進捗しつつある」って評価している。だけど①②は日常会話ができるかとか、海外旅行ができるかとか、そういうレベルなんですよ。続けて「今後は更に④⑤レベルの人材が継続的に育成され」ってあるけど、④⑤って何かと思ったら、英語で交渉できる力っていうわけですよ。

「英語で交渉する」と言ったって、相手は英米人ですよ。まともに交渉しても勝負にならないでしょう。だって相手は英語が母語で、こちらは外国語なんですよ。わけの分からない難しい語彙を使って論理をはぐらかされたら、あっという間に丸め込まれますよ。負けるに決まってるじゃない。あっちは百戦錬磨なんですよ。ディベートっていう、自分が思ってもいないようなことを、その立場になって無理やり相手をねじ伏せる訓練、「白を黒と言いくるめる」ような訓練を中学・高校・大学とずっとやってきてる。そんな相手と英語で勝負しても、勝てるわけないいんですよ。そもそも製品の良さではなく、英語力で相手に勝とうとするのが間違ってるんです。日本の車や電気製品がアメリカで売れたのは、品質が良いからであってセールスマンの英語力じゃない。

日本人は「白を黒と言いくるめる」どころか、まともに議論する訓練を受けてないでしょ。中学・高校にホームルームとか生徒会、自治会とかあるけど、そこで本当は議論の訓練をしなきゃいけないのに、そういうものとして機能していないでしょ。たとえばクラスで合唱コンクールに応募しようとなって、自由曲とか課題曲があって、自由曲を何にするかって決めますよね。その時に学級委員長とか合唱委員になったひとがいくつか原案を用意して、多数決で決める—本当はそんなふうに議論しなきゃいけないのに、最初から曲が決まっていて、練習の日程はこうだからと委員が言えば、そのとおり従うわけでしょ。こういうふうにクラスの行事ですら議論したことないんですよ。きちっと議論して決めていく。俺はこっちの方が、いやそれじゃ練習にならないから、こういうふうにしようとかね。それが議論でしょ。そういう中で議論する力って育っていくわけですよ。

昔、制服反対運動って全国の高校で激しかった時期があるけれども、今はみんなそのまま受け入れているわけでしょ。それは家畜化されてしまってるってことですよ。まず議論がないんだから。制服のような大きな問題はなかなか大変だろうだけど、議論すべき問題は他にもたくさんある。生徒会や自治会がそういう問題を提起しないとクラスに降りてこないよね。また学級内部でも、掃除の問題とか座席替えとか議論するべき話題にこと欠かない。

だから本当は、議論する訓練の場っていくらでもあるんですよ。だけどそういう訓練がされてない。学校の先生自身、抵抗の場を奪われ家畜化されていることが多いからね。だからホームルームは単に上で決まった行事日程を下に垂れ流すだけの機関になっていて、議論する力が育たない。かといって授業でも、大学入試の準備に一生懸命で議論をしない。時には生徒が荒れていて授業崩壊しているところすらある[註3]。

そういうことを日本語でまずできないのに、どうして英語でおこなう授業でそんなことが可能なんだい。またそれは英語で授業をすることによって育つのかい。本当に創造力・批判力を持った人間を育てたいんだったら、まず日本語でやっていくべきでしょ。「国語の授業」や「社会・理科の授業」などで議論したこともないのに、どうして「英語でおこなう授業」で可能なのか。日本語でできないことを、どうして英語でできるのか。

3　留学生を呼び込むために「英語で授業」？

大学の場合、「留学生を日本に呼び込みたいから英語で授業を」って最初は言ってたんだよね。だけど留学生がいるから英語でしなければいけないのか。留学生は日本の文化や学問が優れているから来たわけでしょ。だったら日本語も勉強したいよね。それなのに、英語で授業があるから日本に居るんだとすると、ほとんど日本語を学ばないで就職しちゃうよね。それは留学生にとってどういう意味があるんだい。せっかく日本にいるのに、彼らに日本語を勉強して欲しくないの？　日本を本当に深く知ろうと思ったら、日本語の新聞や日本語の文献も読めるようにならないとダメだよね。日本の社会、日本の文化を、英訳で読んで欲しいの？　日本事情をＮＨＫの英語ニュースで聞いて欲しいわけ？

だから留学生がいるから英語でやるっていうのも僕には理解できない。留学生を日本に呼び込みたいって言うんだけど、せっかく日本に来た外国人に、日本語も勉強して欲しくない、日本文化も勉強して欲しくない、日本語をほとんどしゃべれない、読めないまま、もとのラオスやら中国、ベトナムに返すわけ？

僕も毎年のようにアジアから研究生や院生を引き受けてきた。工学部など理系学部にはもっと多くの留学生がやってくる。彼らは留学生センターで日本語の集中教育を（無料で！）半年受けるだけで、日常会話程度の日本語をしゃべれるようになる。だけど少し複雑な話になると半分も理解していないんじゃないか。そんなレベルで帰国する。これは日常会話だけを重視した結果ですよ。「グローバル人材」で言う②のレベルだね。英語専攻の院生だったらそれも仕方がないと思うけど、これでは、帰国した留学生を、アジアへの企業進出に役立てようと思っても、税金の無駄づかいということになりかねない。私費留学生でさえ僕たちの税金で授業料（半額または全額）免除になっている学生は珍しくないんだからね。

先日、日本で就職した卒業生に会ったから、何か日本の本や新聞読んでいるかい、ラジオやテレビで日本のことみてるかって言うと、いや私は下宿に帰るとＶＯＡ（Voice of America）を聞いてますと。これはショックだった。英語重視はこんな留学生を生み出すんだ。

ＶＯＡっていうのは、聴いているひとには申し訳ないけど、元々は米軍放送なんだよ。確かにラジオで英語をしょっちゅう聞けるっていう点でＶＯＡは便利だよね。だけどＶＯＡってアメリカの考え方を占領した日本とドイツに浸透させるために出発した放送だよ。日本にアメリカ文化センターってたくさんあるでしょ。神戸にもあるし、名古屋にもあるし、もちろん東京にも。連れ合いは金沢生まれ金沢育ちだけど、金沢にもアメリカ文化センターがある。あれって元々アメリカの文献、映画、音楽をどんどん日本人に浸透させるために、悪く言えば洗脳するために全国に作ったものなんだよね。その一環としてＶＯＡもあったわけだ。詳しくは土屋由香『親米日本の構築』という本を読んでください。

話を戻すと、英語で授業してどんなメリットがあるのか。外国人にとってもメリットがあるのか、日本人にとってもメリットがあるのかって考えてみたら、よく分からない。

京都大学に英語でおこなわれてる授業って、今いくつかあるんだよね。留学生向けだけど日本人も受けられるというかたちで。出たことありますか？

Q　自分はいま出ています。英米人の先生による授業で、英米人から見た日本を知ることができるというので、面白いなと思って行ってみました。そういう面では、英語で授業することに一定のメリットがあるかなと思います。

A　まあ確かにね、それで知的好奇心を満たされる君のようなひともいるんだね。だけど、ここで問題がふたつ出てくる。ひとつは英米人の教師の言っていることが分かったとしても、その教師の講義・価値観を批判的に見る力があるかどうかという点。もう一つは英米人教師の言っていることが英語力不足で半分も分からなかった場合。それが学生の半数とか全員になって、全科目になったらどうなるのかなという疑問が出てきますよね。明治時代の帝国大学になっちゃう。

明治時代に初めて東京大学が設立された頃は、お雇い外国人が講義していたから英語が分からないと授業についていけなかった。だから官立東京英語学校を改造して大学予備門をつくった。当初は予備門の主任教官でさえ外国からの招聘教員だった。そして、英語で基礎科目をたっぷり勉強させて、ついていけるようになったら東京大学の学生になれるんですよ。それでみんな必死の思いをする。あの当時は日本に自前の教科書もなかったし、教えることができる日本人の先生もいなかったからね。それは仕方がない。

だけど今はちゃんと大学院博士課程レベルの教育も日本語でできるようになってるわけだから、英語で学ぶのはすごい無駄だよね。英語で読むと、分からない単語がたくさんあるわけで、辞書を引きながらやってたら、一冊を読み終えるのに半年かかるかも知れない。だけど日本語ならその間に最低一〇冊は読めますよね。どちらが論理力、創造力、批判力をつけるのに役立ちますか。

ちなみに夏目漱石は英語に自信がなかった。で、予備門に入るための予備校、共立学舎で英語を勉強して、それでやっと合格できた。また近代俳句の創始者・正岡子規は漱石と予備門が同期だったけど、この授業についていけず大学予備門と東京大学で二度の「落第」を経て、結局退学してます。幾何学の単位を落としたとき「数学と英語と二つの敵を一時に引き受けたからたまらない」と言っているけど、日本近代文学とりわけ俳句の革新・発展にとって、この方が良かったのかも知れんね。

英語で授業なんて言ったら、みんな英語だけに必死になる。だけど単語や熟語には際限がない。だから英語ってある意味では泥沼じゃない。しかもいざ使いこなそうとすると、take とか go とか put とか、そういう一音節語のほうがかえって難しい。意味も多様だし熟語も山のように使い方があるから。

多音節語は大体意味が一通りだから易しいんですよ。学術用語はほとんど多音節語だから、意味が一通りに決まる。使われる語彙も分野ごとに決まっている。自分の知りたい分野、研究分野が定まってくれば、英語の文献もすっと読めますよ。だけど一般教養のときから英語英語ってなったら、読むも何も、あらゆる分野じゃない。頭が追いつかないですよ。

京都大学に正高《まさたか》信男っていう先生がいるじゃない、霊長類研究所の。NHKテレビで「小学校英語教育が是か非か」をやってた時に、彼が出てきて話していたけど、大学に入ったときは英語なんか嫌いだったと。いろんな本を日本語で読んでいたら新しい疑問がわいてきた。それを説明しているものを探していたら英語で書いてあるものが見つかった。読んでみたらその説明がすごく面白くて、そしたら急に英語が面白くなって、それで英語の文献が読めるようになったと言ってましたよ。

こういうのなら本物なんだけど、TOEICとかTOEFLの受験のために英語を勉強していたら、頭痛くなるよね。正高さんの話じゃないけど、本当に知りたいことがあってそれが英語でしか書いてないんだったらいいんだけど。

4 韓国の反省・インドの反省、母国語で学問することの意味

僕はもう受験勉強は大学入試でこりごりですよ。だから大学に入ってからは、試験のための勉強はしたくないって本当に思いましたよ。本当は前期後期の試験だって受けたくない。退屈な講義は単位のためだけに受けるわけでしょ。そんなつまらん勉強、ないよね。

ノーベル賞をとった益川敏英さんは、名古屋大学の学生だったとき大学院の入試で物理学は抜群にできたけど、語学の点数はほとんど〇点に近かったらしい。だけど、益川さんを合格させるかどうか議論の末、最終的には「いま英語ができなくても英語力なんて後でついてくるもんだ」ってことで、彼は合格できたんだよ。もし英語で授業がおこなわれて、英語力がないと大学院にも入れないってことで英語に精力を集中してたら、ノーベル賞なんてとれなかったと思うよ。

昨年ノーベル賞とった山中伸弥さんのことも調べてみた。大学時代、いったい英語とどうつきあってきたのか。そしたら彼は英語の勉強なんかにエネルギーかけてないんですよ。彼は神戸大学の医学部に入って、そこでは柔道やラグビーにエネルギーをかけていた。それでしょっちゅう骨折してたから、外科医になってけがした奴の面倒見たいと思って外科医になるんですよ。だけど外科医になっても手術が下手くそで「おまえなんかジャマナカや」って言われて。そこで道を間違えたと思って大阪市立大学大学院（薬理学）に入りなおすんですよ。それからいろいろやってるうちに、自分のやりたい研究がはっきりしてきた。そこで博士論文を書いた後、科学雑誌『Nature』や『Science』の人材募集広告に片っ端から応募した。遺伝子組み換えマウスに関連して「トランスジェニック」「ノックアウト」と書いてあるところに三〇〜四〇通ほど手紙を書いたそうです。ほとんどのところは採ってくれなかったが、カリフォルニア大学サンフ

ランシスコ校のグラッドストーン研究所から「なぜか」ＯＫが来た（本人の言）。自分のやりたい研究がはっきりしてきて初めて英語が生きてきた。分野が決まったら語彙も決まってくるわけだから、英語の文献でも読みやすいですよ（山中伸弥・益川敏英『「大発見」の思考法』）。

さっきの「グローバル人材育成戦略」にＴＯＥＦＬの国別成績が載っているんだけど、日本の成績はというと、一三五位。アジア三〇か国では一位がシンガポール。二四位がベトナム、アフガニスタン、モンゴルで、二七位が日本。これをもとに「育成戦略」は、日本がいかにダメかと言っているわけね。

隣の韓国はというと、一六三か国中の順位は八〇位だけど、アジアではトップレベルなんですよ。ここには書いてないけどアジアでは一〇位。韓国のひとたちは、ほとんどがアメリカの大学院行くからね（学部から行くひとも多いけど）。ＴＯＥＦＬの点数が高いのはそのためなんですよ。だけど、その韓国からノーベル賞出てますか。出てないですよ、今のところ。

益川さんがノーベル賞とった時に、『韓国日報』が「日本がノーベル賞を取れるのは自国語で深く思考できるから。我が国も英語ではなく韓国語で科学教育をおこなうべき」と書いていた。つまり、日本は大学院博士課程まできちんと母語で教育できるからノーベル賞がたくさん生まれてるんだ、ということで韓国は反省したんですよ。同じ声がインドでも出始めています[註4]。

ところで、二〇一一年、アメリカの大学と大学院の外国人留学生のうち、韓国出身者が日本よりはるかに多かった。また二〇一〇年にアメリカで科学分野の博士号を受けた韓国人は一一三七人。日本人はたった二三五人。五分の一ですよ。逆に言えば、韓国は日本人の五倍も博士号をアメリカで取っている。

「それでも韓国はノーベル賞の実績が依然としてゼロだ。世界最高の教育熱に、世界一五位の経済規模に見合わない、みすぼらしい成績である。」

これは韓国、『中央日報』の社説ですよ。日本は英語がダメだって言ってるけど、実際は英語に血道を上げてるところがダメになってるんです。

韓国の激しい留学熱には別の理由があって、それは韓国が貧困だからなんですよ。韓国がいかにひどいかっていうのは『「超」格差社会・韓国』とか『韓国ワーキングプア 八八万ウォン世代』という本に書いてある。いま韓国の若者の平均賃金は月八八万ウォンぐらい。あそこはかなりのインフレで、八八万ウォンって実は七万円ぐらいしかない。

韓国は一九九七年の「ＩＭＦ金融危機」で経済が破綻した。それで韓国にはもう仕事がない、せめてアメリカへ行って修士号とか博士号もらってきたら韓国で仕事が見つかると思って、みんなアメリカへ行くわけですよ。それどころか初めから韓国脱出を目指しているものもいる。だけどアメリカの大学に行くためにはＴＯＥＦＬで高い点数をとらないといけない。だからＴＯＥＦＬの点数が高いのは必然的ですよね。ところが戻ってきても限られた仕事しかない。

日本の学生が英語をあまり勉強しないのは、英語を勉強しなくても就職口がまだ日本にはあるっていうことなんですよ。日本でもいま派遣社員が増えてきてひどいけど、アメリカに脱出しないだけ日本の若者は韓国の若者ほど追い詰められてない。韓国の若者は現状が悲惨だからこそ、ＴＯＥＦＬの点数が高いんですよ。だからＴＯＥＦＬの点数が高いのは何も嬉しいことではない。韓国の学生がそれだけ不幸だってことなんです。

5　TOEICやTOEFLはノーベル賞もイノベーションも生み出さない

だから、英語で授業をすれば経済成長に役立つ人材が育つっていうのは、世界の現状を考えればほどあり得ないって思う。にもかかわらず英語、英語って叫ぶとすれば、それには何か別の理由があるとしか考えられない。

『英語教育原論』という本で詳しく書いたけど、いま全国の中学高校にＡＬＴ（外国語指導助手）がいるけど、あれを導入したのも、実は貿易摩擦の解消が理由なんだよね。日本からはトヨタとか東芝とかソニーとかが山のように輸出するでしょ。だけどアメリカは製造業が海外に行ってしまっているから輸出するものがないじゃない。残っているのは武器製造業ぐらいかな。だから何か買えって言うわけだよ。いや買えって言われたって、狂牛病の肉なんていらないし、アメリカから欲しいものなんて日本にはほとんどないんだよ。そこで、しょうがないからＡＬＴでも輸入するかってことになった（中国や北朝鮮の脅威を口実に巨額の武器も買わされてるけど）。

つまり、英語という言語が商品になったり、英語人というだけで人間が商品になるんだよね。だってＡＬＴって、英語教育の専門教育を受けたわけでもなく、単に英語がしゃべれるというだけで英語の先生になってるんだから。アメリカで失業が増えて困っている一方で、日本は英語、英語って言って英語を欲しがっている。英語人を欲しがっている。それなら日本へ行けばいくらでも雇ってくれる。日本はハイ輸入させていただきます。ＡＬＴって、そういうことですよ。

次にＴＯＥＩＣが出てきた。全国の大学で学生全員が強制的に受けさせられてきたところも少なくない。本人がお金出すわけじゃなく大学が出すから、学生はタダでＴＯＥＩＣを受けられると思ってる。だけど私立大学といってもすべて経営者がお金出したり、学生の授業料でＴＯＥＩＣの受験料を払ってるわけでもない。僕らの税金で私学助成金が出るんだからね。国立大学法人は当然、国からの交付金で経営されている。つまり、ＴＯＥＩＣを全員無料で受けられるように見えるけど、実はＴＯＥＩＣという商品をアメリカから輸入させられて、僕らの税金が湯水のようにアメリカへ流れていってるんですよ。

岐阜大学にいた頃、僕はＴＯＥＩＣはビジネス・イングリッシュなのに、研究費を削ってまでそんなものを学生に受けさせてどういう意味があるんだってずっと言ってきた。岐阜大学は基本的には理系の大学なんです。医学部とか工学部、応用生物科学部など理系学部が大部分。それから教育学部も「理科教育」「技術教育」などがあるから、これも半分は理系。あと地域科学部ってのがあるけど、これも半分は理系。教養部を改組してできた学部だからね。そういう大学なのにＴＯＥＩＣを全員に受けさせろっていう上からの圧力が本当に強かった。どうしてビジネス・イングリッシュを理系がほとんどの大学でやらなきゃいけないの？　英語力をつけるという以外の何か別の理由があるとしか思えない。

それで僕がずっと強く反対してきたのに、その舌の根も乾かないうちに今度はＴＯＥＦＬだって言い始めた。おいおい今までＴＯＥＩＣ、ＴＯＥＩＣって言ってたのはどこ行ってしまったのって、こっちが狐につままれたような気分だよ。

ＴＯＥＦＬっていうのはアメリカの大学への留学を目的として開発されている。そんなものを卒業試験用に全員に受けさせたり、大学入試用に全員に受けさせたりしたって意味がない。全員にアメリカの大学へ行けって言うの？　そうじゃないならＴＯＥＦＬを受ける価値なんてないよ。あの英語熱が燃えさかっている韓国でさえ、そんなばかなことはしていない。

それでも、ＴＯＥＦＬを目指して勉強すれば英語力がつくという反論があるかも知れない。アメリカの大学に行けるだけの点数を取っていれば、これは確かに英語力があるとは言える。だけどそのために英語にかけるエネルギーは莫大だよ。さっき言ったように、英語っていうのは泥沼のようなもので、泳いでも

泳いでも沈んでいく。語彙は無限だからね。しかもTOEFLは、アメリカのどこの大学・学部に行っても間に合うように作られているから、語彙もあらゆる分野にまたがる。新語も続々と生まれている。教養部の頃からどうしてそんな下らないことにエネルギーを吸い取られなきゃいけないのか。益川さんやら山中さんやらが学部の頃から英語、英語って言ってたら、ノーベル賞は生まれてなかったと思うよ。英語に血道を上げているかぎり、ノーベル賞は生まれない。

Q　研究力といっても、最近はノーベル賞に結びつくような基礎研究よりも、イノベーション、つまり産業化ということがよく言われています。

A　イノベーションの力も要するに批判力と創造力が必要で、英語に血道を上げているかぎり、考える力は育たない。「受験英語」は暗記だからね。疲弊していくだけですよ。

アメリカはイノベーションが多いって言うけど、インターネットのIT技術やアップルやマイクロソフトの製品などは、それこそ『チョムスキーの「教育論」』を読んで欲しいけど、ほとんどMIT（マサチューセッツ工科大学）などの基礎研究から生まれてるんです。

そのための研究にどこからお金が出てるかって言うと、なんと恐ろしいことにペンタゴン（国防総省）から出てるんですよ。だけどチョムスキーが言うには、MITに研究させるとき、イノベーションに役立つとか、こういう分野に役立つとかいうことをペンタゴンは一切注文をつけない。好きな研究、やりたい研究を思いっきりやってくださいって。ペンタゴンからお金をもらいながら、やってる研究に監視の目が光っていたことはない。MITが一番自由な研究をさせてもらっていたと言うんですよ。自由に基礎研究やらせたら、そのうち芽が出てくる。芽が出なくたって、ペンタゴンが買ってくれる。ビジネスにも役に立ちそうなレベルまで研究が進んだと思ったら、ビジネスに回す[註5]。

かつて日本の明治国家もそういう風にやったわけでしょ。国家が海外に留学生を派遣して、勉強させてきて、今度は日本の国内で国家事業としてやらせて、芽が出てきたら企業化していく。敗戦後の日本でも同じやり方だった。チョムスキーも、日本では通産省（現在の経産省）がペンタゴンの役割を果たしてきたと言ってます。日本との違いは、アメリカではビジネス化するためには、一度ペンタゴンを通過しなければならないのにたいして日本の場合、国家が直接、企業に援助をしてきたから無駄が少なく（また今では国立大学に自由な基礎研究をさせてきた）、それが日本経済を強くした。日本はアメリカと違って軍事予算を付けなくても（あるいは「だからこそ」）経済を強くできたのです。

インターネットやレーザーの技術、あるいはアップルにしてもマイクロソフトにしても、ペンタゴン資金をもとにＭＩＴなどが基礎研究やって、芽が出てきたものを彼らはビジネス化したわけだよね。まるで彼らが優れていたから、あんなベンチャー企業が生まれてきたかのように言われてるけど、本当はまず基礎研究があって、ビジネス化の寸前まで基礎研究が成熟していたからなんですよ。これがチョムスキーの意見です。イノベーションっていうのは基礎研究があって初めて花開くんであって、イノベーションだけ追求してたら、基礎研究はやせ細ってしまって、次の新しいものは絶対生まれない。それをいま日本は壊そうとしているわけですよ。誰かの利益のために。

第2節 「英語で授業」「外国人教員一〇〇〇人計画」は何をもたらすか（下）

＊以下の論考は京都大学新聞のインタビュー記事の後編に加筆修正を加えたものである。

6 「英米人の眼鏡」でものごとを見る危険性

Q 英語を学ぶと英米人の眼で世界を見るようになる危険があるとのことでしたが、その眼で見た世界とはどのようなものなのでしょうか。

A 英語学習の危険性はTOEICやTOEFLの受験問題集を見るとよく分かる。それがアメリカのやってることを正当化するような中身だったら、試験問題を解いてるつもりでも無意識のうちにアメリカの価値観を刷り込まれていくよね。恐ろしいと思わない？

別の例だけど、たとえば「感動する英語！」というふれこみで、その中にケネディの演説が入ってることがよくあるんです。ケネディが何をしたのかっていうことは書いてない。だけどベトナム戦争を本格化させたのがケネディですよ。ベトナムに枯葉剤を大量にまいたのも、ケネディがベトナム戦争を本格化させたから。あれで三〇〇〜四〇〇万ものベトナム人が後遺症に苦しんでいる。チョムスキーは *Rethinking*

Camelot: JFK, the Vietnam War, and US Political Culture（仮訳『ケネディ神話再考――ＪＦＫ、ベトナム戦争、アメリカの戦争文化』）という本でケネディを徹底的に批判してます。

さらにアメリカは、二〇〇一年にアフガン戦争が始まってから、ずっとどこかで戦争し続けてる。二〇〇三年にはイラク戦争。そのイラク戦争の時だって息子の方のブッシュが、ファルージャっていうところで黄燐弾とか白燐弾っていう化学兵器を使ってる。劣化ウラン弾っていうのもたくさん使ってるしさ。いまイラクで、たくさん白血病の子どもたちが生まれてるんですよ。ベトナム戦争の枯葉剤で子どもたちに奇形児がいっぱい出ているのと同じですよ。

いま手元にＴＯＥＩＣやＴＯＥＦＬのための大学用テキストが山のようにある。これは英語の教員に出版社から教材がたくさん送られてくるからですよ。中身を見てみると、ＣＮＮとかＶＯＡとか、そういうニュース記事が教材として使われているものも多い。

本来、英語の教員っていうのは、教室で学生の表情を見ながら、学生の学力や興味関心と相談しながら、自分の手作りの教材で授業をつくっていくべきでしょ。反応が悪いなあとか学力的に無理かなあとか、そんなふうに試行錯誤しながらやるべき。教材を自分で工夫しながら授業するのが教師の腕の見せどころなのに、市販の教材を使ったら楽だから、なかなかそうはならない。

たとえばこれは『VOA News Clip Collection』（成美堂）っていうテキストだけど、ＶＯＡはわかりやすい英語だからという理由で、こういうものを選ぶ先生もいる。しかし考えようによっては、洗脳しているだけじゃないかということになる。だって、前にも言ったように、ＶＯＡってVoice of Americaの略語で、元々は米軍放送だよ。その後は合州国情報庁の所管となり、今は国務省直轄の国営放送。いわばアメリカ政府の宣伝機関だ。そんな教材を日本人の頭の中に詰め込んでどうします？　この編集者もそういう自覚がまるでない。先ほども言ったように、中国の国営放送を中国語の授業で使うようなものでしょ。

ではCNNとかABCはどうか。これは民放で、軍事放送や国営放送じゃないから、まだ中立的に見える。ところがCNNやABCがシリアの化学兵器に関してどういう報道してるかっていうと、アサド政権がやったに決まってるっていう報道の仕方ですよ。アメリカはシリアにたいしてどんなことを言ってましたか。「化学兵器を使ったら爆撃するぞ、軍事介入するぞ」と、ずっと前から言っている。そんな中でわざわざ化学兵器を使いますか。そんなことをすれば、「爆撃してください」「軍事介入してください」と言っているのと同じじゃない。また国連が査察に入るっていうことになったら、アメリカは「査察の結果が出るまで待てない、その間にも罪のないひとたちが殺されている」っていう言い方で、いまにも爆撃しそうだったでしょ。どうして国連の査察の結果が出るまで待てないんだろう。まるで大量破壊兵器を口実にイラク戦争に乗りだしていったときと同じ[註6]。

そういうオバマ政権の言い分をCNNもABCもそのまま流している。独立系のメディアであるデモクラシーナウでさえ、ともすると一方的にシリアのアサド政権の独裁性だけを強調して、反乱軍の残虐行為や反乱軍を誰が支援しているのかを言わないことがあって驚く。それがまたテキストに出てくるわけですよ。そういうのを授業で使ったとしたら、アメリカの言い分をそのまま学習することになる。恐ろしいことだと思わない？　英語のニュースを教材にするっていうのはそういうことなんですよ。

そういう露骨な時事問題じゃなくても、ダグラス・ラミスっていうひとが有名な『イデオロギーとしての英会話』って本で指摘してるんだけど、英会話学校は、レストランとか喫茶店とかそういう場面で会話ごっこする振りをしながら、アメリカってこれだけ文明国でこれだけ素晴らしい施設・設備があって、こういう素晴らしい価値観をもって、ということをいつの間にかすり込んでいく役割を果たしてる。

ダグラス・ラミスは、元津田塾大学教授で、日本に来た当座は英会話学校で教えていたこともある。その経験をもとに、次のようにも言っています。少し読み上げて紹介しましょうか。

その世界［英会話のテキスト］に描かれている「アメリカ」は、存在している国ではなくて、アメリカ人の英語の先生が存在を望んだ国であり、彼らの郷愁の国なのである。英会話の世界では、その国で今日なぜ、幻滅と無目的のムードがたれこめているのか、誰も学びはしない。なぜ、夜の街道が危険にみちていて、なぜ、人びとは自己防衛のために武器を携えているのか、またはなぜ、政府官庁で最も急激にふくれあがってきたのは警察であるのか、誰も学びはしない。なぜ、たいていのアメリカの労働者が彼らの仕事はまったく麻痺状態と無感覚をもたらすものであると思い、なぜ、主婦の間でアルコール中毒と麻薬中毒が蔓延し、またなぜ、郊外では離婚率が結婚率より高いのか、誰も学びはしない。なぜ、多数のアメリカ人（たいていは有色人種）が苦々しい、希望のない貧困に打ちひしがれて生きているのか、なぜ、貧乏人の子供達は読み方も教えられないで高等学校を卒業するのか、誰も学びはしない。また、なぜ、アメリカの人種差別的心性では、日本人が白人ではなく有色人種のカテゴリーに入っているのか、誰も学びはしない。（三一－三二頁）

アメリカ文化センターも英会話学校と同じような役割を、もっと露骨に演じてきた。これは土屋由香『親米日本の構築――アメリカの対日情報・教育政策と日本占領』を読んで初めて知った。また、この本によれば、アメリカは戦後、占領下の日本で、パンフレットとか映画とかいろいろ用意して、全国の隅々にまで見せたんですよ。日本が原発を受け入れるようになっていく過程でも、アメリカの作った原発映画が大きな役割を果たしている。これにも驚いた。

アメリカがマーシャル諸島あたりで水爆実験をしたとき（第五福竜丸事件）、巨大な反核運動が日本の主婦を中心に起きた。杉並区のお母さん方がまず声をあげて、それが日本全土に広がっていった。これにはアメリカも困っちゃって、原子力も悪くないっていうふうに巻き返しに入る。アメリカが原子力の平和利用の映画を制作して、アメリカ文化センターとかそういうところで日本中で映画を見せる。そしたらコロっと意見が変わっちゃって、原子力の平和利用だったらいいんだって話になった。その結果、何と驚いたことに、ヒロシマの被爆者たちまで原発賛成になってしまった。それで日本全土に五四機も原発が建つようになってしまったんですよ。

僕はいま偉そうにこんな話をしてるけど、実を言うと、そういうことも福島の原発事故が起きるまで勉強していなかった。あれからずいぶん本を読んで、そういう裏があるのかってやっと分かった。たとえば、田中利幸、ピーター・カズニック『原発とヒロシマ――「原子力平和利用」の真相』という本を読んでみてください。詳しい裏事情がよく分かります。

ボケーとしてたら、どこでどう洗脳されているか騙されているか分からない。必ず一度立ち止まって考える力をつけないとだめなんですよ。だから僕は、定年退職するまで、「本を読んだら必ず疑問を一つつくりなさい」「そういう疑問を書いていないレポートはだめ」というふうに、そんな授業をやってきた。大学教授が言うことだから信じる価値があると思ってもらっちゃ困るからね。チョムスキーもいつも言っている。「私が言ってるからといって信じてはいけません、必ず自分で調べなさい」って。

7 日本人の知らないアメリカ――医療制度、刑務所民営化、麻薬の合法化

Q ダグラス・ラミスは、「英会話のテキストに描かれているアメリカは、存在している国ではなくて、アメリカ人の英語の先生が存在を望んだ国であり、彼らの郷愁の国なのである」と言っているようですが、現実のアメリカの例として他に何か……

A ラミスの『イデオロギーとしての英会話』の初版は一九七六年だから、先に紹介したアメリカの現状は、七〇年代のアメリカということになる。ところが今のアメリカは、もっとひどくなってるんです。マイケル・ムーアの映画で『シッコ』っていうのがあって、アメリカの実態はこれを見るとよく分かる。日本は国民皆保険で、病気になれば誰でも保険で医療を受けられる。だけどアメリカは保険料が高くて、保険に入ってないひとも多い。六人に一人、つまり四〇〇〇万人から六〇〇〇万人とかそんな規模。この映画でアメリカの医療制度で一般市民がどんな悲惨な生活しているかとかよく分かる[註7]。

一九八〇年代の話だけど、GM（ゼネラルモーターズ）みたいな自動車産業が国外に出ていった。GMはメキシコに行った。メキシコの方が労働力が安いから。メキシコ以外ではカナダに行った企業もある。アメリカでは企業が保険料を半額出して、残り半額を労働者が出すっていうシステムだったんですよ。だけどその半額を出すのももったいなくて、カナダに行っちゃったわけ。カナダは国民皆保険で国が保険料をもってくれるから。こうしてアメリカの国内にほとんど製造業はなくなったんですよ。いま国内の製造業、特に自動車産業は壊滅状態です。

ではメキシコは豊かになったか。逆です。低賃金労働がはびこり、生活できなくなったメキシコ人が大

量にアメリカに密入国せざるを得なくなった。ところが、いまオバマ氏はその「不法労働者」を百万人規模で国外に大量放逐する政策をとってる。これがNAFTA(北米自由貿易協定)がもたらした結果ですよ。いま話題になってるTPPもおそらく同じ結果をもたらすだろうね。

ところでGMの拠点だったところが、ミシガン州のフリントっていう街です。ここは今ほとんど更地になってしまってる。残ってる建物もボロボロで、まるで戦争で破壊された街みたい。マイケル・ムーアはフリントの生まれで、「これが俺の生まれた街だ。自動車産業で栄えていた街をこんなにしたのは、いったい誰だ」って、ロジャー・スミスっていう当時のGMの会長に談判しに行くんですよ。「お前、いまこんなことになっている街を見に来い」ってね。そのような自分の行動をカメラマンに撮らせて、その一部始終をドキュメンタリーにしたのが『ロジャー&ミー』という映画です。結局ロジャーをフリントに連れてくることはかなわなかったんですが、アメリカのトップエリートは「アメリカの街が荒廃しようが俺には関係ない。儲かりさえすればよい」って考えてることがよく分かる名画ですよ。だってGMがフリントを去ったのは儲かっている最中だったからね。

アメリカは何でも儲けの口にするから、規制緩和で刑務所まで民営化した。民営化するってことは儲け主義になるってことでしょ。刑務所が儲けを増やすためには、受刑者が増えないと困る。ホテルががらがらに空いてたら経営が成り立たないのと同じだ。だから犯罪者をどうやって増やすかという話になる。最近でも裁判所の判事が民営刑務所からお金をもらって少年少女を「矯正施設」という名の刑務所に送り込んだことが話題になっていました。民営化の行き着く先を象徴的に示す事件です。アメリカでは「School to Prison」という言葉すらあるからね。いわば「学校—刑務所—直行便」ってとこかな(「参考サイト」を参照)。

麻薬についても似たところがある。麻薬取締りとか「麻薬戦争」とか言ってますが、麻薬なんてタバコと比べればはるかに有害さに欠ける。だのに麻薬は有害だっていう大宣伝を繰り広げるわけ。だけど麻薬で死ぬ人数とタバコで死ぬ人数を比べると、これはチョムスキー『アメリカが本当に望んでいること』などを読めば分かるけど、タバコで死ぬ人数のほうが九〇倍くらい多いんですよ。だからいま白人でタバコを吸うひとなんかいない。チョムスキーが、昔はMITでタバコを吸ってる若者を見たけれど今はMITもハーバードもタバコを吸ってる若者なんかいないって言ってる。タバコは有害だって分かったから。米国内ではもうタバコは売れない。だから東南アジアとかでタバコを売るんですよ。

いまアメリカの五〇州のうち半分ちかくが、医療用も含めて、麻薬を合法化しているんですよ。何で合法化してるかっていうと、麻薬はタバコほど有害じゃないからなんですよ。むしろ医者なんかは医療で使いたいから早く合法化してくれって言ってる。また麻薬を非合法化することによって裏組織が暗躍し、逆に犯罪や殺人が増えている。だからチョムスキーは次のようにすら言ってます。

つまり国際的には、「麻薬にたいする戦争」は他国への介入を隠蔽する手立てなのだ。他方、国内的には、「麻薬にたいする戦争」は麻薬とはほとんど関係なく、人々の関心を真に重大な問題からそらし、都市内部での弾圧を強化し、市民権にたいする攻撃を擁護する雰囲気をつくりだすために役立っている。（一二五頁）

この本はほんとうに面白い本です。アメリカについて目を覚まさせてくれますよ[註8]。

それにまた、これはボリビア初の先住民大統領モラレスが言ってることだけど、もしコカが有害だったらボリビアの先住民は死んでしまっていないでしょうって。コカっていうのは南米が原産地なんですよね。だから、モラレスが言うように、コカでひとが死ぬんだったら先住民はとっくにいなくなってる。だけどインカ文明ってすごい高度な文明が残ってたわけでしょ。だから麻薬がタバコよりも有害だというのは真っ赤な嘘なんですよ。ヘビースモーカーで病気になったひとは治療の対象者であって犯罪者ではない。麻薬もそれと同じように考えればよい、というのがチョムスキーの意見です。

日本もアメリカの言うこと真に受けて、麻薬がいかにも極悪有害であるかのような宣伝してる。けど、最近ウルグアイのムヒカ大統領がマリファナ合法化でノーベル平和賞にノミネートされたことも、考えるに値するニュースですよね（「参考サイト」を参照）。

8 アメリカ留学は異文化理解・アメリカ理解を深めるか

Q 政府は「留学生の倍増計画」を言っていますが、留学と言っても念頭にあるのはアメリカだと思うんです。留学すれば「異文化理解」「アメリカ理解」は深まるんでしょうか。

A 若者は、もっと外国に留学しないと日本の将来が心配だって言ってる学者・研究者もいるけど、そのひとたちはアメリカという国をあまり知らないのではないかな。留学したからといってアメリカを知ってるとはかぎらない。なぜかっていうと、学部段階で留学すると、履修科目が多いから英語による講義についていくだけでも疲れ切ってしまう。それは明治時代の東京帝国大学や札幌農学校で外国人教師の講義についていくのだけでもいかに大変だったかを見れば分かる。予習、復習、レポートなどに追われて、もうそれだけでへとへとになるからね（斎藤兆史二〇〇一）。

だから真のアメリカを見てる暇がないでしょう。しかもキャンパスの中の寮に住んでるとか、近くの下宿でホームステイしているとかなると、なおさら真のアメリカ、庶民の生き様を見る機会がない。夏休みにアメリカ各地を見たことがあると言っても、観光地ばかりじゃないかな。それではアメリカの本当の姿は見えない。まあバージニア工科大学のように、学内で銃の乱射事件があれば、「銃暴力のアメリカ」を知る良い機会になるかも知れないけど。

では学者・研究者としてアメリカに行くとどうなるか。大学教授といったハイステータスなひとたちと付き合って、そういう家庭のお食事に招かれたりはする。だけどそういうひとたちの生活しか知らないから、アメリカの下積みのひとたちがどんな生活をしてるのか、マイケル・ムーアの映画『シッコ』や『ロジャー&ミー』で描かれているような、真のアメリカを知る機会がない。だからアメリカに留学してるからと言っても、アメリカを知ってると思ったら大間違い。本当のアメリカをほとんど知らずに終わってしまうことも少なくない。

たとえば僕はカリフォルニア州立大学へイワード校で一年間、日本語を教えたことがあるんだけど、そこでつきあったひとたちと言えば、同僚の大学教授以外にはいない。彼らの家に招かれてよく行ったが、つきあうひとたちと言えば、そんなひとたちだから、アメリカの一般庶民がどんな生活をしているかを知る機会はほとんどなかった。住んでいたアパートも大学の近くにある一種の「ゲイトシティ」で、敷地の中にはジャクジ（Jacuzzi）と呼ばれる露天風呂があり、アパート群に住んでいる住人が水着姿でよく利用していた。だから、ここもアメリカでは別の空間で、貧乏な庶民が住む世界ではない。

ただし僕の場合、例外は最初の一か月だった。その一か月は小学校の女教師宅に下宿した。下宿して初めて分かったことは、小学校の先生は給料が低くて、給料だけでは生活できないから空き部屋を留学生や僕のような外国からきた大学教師に賃貸ししているということだった。彼女の同僚で生活のために、もう一つ夜の仕事をもっている教師は少なくないという。これは僕にとってかなりショッキングな事実だったな。これではアメリカの教育が良くなるはずはない。これがアメリカなのか。そんな思いだった。

また僕は、文科省の短期研修制度でニューヨークのコロンビア大学に一か月いたこともある。コロンビア大学はハーレム、いわゆる黒人街と隣接してるんですよ。観光ガイドに「危険だから立ち寄るな」と書かれている。だから普通のひとは黒人街には行かない。僕はコロンビア大学のティーチャーズ・カレッジにいたんだけど、そこは英語教育の分野ではすごく有名な大学院なんです。そこへ、ある大学の先生が「一度ティーチャーズ・カレッジに来たかった」って僕を訪ねてきたことがある。だけど途中で地下鉄の駅をひとつ間違えて、ハーレムのど真ん中へ行っちゃったんですよ。周りはすべて黒人街だからびっくりしちゃって、慌てふためいて乗り換えて、やっと僕のところへたどりついたときには、ワイシャツびしょ濡れ。夏だったこともあるけれど、冷や汗と本物の汗がごちゃまぜになってびっしょりだった。その先生はアメリカで学位をとったひとだから僕よりもはるかに英語ができる。でもそんなひとでも、危険だということでハーレムには行ったことがなかったんです。

僕も黒人街は危険だって聞いてたから最初はおっかなびっくりだった。でも実際に行ってみたら黒人って襲ってくるわけでもない、むしろ非常にひとなつっこい。「お前は日本から来たのか」「俺は日本にいたぞ、米軍基地にいたぞ」とか、「この前、俺は銀座でトランペット吹いてた」とかね、そんなことを話しかけてくるんですよ。危険でもなんでもない。まあ犬もそうでしょ。逃げれば追いかけてきたり、何かしたら歯向かってくるかも知れないけど、何もしてないのに襲ったりはしない。

僕は実際にそういうふうにして、ハーレムを歩いたり、モントゴメリーっていうバスボイコット運動のあったところを歩いたりした。ローザ・パークスという黒人女性がバスの白人席に座って、立てって言われたのに立たなくて逮捕された。それがきっかけでバスボイコット運動が起きた非常に有名な街です。このモントゴメリーの街を黒人は、白人による差別に抗議して、バスに乗らないで歩き通したのね。そういう運動を三六五日と二〇日間も（一九五五年一二月一日から五六年一二月二〇日まで）続けたわけですよ。

モントゴメリーは、偶然この街の教会に赴任したばかりだったキング牧師が運動のリーダーとして引っ張り出された由緒ある街でもある。だから僕もそこを歩いてみなくちゃと思って歩いてみたわけ。まあ真夏の暑いときだったから耐えられなかったよ。

それからサウスダコタ州に、スー族のアメリカンインディアンが虐殺されたところとして有名なウンデット・ニーというところがある。一八九〇年一二月二八日の事件です。アメリカのインディアンにたいする民族浄化がほぼ最終的に終わった、そういう地点としても記念碑的な場所です。何と驚いたことに、虐殺を実行した第七騎兵隊には議会勲章まで授与されているんですよ。そこは岩肌ばっかりの不毛の地だけど、今でもアメリカ先住民が住む保留地になってます。そういう所をレンタカー借りて地図を手にして延々と訪ねたりとかね[註9]。

たとえばそんな体験をしないかぎり、アメリカがどんな国かなんて分からないですよ。アメリカに留学してたからアメリカを知っているということはまずない。英語を学べば世界が分かるとか、そんなことはあり得ない。さっき言ったように、かえって英語の白人エリートの眼で世界を見るようになる危険性が大きい。僕はそれを「教育の家畜化」って書いたけど（拙著『英語教育原論』）。

9 「ショック・ドクトリン」を押し進める力《ちから》となった留学生・外国人教員

Q 外国人教員を多く雇うとなると、日本の学問が外国の学問に置き換わっていくのではないかと思うんですけれど、起こるとしたらそれはどのようなかたちで起こり得るものでしょうか。

A 自然科学、社会科学、人文科学に分けて考える必要があるでしょ。自然科学の分野だったら数学が万国共通語で、しかも物理であろうが何であろうが実験で検証可能ですよね。だから害は少ない。だけど社会科学や人文科学になると価値観が入ってくる。しかも、その善し悪しをあらかじめ実験で検証もできない。

たとえば、社会科学、特に経済学の分野の話だけど、アメリカでMBA（経営学修士）を取るということは、アメリカ流の経営がベストだという価値観を身につけるってことなんですよ。そして、刑務所ですら民営化するのが良いことだっていう価値観を持つ教員が日本の大学で講義する。それは、今のアメリカの貧困状態が日本の行く先になるってことですよ。製造業はほとんど国外に出ていく、刑務所は民営化されていく、そんなのが当たり前の社会になって、そういう社会に疑問を持たない人材を大量に育てる。恐ろしいことですよ。

いま中国がそれと似た社会になってきている。北京師範大学で国際学会があったとき、僕はそこで発表するために行ったことがあって、そのときに会った北京師範大学の先生は日本語がよくできる先生だった。彼女は日本にも留学してたんだけど、日本の教育は優れている、どんなに山奥に行っても都会とほとんど同じレベルの教育を受けられる、中国もそういう教育をすべきだと今まで主張してきたと言うんです。だから中国は日本から学べっていうことを論文や教育雑誌でずっと言い続けてきたそうです。その彼女が、最近の中国は全然だめだ、アメリカ帰りの先生が幅を利かせて、学部長になったり学長になったりしてるって嘆いてた。

かって京都大学でも同じことが起きた。一九五〇年代に京都大学の先生が次々とアメリカに送り込まれて、戻ってきたら各学部の部長になったりした。あれと同じ現象ですよ。中国もそれと同じ状況になっている。アメリカの一番悪い部分を勉強してきて、それを中国にばらまくわけ。蛇足だけど、彼女は最後にこうも言ってました。「もっと悲しいことに、今の日本は過去の良さを失って、ますますアメリカに近い国になりつつある」

アメリカでMBAを取ったひとたちが、たくさん中国にもどってきて、アメリカ流の経営を中国に入れるようになった。それで今はほとんど規制緩和・民営化万能で、儲けることが大事っていうか、儲け至上主義がはびこっている。北京師範大学の構内にホテルがあったり銀行があったり、マクドナルドのようなアメリカ資本の飲食店があったりして、僕は思わず目を疑いましたよ。

彼女は紫禁城とその近くの天壇公園も案内してくれたんだけど、公園を歩いていたら、公園のあちこちで歌声が聞こえてくる。集団で歌っているんです。あれは何ですかときくと、彼女は「あれは田舎から北京観光に出てきた、いわゆるお上りさんたちで、昔の中国はよかった、今の中国は苦しいということを大声で歌って憂さ晴らしをしているんです」と言う。

確かに言われてみればそのとおりで、昔の中国は物質的には豊かではなかったかも知れないが、教育費も医療費も無料だったからね。ところが今の中国は金持ちでないと良い教育も良い医療も受けられない。これもBSドキュメンタリーで見たんだけど、まともな医療を受けたいと思うと北京まで行かないといけない。北京に着いても、病院で一晩待っても二晩待っても医療にかかれなかったりね。そこにはびっくりするような光景が広がってましたよ。

いま中国が経済大国って騒がれてますよね。日本が二位から蹴落とされて第三位、中国第二位って言ってるけど、ウォルマートとかアメリカの企業が中国に入ってきて、低賃金で労働組合も作らせないで徹底的にこき使ってる。だからたくさん自殺者も生まれてるんですよ。これはデモクラシーナウ（Democracy Now!）やRT（Russia Today）で報道されてたんだけど、中国にあるアップルの巨大な工場で、あまりの過酷労働のためビルの上から身投げする事件が頻発した。そこで身投げしても死なないようにビルの下にネットを張った。身投げしてもそこで引っかかるからね。その写真も載ってましたよ（「参考サイト」を参照）。

それでアメリカは儲かってるかっていうと、もちろん儲かってますよ。ウォルマートとかアップルとか、大企業の経営者・株主は儲かってますよ。だけど、ほとんどの製造業はアメリカにない。アメリカにあるのはスターバックスとかマクドナルドとか、ウォルマートとか。もちろんロッキード・マーティンとかボーイングとかの巨大軍需産業は残っていますよ。だから戦争すればするほど儲かる。アイゼンハワーが大統領を退任するとき、「軍産複合体がアメリカを支配する時代が来る」と警告しましたが、そのとおりになってる。

以上は、アメリカに留学したひとを大学や政府の重要ポストに据えることの問題点だけど、もっと露骨にアメリカの学者を当該国に送り込んで、その国の政策を変えさせるという方法もある。ナオミ・クラインの今では古典的名著となった『ショック・ドクトリン——惨事便乗型資本主義の正体を暴く』という本には、チリやインドネシアなどの例が書いてある。

たとえば、「九・一一」というとニューヨークの事件を思い出す。だけどチリで一九七三年の九月一一日に、CIAによって支援された軍事クーデターが起こされたことは、ほとんど誰も知らない。このクーデターでアジェンデ大統領は死亡し(殺されたか自殺したかは不明)、クーデターの首謀者ピノチェト将軍は、抵抗する民衆をすべて逮捕・拷問・暗殺するという徹底ぶりだった。

こうしてピノチェトは、アジェンデが目指していた民衆のための経済を阻止して、それを外国資本に開放するための政策を採用した。そしてシカゴ大学教授ミルトン・フリードマンの主張する「新自由主義」、すなわち民営化・規制緩和を極限まで押し進めるために、いわゆる「シカゴ・ボーイズ」を大学や政府の重要ポストに据えた。シカゴ大学に留学したひとたちです。それだけではおさまらずに、シカゴ大学から教授が送り込まれたり、フリードマン自らがチリのサンチャゴに行きピノチェトに講義することすらあった。

もう一つの例はインドネシアです。インドネシア軍のスハルト将軍もアメリカの支援のもと、当時インドのネルー首相とともに第三世界のリーダーとして高く評価されていたスカルノ大統領をクーデターで追い落とした。そして、チリと同じように、それに抵抗する民衆をCIAのリストに従って徹底的に殲滅した。チョムスキーはこの残虐な殺戮行為を、ナチスによるホロコーストなど足元に及ばないと述べています。

そしてスハルト将軍は、チリと同じように民営化・規制緩和、福祉・医療・教育費の削減を極限まで押し進める政策をとった(というよりもピノチェトはスハルトから学んだといった方が正しい)。このとき活躍したのは「バークレー・マフィア」と呼ばれるひとたちだった。カリフォルニア大学バークレー校でフリードマン流の経済学を学んで帰国したひとたちです。このときも多くのアメリカ人教授がフォード財団の資金でジャカルタに派遣されています。

安倍政権は日本に呼び寄せる留学生を三〇万人に、海外に送り出す留学生を倍増して一二万人にするという政策を打ち出している。けれど、こんなことを知ると、その裏に込められている真の意図は何だろうかと不安になってしまう。一九五〇年代に京都大学で起きた事件［詳しくは次節］を考えると、今の「外国人教員」計画も同じなんではないかと不安になるんです。

ナオミ・クラインの言う「ショック・ドクトリン」は、三つのショック、すなわち「クーデター」というショック、「拷問や殺人」というショック、「徹底的な民営化と福祉の削減」というショック、外国資本や特権的エリートの利益になるような経済改革を強引に押し進めること。つまり三つの惨事を逆手にとりながら押し進める経済改革（本当は改悪でしょ）。だから「惨事便乗型資本主義」と名づけたわけ。

いま日本も地震、津波、原発事故という三つのショックに苦しんでいる。これを救うためとして新しい規制緩和が提案されたり、「除染ビジネス」「復興ビジネス」「特区ビジネス」と称して大企業や大手ゼネコンが賑わっている。これも果たして本当に福島や東北のひとたちが望んでいるような復興なのかね。

10　英語力は貧困力だ――経済の貧困化と頭脳の貧困化

それはともかく、ここまでは社会科学、特に経済学の分野の話だけど、人文科学はどうだろう。日本は元々は仏教の国で、儒教の国でもあったんだけど、人文科学の分野で外国の学問に置き換わるとなると、思想の根幹とか文化に影響が及んでくる。

すでに日本には、上智大学や国際基督教大学、南山大学、同志社大学など、驚くほどたくさんのキリスト教の私立大学がある。それに南原繁や新渡戸稲造など日本の著名人にもキリスト者は少なくない。となると、キリスト教の信仰や価値観とか、そういうものを持っているひとは高尚なひとという話になりかねない。京都大学のように大量の外国人教員を採用する計画だと、国立大学もそういう雰囲気になりはしないか。

どこの植民地でもそうだったんだけど、たとえばコロンブスがアメリカ大陸に入っていく時、コロンブスは単身で来たんじゃないんだよね。必ずキリスト教の宣教師を連れて来るんですよ。そして先住民をキリスト教徒にしながら領地を広げていった。

最近もっと驚かされたことがある。ハーバード大学やプリンストン大学などの、いわゆるアイビーリーグと言われる有名大学は、その出発点ではアメリカ先住民をキリスト教化することを口実にイギリスで資金集めがされ、初期の学長は代々、高位の聖職者だったというんだ。しかも、その大学をつくるために多くの黒人奴隷の汗と血が大量に流された。これはMITの黒人教授クレイグ・スティーブン・ワイルダーが一〇年かけて調査研究した成果で、新著が出版されたばかり。ちなみに書名は *Ebony & Ivy: Race, Slavery, and the Troubled History of America's Universities*。

もう一つ別の例をあげると、アメリカ史には「明白なる運命」「明白なる使命」（マニフェスト・デスティニー）ということばがよく出てくる。最初にこのことばが出てくるのは、メキシコから分離独立させたテキサス共和国をアメリカが併合するときで、そのときジョン・オサリバンという言論人が、このマニフェスト・デスティニーということばを使って「アメリカは北アメリカ大陸全体に広がる、という天からの負託を受けている」と論じた。それ以来アメリカは、先住民を殲滅しながら太平洋岸にまで達した。西部開拓を神から託された運命・使命だと称してね。

ところが、ことはそれだけでは収まらなかった。今度は太平洋のハワイやフィリピンまでも領有することが天から与えられた使命だと考えるようになっていくんだ。フィリピンを侵略する時も、フィリピンを文明化する、遅れた民族をキリスト教化するというわけですよ（たしかブッシュ氏も、イラク侵略の時、「イラクの民衆に民主主義を与える」、と言ったよね）。

だけどフィリピンの場合、民衆の抵抗は根強く、結局アメリカがそこを平定するのに一五年近くもかかった。そのなかで六〇万人ものフィリピン人が殺されたと言われてる。だけど、この事実をアメリカ人はほとんど知らない。ぼくも最近まで知らなかった。

もっと知られていないのは、『トムソーヤの冒険』などで有名な作家マーク・トゥエインが、反帝国主義連盟の副議長として、このフィリピン侵略戦争に強く反対していたという事実でしょ。先にも紹介した『肉声でつづる民衆のアメリカ史』という本の第一二章に、マーク・トゥエインの風刺の効いた鋭い論説が載っています。

この関連で、もう一つエピソードがあります。先に紹介した『日本の植民地言語政策研究』にも出てくるけど、日本は植民地言語政策の中で、中国各地で日本語の学校をつくって日本語を広めようとするんですよ。だけどすでに英語がはびこっていて、しかもその拠点になっているのがキリスト教の教会だったり、そこが経営している学校だったりして、それがテコでも動かない。日本語を広めるのに最大の障害物だったって書いてあるんですよ。これを読んでたら、アメリカ文化センターが日本で果たした役割ともすごく重なってきてね。

だから「英語で授業」「外国人教員」って言ってるのも、表向きに言われているのとは違う何か別の理由があるのではないかって思うようになった。

いま経済のあり方がどんどん変わってきたでしょ。日本の企業は、元々四半期ごとに決算を出して利益を株主に配当するってシステムじゃなかったんですよ。アメリカの経済システムが入ってきてから、そういうシステムに変わったわけね。そうすると、目先の利益をどう上げるかだけが勝負になってくる。大学の会計システムまでアメリカ流に変わった。

今の政府は消費税を増税して法人税を減税する、大企業が要求してるとおりにね。自分たちの金を使わないで国民の血税で儲けようってわけ。『チョムスキーの「教育論」』にもあったと思うけど、「儲けは自分のものに、負担は国民に」、それが大企業の基本原則。TOEFLとかTOEICの受験は、今まで企業が自前で社内教育していたのを、今度は国民の税金でやらせて、儲けだけ自分のものにするっていうことですよ。

京都大学は世界一〇位に入る大学になるとかいう目標を掲げていましたよね。世界何位って、いったいどこが格付けしてるの？　企業でも格付け会社がありますよね。あの格付けがいかにでたらめだったかというのは、アメリカの企業が軒並み悪行をはたらいて金融崩壊したときに明らかになりましたよね。有名な話では、エンロンっていう会社があって、そこが格付け会社の評価でトリプルA（最高位）だったんですよ。だけどあとでよく調べてみたら、電力を販売する会社だったんだけど、悪さの限りを尽くしてたわけ。つまり、格付け会社も、分からずに格付けしてるし自分に都合のいいように格付けする。デリバティブなどという摩訶不思議な商品の格付けもそうだったよね。これは間違いありませんっていうトリプルAの金融商品が軒並み暴落してたじゃない。裏で不正ばっかりしててさ（本山二〇〇八）。だとすれば、大学の格付けだってどこまで信用できるのか。

話が少しずれるかも知れないけど、佐々木紀彦『米国製エリートは本当にすごいのか？』という本があるんです。これは『週刊東洋経済』の記者が会社からの派遣でスタンフォード大学の修士課程に入って自分の体験したことを本にしたもの。これを読んで、僕と同じことを考えてるなあということと、このひとは権力者の側でしかものを見てないなあという二つのことを思った。

僕が韓国人について思ってたことはそのまんま、やっぱり思ってたとおりだった。スタンフォードに留学している韓国人留学生をみて、佐々木氏も僕と同じことを考えたと言うんです。つまり、韓国人の留学生が多いのは、国内で飯が食えないから。留学して学歴をつけて飯を食えるようにという理由があって、またそのためにTOEFLの点数が高いんですよ。

韓国ではソウルにも貧困な地区があってね、ソウルを流れてる川でホームレスが生活してたりしたんだけど、以前ここを強引に立ち退かせて、今はきれいな公園になってる。それで追い払われたひとたちはもう住むところがなくなった。こういうホームレスのひとたちを助ける運動があって、それがこの本、『韓国・居住貧困とのたたかい』に書かれているんですよ。いま韓国は老人の自殺率が世界トップになった。昔は儒教社会で年寄りを大事にしていたけど、今は年寄りの自殺率がトップになっている。これがTOEFLで日本をはるかに追い抜いて英語力トップレベルだって言われてる国の実態ですよ。

他にもきちんとした論文がないかと思って探したら、こういうのが見つかりましたよ、『韓国の貧困問題』。これは柳貞順《リュジョンスン》さんという韓国人研究者が書いた論文で、それを佐藤静香さんという方が翻訳してる。だけどね、どうしてこういうことを日本人の大学の先生がちゃんと研究して論文を書かないんだろうって僕は思った。すぐ隣の国ですよ。アメリカ研究の学者は山のようにいるのに、隣の韓国のことをきちんと研究してるひとはほとんどいない。日本人なのに、アメリカのことも十分知らないし、隣の韓国のことも知らない。韓国の貧困についてきちっとした本がないか、結局インターネットで調べるんだけど、僕が知るかぎり、大学の研究者でそういうことを調べて書いた本は一冊もない。『怒りのソウル』を書いた雨宮処凛《かりん》は、ホームレスの活動で有名になったひとだけど、大学の研究者じゃないでしょ。

いまでもこんな状態なのに、英語で授業するようになったら、ますますアジアのことが、韓国のことも中国のことも分からない研究者が増えていくんじゃないか。僕自身全く知らなかったのが恥ずかしいけど。だからいま韓国のことも知らないといけないと思って勉強してるんだけどね。アメリカのことは知ってるのに隣の国のことは知らないなんて恥ずかしいですよ。

英語力が貧困力だっていうのは二重の意味があって、まず経済の貧困力。英語力の国が豊かになってないことは、英語の宗主国アメリカ、英語を公用語とするインド、TOEFLでの高得点を誇る韓国を見れば、それは分かる。もちろん韓国でもサムスンみたいな巨大企業の幹部は大金持ちですよ。だけど一般庶民は貧乏になるばかり。そんなものを経済力とは言わないでしょう。BRICSのひとつとして最近は注目されているインドだけど、貧困問題は一向に解決されていない。アフリカもかつてはフランスの植民地が多かったからフランス語が盛んだったけど、最近は英語の浸透力は凄まじい。しかし貧困の広がりも凄まじい[註10]。

もう一つの意味は「英語バカ」、つまり頭脳の貧困力。何度も言うように英語って（他の外国語学習も同じだけど）語彙が無限で覚えることばかり。新語もどんどん生まれる。だから、英語ばっかりやってたら頭が馬鹿になりますよ。ものを考えないようにするためには、英語漬けにするのが一番手っ取り早い。批判力を身につけさせない、創造力を身につけさせない、自己家畜化して上の言うことを聞く人間にしたいんだったら、英語漬けにすればいい。しかも教材はTOEICやTOEFLの受験を念頭におき、英米人の価値観がそのままテキストとして使われるとなれば、洗脳力抜群ですよね。これが頭脳の貧困力につながる。

フィンランドが学力世界一とかで有名になったじゃない。しかしフィンランドの大学入試は英会話ではない。膨大なエッセイを読んだり、講義を聞いて理解する力だったり、そういうのを試すんですよ。ところが日本の大学入試のリスニングテストって日常会話でしょ。日本では日頃あんな日常会話なんてしないから、日本人にとって日常でないものを大学入試で試されているわけね。これもばかげた話。何度も言うように、僕はこれを「ザルみず効果」って呼んでるんだけど。僕の造語でね、ザルに水を入れても溜まらない。日常的に使わない単語やフレーズは、覚えても覚えても忘れていく。そんなところにエネルギーかけてどうするんですか。何も残らないものにエネルギーかけろと言ってるんですよ。

そういう観点から見ても、政府や文科省の方針は名目どおりに受け取れないものが多い。教育効果がほとんど期待できないにもかかわらず、それを主張するっていうことは、それを口実に何か他のことを狙っているんじゃないか。そういうふうにしか考えられない。これもすでに何度も言っているように、ALTの輸入も貿易摩擦がそもそもの理由だった。そういう過去の実績を見てみると、表向きの理由と裏の理由が違うなんて、いくらでもあるわけですよ。

グローバル人材が持つべき素養としたらね、自由闊達に議論する力とか、批判する力とか、疑問を持つ力とか、そういうものが本来持つべき力だと思う。だけど、さっきの「グローバル人材育成戦略」見てもそんなこと書いてない。やっぱりそういう力つける気はないのかな（笑）。そういえば「協調性」ってのはあったかな。だけど「協調性」って悪く言えば、上から言われたことに逆らわない、上のひとの言うことをすなおに聞く力ですよ。長い目で見たらそういうのは日本を活性化する力にならないと思うんだけどね。

前にも言ったかも知れないけど、益川敏英氏のいた名古屋大学物理学科の「坂田昌一研究室」では、議論するときは坂田先生の発言であっても「坂田さん」と言うことに決まっていたそうですよ。そういう自由闊達に議論する場、議論する力がノーベル賞を生み出したのだと益川さん自身も言ってる。ところが最近の大学は、文科省の指導で、学部長、学長、理事会の権限が強まるばかり。教授会は上で決められたことを承認するだけ。これが心ある大学人の大方の意見ですよ。まさに「協調性」ですが、これでどうして世界で注目される大学になれるんだろう。

こんな政府・文科省にぜひ知ってほしい一節《くだり》があるよ。伊東乾『日本にノーベル賞が来る理由』という本からです。その一節を紹介して今日の僕の話を終わりたいと思うんですが、どうですか。

歴代のノーベル賞受賞業績を見ると、さまざまな国で生まれた科学者が重要な貢献をしているのが分かります。しかし後に見るように、科学者が先端的な研究を推進する、いわば「舞台」はヨーロッパと北米大陸に限られ、極めて少数の例外としてオーストラリアやイスラエル、そして日本が基礎科学を推進していることが分かります。中国やインドなどの出身者は主に米国で研究してノーベル賞を得ていますが、国家としての中国やインドは軍備や核開発などに多くの予算を割いて、世界の先端を切り開く科学技術の揺りかごとしては認識されていません。そんな中で日本は非常に例外的なのです。自国で生まれ、自国語で世界最高度の教育を受けた科学者が、内外で世界をリードする研究を進めている国は、他に殆ど存在していません。これは日本の誇るべき伝統として自覚してよいと思います。（三七頁）

要するに、現在の文教政策は、この「日本の誇るべき伝統」を掘り崩そうとしているんです。この世界最高水準の教育を、アジアの発展途上国のレベルに引きずり落とそうとしているのが、今の政府です。ぼくにはそうとしか思えないな。

――今日は貴重なお話をありがとうございました。

補節　京都大学新聞のインタビューを終えて
――「世界ランキングで一〇位に入る大学を目指す」という方針は、なぜ間違いか

1　はじめに

インタビュー記事（後編）の掲載が二〇一四年一月に終わり、昨二〇一三年一〇月にインタビューをいただいて以来の、長い旅からやっと解放されたという安堵感にひたっていましたが、「後編」を読み直してみて、京都大学の「世界ランキングで一〇位に入る大学を目指す」という方針について、言うべき本質的なことを、あのインタビューでは語っていないことに気づきました。そこで補節というかたちで私の考えを補足させていただきたいと思いました。

2　評価「トリプルA」の崩壊

さて私はインタビューで、この「世界ランキングで一〇位に入る大学を目指す」という方針について、次のように述べました。

「京都大学は世界一〇位に入る大学になるとかいう目標を掲げていましたよね。世界何位って、いったいどこが格付けしてるの？

企業でも格付け会社がありますよね。あの格付けがいかにでたらめだったかというのは、アメリカの企業が軒並み悪行をはたらいて金融崩壊したときに明らかになりましたよね。

有名な話では、エンロンっていう会社があって、そこが格付け会社の評価でトリプルＡ（最高位）だったんですよ。だけどあとでよく調べてみたら、電力を販売する会社だったんだけど、悪さの限りを尽くしてたわけ。つまり格付け会社も、分からずに格付けしてるし、自分に都合のいいように格付けする。

デリバティブなどという摩訶不思議な商品の格付けもそうだったよね。これは間違いありませんっていうトリプルＡの金融商品が軒並み暴落してたじゃない。裏で不正ばっかりしててさ。だとすれば、大学の格付けだってどこまで信用できるのか。」

3　勉強するのは「学級で一番になるため」？

しかし、この「世界ランキングで一〇位に入る大学

を目指す」という方針がおかしいのは、実は「格付け会社の『格付け』がどこまで信頼できるのか」という問題と同時に、それが教育学的に見て根本的に間違っているからなのです。

インタビューに臨む前までは、この点についても語る予定だったのですが、他のことを話しているうちに肝心な論点を失念してしまったのです。

では、この「世界ランキングで一〇位に入る大学を目指す」という方針は、教育学的に見て、なぜ間違っているのでしょうか。それは次のようなたとえを出すと分かりやすいかも知れません。

たとえば、親が子どもに「クラスで一番になることを目指して勉強しなさい」と言ったとします。これは子どもを勉強させるための動機づけとして正しいものでしょうか。それとも勉強というものにたいする間違った動機づけでしょうか。

あるいは、教師が生徒たちに、「このクラスで一番になるために勉強しなさい」とか「この学校で一〇位以内に入るように勉強しなさい」などと言うでしょうか。もしこのような言い方が正しいとすれば、「一番になれない生徒」「一番になることなど望まない生徒」は学校で学ぶに値しないことになりはしないでしょうか。

また他方で、教師から「クラスで一番になるために勉強しなさい」（あるいは「学校で一〇位以内に入るよう勉強しなさい」）と言われて、頑張って一番になったとして、その一番だった生徒は幸せだったのでしょうか。そのような動機づけを与えられた生徒は、学習を楽しむことができたのでしょうか。その「学習」は「楽習」だったのでしょうか。

4　学習が「楽習」ではなく「我苦習」へ

実は、上記のような疑問を提起したのは、私の体験からもきています。というのは、私が地元（能登半島）の高校に入学したとき偶然にも一番だったのです。そのとき母校の中学校の先生たちは「おめでとう。卒業するときも一番で卒業するよう頑張ってくれ」と言って送り出してくれたのですが、それが私にとっては大きな負担・大きな苦痛になってしまいました。

私の家は、他人《ひと》の田を借りなければ生計をたてることができないほどの貧農でしたから、私の高校進学先として普通科高校は選択肢の中に入っていませんでした。通学先としてはかなり遠いのですが金沢市立工業高校（または夜間定時制）に行き、卒業したらすぐ就職して経済的に両親を助けることしか考えていませんでした。

ですから母校の中学校で高校進学のための模擬試験が繰り返されていても、それは私にとって日ごろの勉強した結果を試す単なる「腕試し」の機会にすぎず、その模擬試験で何位になろうが私にとっては大きな関心事ではありませんでした。

ところが一か月に一回おこなわれる模擬試験で、回数を重ねるたびに私の順位が上昇し、高校入試が近づく頃には、私は学内一位になってしまったのです。その頃の私は、自分の好きなペースで好きなように勉強していましたから、勉強することがそれほど苦痛ではありませんでした。むしろ楽しみながら勉強していたように思います。

ところが母校の中学校の学級担任は、私の母に「金沢の工業高校ではもったいないから地元の進学校に行かせて大学まで進学させなさい」と強く勧めたそうです。それで結局、地元の進学校を受験することになり、結果として一番で高校に入学することになってしまったのでした。

しかし私にとっては「卒業するときも一番で卒業するよう頑張ってくれ」と母校の中学校の教師たちに言われたことが非常な重荷になって、高校時代の勉強を心底から楽しむことができませんでした。私にとって高校時代は、まさに灰色のハイスクールでした。結果として一番で卒業することはできましたが、そのことに何の喜びも感じられませんでした。後味の悪い思い出だけが残っています。

5　どこで「学ぶことの楽しさ」を学ぶのか

京都大学の「世界ランキングで一〇位に入る大学を目指す」という方針をニュースで読んだとき、真っ先に頭に思い浮かんだのが、この私の高校時代の苦い思い出でした。

勉強というものは、本来「知的好奇心」に導かれておこなわれるべきものでしょう。また教師の任務は「知りたくなる」「学びたくなる」、すなわち生徒の知的好奇心をかきたてるような授業をすることではないでしょうか。

私の連れ合いも、高校に入学したてのときから物理の授業で「この問題は＊＊大学の入試問題です」と言って、その解法ばかりを講義する教師がいて、中学校の時は物理が好きだったのに、それだけで、その科目にたいする興味を失ったと言っていました。

私の高校時代には、まだ幾何学というものが残っていて、その公理や定理に従って厳密に論理を組み立てていく世界がとても面白く、また「補助線」を一本引くだけで、あっというまに新しい解法が見えてくる世界は、人生を生きていく上でも大きな参考になるように思えました。

これは他の科目についても同様で、「＊＊大学の合格者数で県下一位を目指す」ということを目標にして、受験の技術としてしか教科を教えないとすれば、生徒たちは高校でいったい何を学ぶことになるのでしょうか。生徒たちは学ぶことの面白さや楽しさをどこで学ぶのでしょうか。

京都大学の「世界ランキングで一〇位に入る大学を目指す」というのも、どこかの高校が「東大合格者数で全国一〇位に入る高校を目指す」と言っているのと大同小異ではないでしょうか。

このような目標を強制される大学で教える教員は、教育や研究を楽しむことができるのでしょうか。このような目標を強制される大学で学ぶ学生は、授業や学習を楽しむことができるのでしょうか。

以上のような苦い体験から、私は首尾よく大学に入学できたとき秘かに誓ったことがありました。それは「今後は自分の知的好奇心にしたがって勉強する」「今後は受験や点数や順位のために勉強することは金輪際しない」という決意です。私がＴＯＥＩＣやＴＯＥＦＬを大学の授業や入試に組み込もうとする今の体制に強い嫌悪感を覚えるのは、このような理由からです。

6 「ランキング」は結果であって目標ではない

私が石川県で高校教師として教えていた頃、ある事件が起きました。「金沢大学に何名合格させるか」を念頭において受験問題集を解くだけの授業に反発して、それに抗議するビラ「高校は予備校ではない」を学内に貼って回る生徒たちが現れ、教師集団が慌てふためくという事件が起きたのです。

そのビラは生徒の目に充分ふれる前にはがされてしまい、そんな事件があったことも知らない生徒が多かったようでした。

生徒指導課が調べてみると、その事件を起こした生徒たちはいずれもクラスのトップ集団にいる生徒で、志望校も金沢大学どころか東大や京大を志望校とする生徒も含まれていたそうです。

そのことが分かると、「彼らを謹慎処分などにするとビラを目にしなかった生徒にまで事件を知らせることになる」というので、結局その生徒たちにたいする処分は校長による厳重注意ということで終わってしまいました。

このビラまきをした生徒たちと、「世界ランキングで一〇位に入る大学を目指す」という方針を出した京都大学執行部と、どちらが学問を目指すうえで、高潔な姿勢を持っていると言うべきなのでしょうか。

私には、その答えは言う必要のないほど歴然としているように思われます。

実はこの事件が起きたとき、「このようなことを生徒が自主的にやるはずがない。裏で煽動している教師がいるに違いない」と言い出す教師がいて、私までもが校長室に呼び出されて厳重注意を受ける羽目になってしまいました。

この「濡れ衣事件」の詳細については拙著『英語にとって「教師」とは何か』に書いたので詳細は割愛しますが、「このようなことを生徒が自主的にやるはずがない」という感覚そのものが、生徒の能力をまったく見くびった、驚くべき感覚だと私には思われました。

逆に言えば、このようなことを口にする教師たちの頭には、授業を通じて「創造的思考力」「批判的思考力」を育てることとは、初めから存在していなかったことを、この事件は問わず語りに語っているようにも見えます。

京都大学の場合も、初めから「世界ランキングで一〇位に入る大学」を目指して教員の尻を叩いているかぎり、その目標はおそらく達成できないでしょう。「世界ランキング」は、「創造的思考力」「批判的思考力」の結果であって、目標としては狂っているからです。

しかし逆に、教員に思うぞんぶん教育や研究に専念できる環境を保障すれば、教員や院生のなかから多くのノーベル賞受賞者やフィールズ賞受賞者が続々と誕生することになり、その結果として「世界ランキングで一〇位に入る大学」になるかもしれません。だが、その逆はおそらくあり得ないでしょう。

それは韓国がノーベル賞受賞者を生み出すために莫大な金をかけて英才学校をつくり、授業も英語でおこなうことを続けてきたにもかかわらず、いまだにそれが達成できていないことをみれば分かります。「韓国のMIT」を目指す大学校には未来のノーベル賞受賞者のために胸像を置く台座までつくったそうですが、台座にはすきま風が吹いているのみです。

7　『〈銀の匙《さじ》〉の国語授業』から何を学ぶか

いま京都大学が目指している方向とまったく逆の軌跡をたどった事例があります。東大合格者数「全国一」で名を馳せた灘中学・高校です。今でこそ灘校は、「東大合格者数ランキングの常連」「各界の名士を輩出した名門校」などと評価されていますが、今から六〇年ほど前までは、「公立校のすべり止め」というのが、関西での一般的認識でした。

一九五〇年に、中勘助の自伝的小説『銀の匙』を中学校の三年間を通じて読み込むという風変わりな授業が始まりました。始めた教師の名は橋本武と言い、当時はまだ公立校のすべり止めに過ぎなかった灘校を名門進学校に導いたひとりとして、「伝説の教師」と呼ばれています。

橋本氏の授業は、伊藤氏貴『奇跡の授業』や橋本氏の著書『〈銀の匙〉の国語授業』などで知ることができますが、私がここで指摘したかったことは、私立の名門進学校として知られる灘校の「授業のありよう」です。それは受験問題を解く予備校のような授業ではありませんでした。

そこには統一進度・統一テストがないどころか、検定教科書さえ使わなくてもよい「授業の自由」「研究の自由」が許されていたのです。

これまで私が灘校にたいして持っていたイメージは、「東大の合格者数を増やすために、中学時代に高校の教科書はほとんど終え」「高校で使う教材は、受験にシフトをしぼり受験問題集だけを使う」というものでした。というのは実際にそのような私立の中高一貫校があることを知っていたからです。

ところが『〈銀の匙〉の国語授業』などを読んでみたら、実際の灘校はまったく違っていたのです。三年間を『銀の匙』だけで国語の授業をするということが許されていた学校があった！　にもかかわらず東大の合格率が全国一を誇る！　これは私には信じがたいことでした。二重の驚きでした。

しかし、いま考えると「にもかかわらず」ではなく「だからこそ」ではなかったかと思うのです。受験問題集に焦点化した授業をおこなってこなかった——だからこそ真の学力を持った生徒を育てることができ、「東大合格者数ランキングの常連」「各界の名士を輩出した名門校」

になったのではないかと思うのです。

最初から受験問題集しか解いてこない学校から、自分で疑問を創り出し、批判的創造的にものを考える生徒・学生は育ちようがないからです。私には橋下武氏の授業を受けた生徒の中から、海渡《かいど》雄一《ゆういち》氏のような弁護士が生まれたのも、偶然とは思えませんでした。

海渡氏は、このたび大きな問題になった「特定秘密保護法案」を厳しく批判し、日本弁護士連合会秘密保全法制対策本部副本部長という重責を担って活動してきただけでなく、他にも日本弁護士連合会事務総長、監獄人権センター事務局長、脱原発弁護団全国連絡会共同代表、脱原発法制定全国ネットワーク事務局長などの肩書きをもって東奔西走しています。

このような人物は、受験問題を解くことだけにしか興味をもたない生徒、そのような受験技術を教え東大合格者の人数を増やすことだけに専念している学校からは生まれようがないと思うのです。

今これを書きながらもう一つ思い出したことがあります。それは私が高校教師として、母校の進学校で統一進度・統一テストでがんじがらめに縛られていたとき、「自分に教材選択の自由、教育方法の自由を与えてくれれば、金沢大学どころか東大や京大にでも入ることのできる本物の学力を育ててやれるのに」と歯ぎしりしていたことです。いま思えば、私の気持ちは『〈銀の匙〉の国語授業』をおこなった橋本氏の気持ちと、たぶん同じだったのです。

8　ノーベル賞受賞者の経歴が語るもの

上記で私は、灘校が「東大合格者数ランキング＊位」にシフトした授業づくりをしなかったからこそ、「東大合格者数ランキング」の常連になったのではないかと述べてきました。

同じことは日本のノーベル賞受賞者の多くについても言えるのではないでしょうか。京都大学新聞のインタビューでたびたび言及した山中伸弥氏や益川敏英氏も、私が調べたかぎりでは、最初からノーベル賞をもらうために大学に入ってはいませんし、研究室や指導教官を選ぶときもノーベル賞をもらうことを目標に選んだわけではありませんでした。

そもそも山中氏が神戸大学時代に選んだ最初の選択は整形外科医になる道でしたし、益川氏が名古屋大学で、素粒子研究で有名だった坂田昌一氏の研究室を選んだのも、ほかに氏を引き受ける指導教官がいなかったからだそうです（『「大発見」の思考法』）。

ノーベル化学賞を受賞した田中耕一氏も、ノーベル賞をもらうことを目標に研究したのではありませんでした。それは次のような興味深い経歴からもうかがうことができます。

「東北大学在学時に単位を落とし一年間の留年生活を送る。大学卒業後は大学院へ進学せずソニーの入社試験を受けるも不合格。就職先が決まらず指導教授の勧めで京都の島津製作所の入社試験を受け合格。」

そのうえ田中氏の東北大学における専攻は電磁波・アンテナ工学であり、化学分野の技術研究に従事したのは島津製作所入社後に技術研究本部中央研究所に配属されてからです。この点から見ても、田中氏が最初からノーベル化学賞の受賞を目指していたとは、とても考えられません。

また、電話による受賞の報が伝えられたとき「びっくり」（ドッキリカメラの意）だと思い本気にしなかったが、家の前に報道陣が大挙押し寄せやっと現実と考えた――という逸話も、田中氏がノーベル賞をまったく意識せずに研究してきたことを物語っています。

要するに、優れた科学者が研究するときは純粋に「知的好奇心」「知的探求心」に動かされて研究するのであって、ノーベル賞受賞などという世俗的な動機で研究することはほとんどないと言ってよいと思います。

あるいは、「世界ランキング何位」とか「ノーベル賞受賞」などという動機で研究テーマを選ぶような大学や人物にそのようなランキングやノーベル賞が訪れた例しはない、とすら言ってもよいのではないでしょうか。

何度も言いますが、「世界ランキング何位」とか「ノーベル賞受賞」などという目標にしたがって研究しているかぎり、ほとんど何も生まれないのです。それどころか素晴らしい発明・発見は、ともすると、実験が失敗したり仮説と違っていたりしたときに生まれているのです。田中耕一氏の場合も、ノーベル賞が受賞することになった研究は、実は失敗した実験（『生涯最高の失敗』朝日新聞社）から生まれたものでした。

このような事実を政府・文科省は厳しく噛みしめてほしいものです。

9　生涯最高の失敗

注記

1　チョムスキーの言う「家畜化」については、チョムスキー『チョムスキーの「教育論」』を参照。なお「個人の家畜化」「学校の家畜化」「国家の家畜化」については拙著『英語教育原論』で詳しく論じた。

これに関連して、本山美彦『姿なき占領』（ビジネス社）を読んでいたら、この「国家の家畜化」を見事に示す事例として次のような記述があるのを見つけた。

日米投資イニシアティブという会議体は、小泉政権が成立すると同時に設立された。二〇〇一年六月、小泉首相と子ブッシュ大統領の日米両首脳の合意によって「成長のための日米経済パートナーシップ」というシステムの下に置かれたものだ。この審議内容は、毎年六月ごろに発行される『日米投資イニシアティブ報告書』にまとめられる。二〇〇六年の報告書には、米国側の対日要求として以下のように書かれていた。

「①国境を越えたM&Aの円滑化、②教育分野および医療サービス分野における投資家にとってビジネスの機会を創出するような規制緩和、③労働法制の見直し、④日本法令の外国語訳」

「国境を越えたM&A」とは、米国の法律によって米国内で設立された企業が、日本の法律によって日本国内で設立された日本の企業を買収してもよいようにすることである。これが、米国側の最大の関心事項であり、総論であることは確かである。

そして、「教育分野が投資家にとってのビジネスになるように、日本の規制を緩和しろ」と明確な文脈で主張されている。教育と医療は、これまで「公」の分野に属し、ビジネスとしては拒絶されていたのに、これを「私」の世界に開放し、ビジネスの対象にしろというのである。

「労働法制の見直し」とは、労働者を企業経営者が自由に解雇できるようにしろということである。「日本の法令の外国語訳」というのも、分かるようで分からないことである。もし日本側が、米国側に米国の法令の日本語訳を作成しろと言えば、どのような反応が返ってくるだろうか。そんなことは自分たちでやれ、という返事がくるのがオチだろう。

これを読むと、アメリカによる「日本の家畜化」が今日まで一歩一歩、着実に進行していることがよく分かる。最後の「日本の法令の外国語訳」も日本が満州国でおこなったような命令だが、京都大学は今回の「国際化」にあたって、命令されなくても「会議文書の英語化」を真面目な検討課題としていたことに驚かされる。

それにしても、京都大学名誉教授・元京都大学経済学部長・元日本国際経済学会会長である本山氏が、このような本

（『姿なき占領――アメリカの「対日洗脳工作」が完了する日』）を出版されたことに深い敬意を表したい。

2　日本ではTPP（環太平洋戦略的経済連携協定）の問題点として農業しか大手メディアは話題にしていないが、TPP協定の大部分はISDS条項などに見られるような経済問題以外の分野だと言われている。そもそも中身が分からないのに一旦参加したら抜けられないと言われる馬鹿げた国際協定である。アメリカでも一般には知られておらず、通商代表部が企業側と連携しながら進めているので国会議員でさえ内容を知ることができない。

ウィキリークスは機密の漏えいされた部分を公表してきたが、二〇一一年三月に「知財関連の条項」がリークされたのに加え、二〇一二年六月には「投資条項」の草案がリークされた。ここで特に問題なのは、外国の投資家が現地政府を協定違反で訴えることができる、いわゆるISDS（Investor State Dispute Settlement）条項である。

「投資部門」の文書は、ある国の法律で企業が主張する将来の利益が妨げられた場合その企業が政府にたいして訴訟を起こすことができる裁判所を創設する、というアメリカ主導の交渉担当者たちの意図を明らかにしている。

外国企業は事業を展開している国で政府を相手どり協定違反による損害を賠償せよとの訴訟を起こし、現地の法律や行政手続きにはしばられない海外の仲裁法廷に持ち込むことができる。政府による賠償は、その国の納税者の負担で、世銀や国連に設置される仲裁法廷で判事を務めるのは、企業の顧問弁護士を生業とする人々である。明らかな利益相反にもかかわらず、仲裁法廷の裁定が国内法に優先され、主権が制限される。

それにしても、アメリカ側でも外国企業による国庫の収奪とか国内法規制の無力化への懸念が指摘されていることは注目すべきである。たとえば、二〇一六年の大統領選挙に立候補し、共和党の最有力候補とされているトランプ氏でさえTPPに反対している。

日本のTPP論議では、とかく「国益を守る」ということばが、国と国の間の貿易競争で有利な位置に立つという意味に変換されがちだが、産業界の利益と国民の利益は必ずしも同じではない。以下のサイトで、ウィキリークスの創設者ジュリアン・アサンジは、この協定が健康や環境への規制に及ぼしかねない恐ろしい影響について警告している。http://democracynow.jp/dailynews/15/05/27/2

3　「仮説実験授業」で有名な理科教育（板倉聖宣一九七九）、「読み研」「討論の二重方式」で有名な国語教育（大西忠治一九八二）など、民間教育運動では議論・討論を授業に組み込んだ指導を精力的に研究・実践し大きな成果を上げたが、文科省は一貫してこのような運動を無視してきた。したがって官製研修会など公の場では「討論」の指導がほとんど話題になったことはない。ところが不思議なことに最近の文科省は「英語で授業」「英語でディベート」などと、英語の授業だけは「討論」の指導に熱心である。しかし「英語でディベート」などというものが、いかにまやかしであるかについては、第3章第3節で詳しく論じた。

4　英語が公用語のひとつとなっているインドでは高等教育が英語でおこなわれる。だが、その現状を問題視する声がインドでも高まっている。インドの教育に詳しい中島岳志氏（北海道大学准教授）は、「これまでインド人の英語力の高さは、グローバルなビジネス社会でのアドバンテージだと考えられてきたが、いま、国内では高等教育の英語偏重への疑問が噴出している」と述べ、その事情を次のように語っている。

「今年六月、インドで人気を博している宗教指導者のスワーミー・ラームデーヴが、政治家の汚職に対する抗議の断食を行い大騒動となった。その際、彼は英語教育を批判し、インドの諸言語で高等教育や専門教育を受けられる機会を設けるように要求した。（中略）前述のラームデーヴの要求は、政府を動かしつつある。政府は科学技術用語委員会およびマイソールにあるインド諸言語中央研究所の国立翻訳プロジェクトの作業を早めることを決定した。インド政府の人材開発省は、専門教育にインドの諸言語をこれまで以上に使用する方法を探るよう要請した。」

政府がこのような動きを始めた裏には、インドを代表する週刊誌『アウトルック』誌が、六月二七日号でこの問題を取り上げ、「高等教育の実状を見るとラームデーヴの要求に一理あることがわかる」と論じたことも、大きく影響したようだ。中島氏によれば、『アウトルック』誌は、言語の保存を目的とする組織「言語トラスト」の責任者ガネーシュ・デヴィーの言を引用しつつ、次のように警告しているという。「このままではインド版アントニ・ガウディは永遠に生まれない。専門教育が英語でしか提供されない環境では、他人のコピーしか作り出せない。」（『クーリエ・ジャポン』二〇一一年九月号五六－五七頁）

5　ノーベル物理学賞（二〇一四）を受けた中村修二氏は、「アメリカ国籍を取得した理由は？」という質問にたいして、「こちらの大学で研究する上では、米国籍がないと軍の予算がもらえないし、軍に関係する研究もできない。それで市民権を取得した」と答えている（『日本経済新聞』二〇一四年一〇月七日）。紙面で読むかぎり、中村修二氏は何のためらいもなく「米国籍がないと軍の予算がもらえないし、軍に関係する研究もできない」と答えている。カリフォルニア大学サンタバーバラ校教授である中村氏は、「軍事研究」をすることに、ほとんど疑問を感じていないようだ。しかしチョムスキーによれば、MITでは大学が請求しなくてもペンタゴンからお金が降りてきて使い道に何の注文も付けなかったという。だからこそチョムスキーはベトナム反戦運動をしながら自分の好きな研究ができ、軍事研究をしないからといって大学を首になることもなかった。ここが中村氏とチョムスキーとの決定的な違いではないだろうか。しかし最近、東京大学では平和憲法の下で軍事研究を容認する動きが出始めていると聞く。これも中村氏の上記のような言が影響を与えているとなると、ことは深刻である。というのは、日本の場合、防衛省から出たお金で自由な研究をすることなど不可能だからである。

6 シリアのアサド政権を悪魔化するやり方は、イラクのフセイン政権、リビアのカダフィ政権を悪魔化するやり方に酷似している。これらの国はサウジアラビアやバーレーンなどの王制独裁国家・イスラム原理主義国家と違って、世俗主義国家であり女性でも大学に行くことができた。にもかかわらずアメリカなどの欧米国家は、「民主化」という口実で、これらの世俗主義国家を悪魔化して政権転覆を企て、国土を瓦礫に変えた。こうしてイラク、リビア、シリアで大量の死者と難民を生み出すことになった。いま生きる場所を求めてそこから脱出した難民がEU諸国になだれ込んでいるが、今度は彼らを追い出そうとする動きが強まっている。本当に「民主化」を目指すのであれば、まず第一に攻撃対象となるべきなのは、これら王制独裁国家・イスラム原理主義国家であるべきはずなのに、アメリカはむしろこれらの国を軍事的に支援している。大手メディアによる英語ニュースを教材にしたテキストを使っているかぎり、このような真実は見えてこない。なお「アサド政権の化学兵器使用問題」については、独立メディアによって、すでに多くの検証がなされているが、とうめん下記の記事が真実を知る参考になるだろう。

「シリア化学兵器攻撃被災者の映像はねつ造された、米国の画策に挑む人々」『アジア記者クラブ通信』二〇一三年一〇月号、二三ー二六頁、「シリア被災地のビデオはどうねつ造されたか、国連レポートの歪曲」同上、二六ー二七頁

7 オバマ大統領は、新しい医療保険制度として「オバマ・ケア」なるものを提案した。しかし、これはマサチューセッツ州知事だった共和党のロムニー氏が提案した「ロムニー・ケア」と内容的にはあまり変わらず、国民皆保険とは程遠いものだ。アメリカが直面する医療危機については堤未果『沈みゆく大国アメリカ〈逃げ切れ！日本の医療〉』を参照されたい。日本の医療がいかに優れているか、それが今いかに破壊されようとしているかがよく分かる。

8 チョムスキーは引用箇所で「つまり国際的には、『麻薬にたいする戦争』は他国への介入を隠蔽する手立てなのだ」と言っている。それを裏付けるかのように、最近、インターネット新聞『ハフィントン・ポスト』紙の二〇一五年九月一五日号に、アメリカ政府がボリビアのエボ・モラレス大統領を標的にした秘密の政権転覆工作をしていたとする衝撃的な記事が載せられた。この秘密工作は「裸の王様作戦」というコードネームで呼ばれていたという。すでに二〇〇八年、モラレス大

統領は、アメリカのボリビア国内における「警察官買収・人権侵害・殺人隠蔽・インフラ破壊」を非難し、DEA（アメリカ麻薬取締局）をボリビアから追放していたが、これによって、DEAがボリビアを不安定化・弱体化させようとしているというモラレスの以前からの疑いが改めて裏付けられた。

Operation Naked King: U.S. Secretly Targeted Bolivia's Evo Morales In Drug Sting
（裸の王様作戦――アメリカ麻薬取締局がボリビア大統領を標的にして秘密おとり捜査）
http://www.huffingtonpost.com/entry/operation-naked-king-evo-morales_55f70da2e4b077ca094fdbe1

9 アメリカの先住民（いわゆるアメリカインディアン）については、アメリカ史の研究者がいろいろな本を書いているが、私が読んで一番こころを動かされたのは藤永茂という物理化学者が書いた『アメリカ・インディアン秘史』という本である。これは、九州大学の教員だった氏が、カナダのアルバータ大学に異動して先住民の歴史を知り、どうしても調べて書かずにはいられなくなった氏の情念を感じさせる本で、読んで本当に感動した。

10 BRICS諸国のひとつに南アフリカ共和国（南ア）がある。反アパルトヘイトの闘士ネルソン・マンデラが大統領になってから、やっと黒人にも豊かな生活が訪れるかと期待されていたが、残念ながら英語を公用語とする南アも、みごとに新自由主義の経済に冒され、いまだに黒人大衆は貧困から解放されていない。南ア共産党の中央委員を歴任したはずのマンデラとその政権が、いかに新自由主義に呑み込まれてしまったかは、『ショック・ドクトリン』上巻、第一〇章に詳しい。

参考文献

雨宮処凛《かりん》（二〇〇八）『怒りのソウル――日本以上の「格差社会」を生きる韓国』金曜日
板倉聖宣（一九七九）『仮説実験授業のABC――楽しい授業への招待』仮説社
伊藤氏貴（二〇一〇）『奇跡の教室　エチ先生と『銀の匙』の子どもたち』小学館
伊東乾（二〇〇八）『日本にノーベル賞が来る理由』朝日新書
禹哲熏《ウソックル》&朴権一《パククォニル》（二〇〇九）『韓国ワーキングプア　八八万ウォン世代』明石書店
鬼塚英昭（二〇〇六）『天皇のロザリオ』上巻「日本キリスト教国化の策謀」成甲書房

鬼塚英昭（二〇〇六）『天皇のロザリオ』下巻「皇室に封印された聖書」成甲書房
大西忠治（一九八二）『国語授業と集団の指導』明治図書出版
九鬼太郎（二〇一二）『「超」格差社会・韓国』扶桑社新書
斎藤兆史《よしふみ》（二〇〇一）『英語襲来と日本人――えげれす語事始』講談社選書メチエ
佐々木紀彦（二〇一一）『米国製エリートは本当にすごいのか？』東洋経済新報社
石剛《シガン》（二〇〇五）『日本の植民地言語政策研究』明石書店
全弘奎《ジョンホンギュ》（二〇一二）『韓国・居住貧困とのたたかい――居住福祉の実践を歩く』東信堂
田中耕一（二〇〇三）『生涯最高の失敗』朝日選書
田中利幸、ピーター・カズニック（二〇一一）『原発とヒロシマ――「原子力平和利用」の真相』岩波書店
土屋由香（二〇〇九）『親米日本の構築――アメリカの対日情報・教育政策と日本占領』明石書店
堤未果（二〇一五）『沈みゆく大国アメリカ〈逃げ切れ！日本の医療〉』集英社新書
寺島隆吉（二〇〇二）『英語にとって「教師」とは何か』あすなろ社／三友社出版
寺島隆吉（二〇〇七）『英語教育原論』明石書店
中勘助（一九二一）『銀の匙』岩波書店
中勘助（一九三五）『銀の匙』岩波文庫
橋本武（二〇一二）『〈銀の匙〉の国語授業』岩波ジュニア新書
藤永茂（一九九一）『アメリカ・インディアン悲史』朝日選書
本山美彦（二〇〇七）『姿なき占領――アメリカの「対日洗脳工作」が完了する日』ビジネス社
本山美彦（二〇〇八）『格付け洗脳とアメリカ支配の終わり――日本と世界を振り回す「リスク・ビジネス」の闇』ビジネス社
山中伸弥・益川敏英（二〇一一）『「大発見」の思考法』文春新書
柳貞順《リュジョンスン》（二〇〇六）「韓国の貧困問題」『大原社会問題研究所雑誌』五七一号、一七-二八
クライン、ナオミ（二〇一一）『ショック・ドクトリン――惨事便乗型資本主義の正体を暴く』上下巻、岩波書店
コルベット、マリアム&チョスドフスキー（二〇一三）「シリア化学兵器被災地のビデオはどうねつ造されたか、国連レポートの歪曲」『アジア記者クラブ通信』二〇一三年一〇月号、一六-一七

ジン、ハワード&アンソニー・アーノブ編（二〇一二）『肉声でつづる民衆のアメリカ史』明石書店

チョムスキー、ノーム（二〇〇六）『チョムスキーの「教育論」』明石書店

チョムスキー、ノーム（一九九四）『アメリカが本当に望んでいること』現代企画室

ラミス、ダグラス（一九七六）『イデオロギーとしての英会話』晶文社

レベスク&チョスドフスキー（二〇一三）「シリア化学兵器攻撃被災者の映像はねつ造された、米国の画策に挑む人々」『アジア記者クラブ通信』二〇一三年一〇月号、一二三―一二六

Chomsky, Noam (1999) *Rethinking Camelot: JFK, the Vietnam War, and US Political Culture*, South End Press

Wilder, Craig Steven (2013) *Ebony & Ivy: Race, Slavery, and the Troubled History of America's Universities*, Bloomsbury Pub Plc

参考サイト

「TPPは貿易協定の衣を着た企業による世界支配の道具」
http://democracynow.jp/video/20120614-2

「ジュリアン・アサンジTPPを語る：この秘密交渉は貿易を促進することではなく、企業による支配が目的」
http://democracynow.jp/dailynews/15/05/27/2

「日本がノーベル賞を取れるのは自国語で深く思考できるから。我が国も英語ではなく韓国語で科学教育を行なうべき」（『韓国日報』〈韓国語〉、二〇〇八年一〇月九日）
http://news.hankooki.com/lpage/opinion/200810/h2008100903073967800.htm

「ノーベル賞の裏打ちとなる強固な日本の基礎科学」（韓国、『中央日報』【社説】日本語版二〇一二年一〇月一〇日）
http://japanese.joins.com/article/005/161005.html

「中村修二――米国籍を取得した理由は」
http://www.nikkei.com/article/DGXLASDC07011_X01C14A0I00000/

「ウルグアイのムヒカ大統領、大麻合法化の功績でノーベル平和賞候補に」
http://buzzap.jp/news/20140207-jose-mujica-novel-prize-nominated/

「ホセ・ムヒカ大統領」

http://blog.goo.ne.jp/goo1818sigeru/s/%A5%E0%A5%D2%A5%AB%C2%E7%C5%FD%CE%CE
〈民営少年刑務所〉
"Cash for Kids": Firms Behind Juvenile Prison Bribes Reach $2.5 Million Settlement in Civil Suit（「お金で児童を」裁判官に賄賂を送った民間少年刑務所会社が、民事訴訟を二五〇万ドルで和解）
http://www.democracynow.org/2013/10/23/cash_for_kids_firms_behind_juvenile
"Prisoners of Profit": Despite Widespread Abuse, Private Juvenile Jail Firm Expands Empire（「利得の囚人」広がる悪用にもかかわらず、拡大する民間少年刑務所会社の帝国）
http://www.democracynow.org/2013/10/23/prisoners_of_profit_despite_widespread_abuse
〈中国のアップル社〉
Apple, Accustomed to Profits and Praise, Faces Outcry for Labor Practices at Chinese Factories（高収益で誉れ高いアップル社、中国工場での労働管理に大きな抗議）
http://www.democracynow.org/2012/2/10/apple_accustomed_to_profits_and_praise
〈ボリビア大統領にたいする秘密作戦〉
Operation Naked King: U.S. Secretly Targeted Bolivia's Evo Morales In Drug Sting（裸の王様作戦――アメリカ麻薬取締局がボリビア大統領を標的にして秘密おとり捜査）
http://www.huffingtonpost.com/entry/operation-naked-king-evo-morales_55f70da2e4b077ca094fdbe1

第3節 「対日文化工作」としての英語教育

——京都大学の「国際化」路線を、歴史的視点で再考する

1 突然に舞い込んだ一通のメール

ある日、京都大学新聞の編集部から次のようなメールが届き、「ついては先生にぜひお話を伺いたい」と書かれてありました。

「京都大学では今後五年間で一〇〇人規模の外国人教員を雇い（毎年二〇人ずつ）、全学共通科目（教養科目）の半数以上を英語で開講するという計画が進んでいます[註1]。当初は『グローバル人材育成推進事業』に落選し、一旦は頓挫したかに見えましたが、後に『国立大学改革強化推進事業』に拾われ、三〇億の補助金と共に強力に推進されようとしています。しかも外国人教員の雇用にあたっては各部局のポストを用いることになっており、各部局では専門科目を英語で開講するよう迫られることになります。（後略）」

このメールを見て驚愕しました。というのは、「自由の学風」を重んじてきた京都大学が、安倍内閣「教育再生実行会議」の案で、ここまでからめ取られるとは予想だにしていなかったからです。

福島原発事故で露呈されたように東京大学（特に工学部）は政府・文科省の御用機関になっていました。それと違って京都大学は、「自由の学風」を重んじてきたがゆえにノーベル賞の受賞者も多く輩出してき

たのではないか、それが今までの私の考えでした。

ところが、そのような私の信頼・期待が、上記のメールでズタズタに引き裂かれてしまったのです。「京都大学、お前もか!?」「英語にうつつを抜かすようになった大学からはノーベル賞は生まれない」そんな思いでした[註2]。

というのは、前章でも繰り返し述べましたが、英語は中野好夫氏の言う「英語バカ」を生み出す不思議な魔力を持っているからです。その対極的存在が、ノーベル物理学賞の受賞講演を日本語でおこなった益川敏英氏ではなかったでしょうか。

上記のメールでは、「それればかりでなく、〝会議や各種書類の英語化の推進〟までも謳われている」とありました。外資系企業ならいざ知らず、いったい誰のために会議を英語でおこない、書類まで英語化しなければならないのでしょうか。『チョムスキーの「教育論」』で述べられている「家畜化としての学校教育」がこれほど露骨に顕在化した例は他にないのではないかと唖然としました。こんな案を上意下達に提示されて誰も反対するひとが京大にはいなかったのか!?　そう思っていたら下記のような動きが京大にも存在していたことを知りました。


「外国人一〇〇名雇用」計画に対する反対声明——京都大学「国際高等教育院」構想に反対する人間・環境学研究科教員有志の会（http://forliberty.s501.xrea.com/static/archives/587）

有名な「滝川事件」（一九三三）で学問の自由と大学の自治を問いただした京都大学、また「京大天皇事件」（一九五一）で象徴天皇のあり方を問いただした京都大学は今も健在と知り、少し安心しました。

ところで、国立大学「法人化」が正式に決定されたのは二〇〇三年の国会でした。その時点で大学「家畜化」のレールは敷かれていたと見るべきではないでしょうか。私は議論が始まった当時の教授会で、「すべてを市場原理主義の観点でしか政策を考えないサッチャー政権でさえ国立大学の民営化・法人化を考えていない。にもかかわらず、なぜ日本が率先して国立大学を法人化しなければならないのか」と問いただしました。しかし残念ながら、そのときの教授会では、私の意見は荒唐無稽な物言いであるかのように冷笑され、無視されました。そして現在の事態にいたっています。

ちょうどその頃、インド在住の作家モハンティ三智江さんから、拙訳『チョムスキーの「教育論」』にたいする書評をいただきました。それには、企業が明文化された法律によってではなく判例の積み重ねで、いつのまにか「法人」「死なない個人」という奇怪な存在となったこと等について、次のような感想が述べられていました。

企業が「法人」という「死なない個人」「並外れた富と力を持ったパーソン」にのし上がったとの説にも納得し、重い真理を見ました。

肝心の教育論については、門外漢ゆえ稚拙な感想しか申し上げられないのですが、アメリカの教育制度は、自由を重んじ、ディベートなども盛んに行われていると錯覚していたので、飼いならされている生徒の実態が日本とあまり変わらないように思えて、意外でした。最初、「教育の家畜化」とはなんのことかと疑問を感じながら読み進めていき、納得した次第でした。

中米情報の詳細も、アメリカとの絡みで大変読み応えがありました。ニカラグア、キューバ、メキシコ、ホンジュラス諸国が市場原理主義のいけにえになっている実態や、残忍な拷問が行われながら『ニューヨーク・タイムズ』などの大手メディアが実態を報道してこなかった情報操作の罪も初めて知りました。(http://tacktaka.blog.fc2.com/blog-entry-146.html)

昨今の文科省の教育政策、京都大学を初めとする諸大学の対応を見ると、今日ほど、「国立大学の法人化」「学校教育の家畜化」ということばが深刻で切実な重みをもって響いてくるときはないのではないでしょうか。

2　もう一つの「京大事件」

ところで、京都大学教員有志の会による「〝外国人一〇〇名雇用〟計画に対する反対声明」を読んだとき、私の頭には、実は京都大学で起きたもう一つの事件が浮かんでいました。それは土屋由香『親米日本の構築——アメリカの対日情報・教育政策と日本占領』（明石書店）で紹介されていた次のような事件です。

以下の引用は、アメリカによる日本占領がサンフランシスコ平和条約（一九五一年）で終結したこと、国務省のＵＳＩＡ（アメリカ広報文化交流庁）が世界各地に海外拠点ＵＳＩＳ（アメリカ広報文化交流局）を設置していたこと、を念頭において読んでいただければと思います。

ＵＳＩＳ東京が設置された一九五二年四月以来の七年間、ＵＳＩＳは、「日本にとって最も安全な道は、自由世界と固い同盟関係を結び、日米の相互依存関係の重要性を十分に認識することである」という信念を、日本人、とりわけ知識層の中に根づかせることを主要な任務としてきた。

しかし、知識層の反米感情は根強く、三九人の大学助教授を対象に行った聞き取り調査によれば、知識層の八〇％は「反米派」だという回答もあった。

このような状況に対処するため、ＵＳＩＳは大学内の反米主義・左翼思想を撲滅するための活動を行ってきた。その成功例として、「マーク・メイ・レポート」は「別紙Ａ：具体例１」において、一九五三〜一九五五年にかけての京都大学の事例を挙げている。

レポートによれば、大学教員・学生の間に左翼思想が拡大していることに危機感を抱いたＵＳＩＳ神戸と京都大学の総長・前総長が対策を協議したという。

その結果、各学部を代表する保守派の若手教授を順次米国に派遣して親米・反共思想を学ばせ、帰国後は彼らを各学部の学部長に任命して「反左翼陣営の柱」とし、ＵＳＩＳとの接触を保ちながら学内の左派封じ込めに成功したと報告されている。（二六五－二六六頁）

上記に出てくる「マーク・メイ・レポート」とは、日本におけるＵＳＩＳの活動を、イェール大学教授マーク・メイ（Mark A. May）が一九五九年六〜七月にかけて調査してまとめた報告書です。土屋氏によればＵＳＩＳの任務は次のようなものでした。

国務省は、占領が米国に対するあこがれだけではなく、安全保障問題や人種問題などに絡む反米感情をも育んだことを重く受け止めていた。

そのような軋轢を払拭し、日本を安定的な親米国家として反共同盟にとどめておくためには、日本を独立国として尊重しているという姿勢を見せることが重要であった。

したがって、ポスト占領期の情報・教育交流プログラム（ＵＳＩＥ）では、日本が独立国として尊重されているということや、日本人が人種差別を受けないということが強調された。

しかし、国務省およびUSIA（アメリカ広報文化交流庁）は対等な国の国民に対する「情報提供サーヴィス」という姿勢をとるが、実際には「再教育・再方向づけ」と同じく、日本人の対米意識や世界観を一定の方向に誘導しようとする意図が相変わらず働いていた。（同書二六四－二六五頁）

ところで、上記引用で「USIS神戸と京都大学の総長・前総長が対策を協議し」「学内の左派封じ込めに成功した」とありましたが、この末尾に「註七八」とあり、その註を見ると「京都大学への秘密工作については、共同通信社が二〇〇七年一〇月二一日付け全国配信記事でスクープした」と書いてありました。

そこで土屋氏に連絡をとったところ、その共同通信社の配信記事を『愛媛新聞』が二〇〇七年一〇月二二日付けで大きく取りあげて紹介していることを知りました。土屋氏に送っていただいた同新聞のコピーでは上記の事件が次のように詳しく報道されていました。

京大教授陣に反共工作、冷戦五〇年代のUSIS（米広報文化交流局）

【ワシントン二一日、共同＝杉田弘毅】一九五〇年代に日本の左傾化を恐れた米広報文化交流局（USIS）が日本で行った世論工作を詳述した報告書が二十一日までに米国立公文書館で見つかった。左派勢力が強かった京都大学の教授陣を対象にした反共工作のほか、日本映画やラジオ番組の制作、出版物刊行をひそかに援助、米国が望む方向への世論誘導を図った実態が細かく描かれている。

米研究者が報告書発見

米広報文化交流局（USIS）――米政府が対外情報宣伝機関として一九五三年八月に設立。①外国の国民に米国の政策を深く理解させ国益の増進を図る、②米国民と外国国民の対話・交流を深める、の二つが任務。海外向け放送ボイス・オブ・アメリカ（VOA）などが著名な事業。旧ソ連圏での親米世論形成が主任務だったため、冷戦終結で一定の役割を終えたとされ、九九年に国務省広報局に吸収された。

さて肝心の京都大学への裏工作ですが、驚いたことに、それは実名入りで次のように書かれていたのです。

極秘の世論誘導　映画など援助も

報告書は、米政府情報顧問委員長（当時）を務めたエール大学の故マーク・メイ教授が五九年、日本に五週間滞在しまとめた。フロリダ・アトランティック大学のケネス・オズグッド助教授が発見、冷戦時代の米対外世論工作をテーマにした著書『トータル・コールドウォー』の中で明らかにしている。

京大への工作は、五二年に左派教授陣や全日本学生自治会総連合（全学連）などの影響力拡大に危機感を抱いた服部峻治郎総長とUSIS神戸支部が協議を開始。吉川幸次郎文学部教授、高坂正顕教育学部教授ら保守派とされる若手教授陣を米国に順次派遣するなどして反共派に育て、帰国後はこれら反共派がUSISと接触を続けるとともに、各学部の主導権を握り、左派封じ込めに成功したとしている。

報告書によると、USISは、①日本を西側世界と一体化させる、②ソ連・中国の脅威を強調する、③日米関係の強化で日本の経済発展が可能になることを理解させる——などの目的で、五十の世論工作関連事業を実施。このうち二十三計画が米政府の関与を伏せる秘密事業だった。

この中には、USISが台本を承認して援助した五本の映画やラジオ番組の制作、出版物刊行、講演会開催などがある。特に、五七年十二月に封切られた航空自衛隊の戦闘機訓練を描いた映画を、日米関係や自衛隊の宣伝に役立ったと評価している。この映画はかねて米政府の関与がうわさされた「ジェット機出動　第一〇一航空基地」（東映、高倉健主演）とみられている。

これを読んで驚愕しました。というのは私に以下のような事情があったからです。

私が高校生だった時、漢文の授業で漢詩を朗々と音読する丸坊主頭の老先生がいて、その声の響きを私は好きでしたが、漢詩の意味はよく分からずにいました。しかし吉川幸次郎・三好達治『新唐詩選』（岩波新書）を読んで意味が分かっただけでなく、そこに付けられていた英訳で中国語と英語が同じSVO構造であることを知って、いっそう知的好奇心をかきたてられたのでした。

ところが、その愛すべき吉川幸次郎氏が反共工作に加担し、帰国後の一九五六年には文学部長になっていることを知って、大いに落胆しました。一九五四年に国務省に招かれて渡米したとき、本人は裏工作に乗せられているとは知らなかったのかも知れませんが、実質的に果たした役割には変わりがないように思えます。

ところで、上記の『愛媛新聞』は、「報告書を見つけたフロリダ・アトランティック大学のケネス・オズグッド助教授の話」として次のような解説を載せて、記事を締めくくっています。

日本を三番目に重要視

ＵＳＩＳは「表の顔《おもて》」である文化交流事業とは別に、現地マスコミの報道の基調を変えたり、知識人・一般大衆の対米感情を変える多くの事業を陰でやっていた。ただこの報告書のように秘密の活動を詳述しているのは珍しい。ソ連、中国に接し、核アレルギーや沖縄返還問題を抱える日本は米国にとって、抱きかかえておきたい国で、当時、西ドイツ、インドに続いて、三番目に大きな世論工作が行われていた。この報告書でもUSISがいかに日本を重視していたかが分かる。

上記で引用したように、メイ報告書によると、USISは次の三つを主要目的として五〇の世論工作を実施、このうち二三の計画がアメリカ政府の関与を伏せる秘密事業でした。

①日本を西側世界と一体化させる
②ソ連・中国の脅威を強調する
③日米関係の強化で日本の経済発展が可能になることを理解させる

しかし上記の目的は「ソ連」を「ロシア」に置き換え、「北朝鮮」を付けくわえれば、現在の日本にそのまま通用するように見えます。それは、次のオズグッド助教授の解説についても同じです。「沖縄返還問題」を「沖縄米軍基地問題」に置き換えれば、そのまま現在の日本に当てはまるのではないかと思えてきます。

ソ連、中国に接し、核アレルギーや沖縄返還問題を抱える日本は、米国にとって抱きかかえておきたい国で、当時、西ドイツ、インドに続いて、三番目に大きな世論工作が行われていた。この報告書でもUSISがいかに日本を重視していたかが分かる。

戦争法案やTPPをめぐる現在（二〇一五年七月）の緊迫した情勢を考えれば、アメリカにとって日本は環太平洋で一番目に重視したい国かも知れません。それどころか、日本の参加しないTPPではアメリカにとってほとんどメリットがないことを考えれば、アメリカにとって日本は環太平洋で一番目に重視したい国でしょう。

最近、中央情報局（CIA）および国家安全保障局（NSA）の元契約職員だったエドワード・スノーデン氏が暴露した情報によると、アメリカは世界中をスパイし工作員を送り込み、ドイツのメルケル首相の携帯電話すら盗聴されていたそうですから、日本も当然その対象となっていると考えても、なんら不思議はないように思われます［二〇一五年一一月現在、この予測が正しかったことが分かった］。

3　親米日本の構築、日本占領とアメリカの対日情報教育政策

以上で紹介した「もう一つの京大事件」は、土屋氏の膨大な研究書『親米日本の構築――アメリカの対日情報・教育政策と日本占領』の最終章の、しかも最後の一頁に書かれているひとつのエピソードにすぎません。その大部分はアメリカが占領中に映画を通じてどのように日本の世論を誘導していったかの研究にあてられています。アメリカが日本に援助した映画制作やラジオ番組について土屋氏は次のように書いています。

> 国務省およびUSIAは対等な国の国民にたいする「情報提供サービス」という姿勢をとるが、実際には「再教育・再方向づけ」と同じく、日本人の対米意識や世界観を一定の方向に誘導しようとする意図が相変わらず働いていた。

たとえばそのような意図は、日系人や日本人が米国社会に温かく受け入れられるというテーマのＵＳＩＳ映画にも表れていた。そこで描かれる米国社会からは人種差別や経済格差などの不都合な部分は抹消され、人種偏見をもたないアメリカ人が描かれた。

要するに、ＵＳＩＳ映画は米国政府がスポンサーを公認する「表」の活動であった。しかし米国政府は同時に自らの関与を秘匿した「裏」の活動をもおこなっていた。たとえば親米的なジャーナリストや研究者などを財政支援したり、親米的な内容の本・雑誌の出版に出資したり、反共映画やラジオ番組を製作したりするものである（同書二六五頁）。

ところで、土屋氏の前掲書では、アメリカの日本における「裏の活動」すなわち「大学内の反米主義・左翼思想を撲滅するための活動」の成功例として、「マーク・メイ・レポート」のひとつの例しか紹介されていませんでしたが、あとで土屋氏に新しい研究「アメリカ情報諮問委員会と心理学者マーク・Ａ・メイ」（『インテリジェンス』一三号、一五一－一二九頁）があることを知りました。この論文では、別紙Ａ「ＵＳＩＳ契約事業の七事例」として次のような項目が列挙され、簡単な解説が付いています。

〔事例一〕日本の国立大学における左翼教員・学生の排除
〔事例二〕外務省顧問なども務めた財界人のラジオ評論家へ支援
〔事例三〕雑誌『改造』の編集者も務めていたジャーナリストと彼が主催する研究所への資金と情報の提供
〔事例四〕日本の「再軍備」推進活動を行っている旧海軍出身の軍事評論家への情報支援、のちには研究会への資金援助も。

〔事例五〕日本国連協会が「軍縮」「ソ連」などのテーマで開催したセミナー・シリーズへの支援
〔事例六〕社会党右派の顧問を務めていた大学教授への支援
〔事例七〕有能な十数人のUSIS日本人スタッフについて、その経歴や功績

上記で列挙されている〔事例二〕が、前節で紹介した「もう一つの京大事件」です。ただし、この新しい論文では、この事件の他に、京都大学の次のような事例も紹介されています。

一九五五年六月の創立記念日にあわせて左派学生らが企画した二つのイベント（「哲学セミナー」と原子力をテーマとした「医学セミナー」）を、上記USISプロジェクトに関わって渡米・帰国した教授らが一致団結して阻止した経緯が詳しく記されている。

また左翼の影響力を弱めるのと同時並行的に、知識層のアメリカ理解を深めるために〔京都大学を中心に〕アメリカ研究プログラムが導入されていったことも述べられている。

さらに日本国連協会・京都支部主催のセミナーについても、USISが企画・財政支援していたがその事実は秘匿されていたという。（二五−二六頁）

そこで本当は、〔事例一〜七〕のすべてを紹介したい誘惑に駆られるのですが、それではいつまで経っても本論にたどりつかないので、ここでは〔事例二、六〕の紹介のみにとどめます。それは次のように説明されています。

〔事例三〕雑誌『改造』の編集者も務めていたジャーナリストと彼が主催する研究所への資金と情報の提供

ＵＳＩＳが行っている年間五〇〇〇ドルの投資は、「強い影響力をもつ日本人オピニオン・リーダーの一団を通して、アメリカ情報が流される機会を得るための代価としては安いものだ」と、この事例を結論づけている。

〔事例六〕社会党右派の顧問を務めていた大学教授への支援

この教授が英語学習のためにＵＳＩＳに接触したことをきっかけに日本語を話せるＵＳＩＳ職員との間に友好関係が築かれ、社会党の左右統合の際には新しい党綱領を共同で英訳した。この教授はＵＳＩＳとイギリス大使館の計らいで英米両国に派遣され、帰国後は両国について多くの著作を発表したほか、反共主義を唱えた思想家シドニー・フックの著作を日本語に翻訳した。思想的な不一致を越えた人間関係が日米協力に結びついた例として「マーク・メイ報告」はこの事例を高く評価している。

ご覧のとおり〔事例六〕の教授は、社会党右派の顧問だったにもかかわらず「英語学習のためにＵＳＩＳに接触したことをきっかけに日本語を話せるＵＳＩＳ職員との間に友好関係が築かれ」、その結果として、「ＵＳＩＳとイギリス大使館の計らいで英米両国に派遣され」ることになったのでした。

そして、ことはそれだけに終わりませんでした。というのは「帰国後は両国について多くの著作を発表したほか、反共主義を唱えた思想家シドニー・フックの著作を日本語に翻訳」することになったからです。

この事例をマーク・メイ報告は「思想的な不一致を越えた人間関係が日米協力に結びついた例」として高く評価しているそうですが、英語力＝洗脳力として働いた最高の事例ではないかと思います。英語力＝貧困力であるだけでなく、英語力＝洗脳力でもあるのです。

私は先述のとおり、拙著『英語教育原論』のなかで、英語学習が「自己の家畜化」「学校の家畜化」「国家の家畜化」をうながす危険があり、このことを英語教師は自覚している必要があると述べました。

英語は中野好夫氏の言うとおり学習者を「英語バカ」にする不思議な魔力をもっているのです。アメリカが好きだというひとが英語を学ぶのはある意味では当然でしょうが、私の経験では、英語が苦手で英語大嫌いだった学生まで、英語に自信がついてくると「アメリカに行きたい」などと言い出すのですから。

このような英語の魔力を利用したのが、アメリカ広報文化交流局（USIS）の「人物交流プログラム」であり「英語教育プログラム」でした。これらについては、松田武『戦後日本におけるアメリカのソフト・パワー――半永久的依存の起源』（岩波書店）の第七～八章に詳しい経過が述べられています。

そこで以下、節を改めて、この「人物交流プログラム」と「英語教育プログラム」について紹介することにします。

4　半永久的依存の起源、戦後日本におけるアメリカのソフト・パワー

松田武『戦後日本におけるアメリカのソフト・パワー――半永久的依存の起源』によれば、アメリカは、日本が講和条約を結んで占領状態から抜け出しても「アメリカに半永久的に依存せざるを得ないようにする」ためにどうすればよいかを綿密に研究しました。

そのためにトルーマン大統領は、講和条約（一九五一年九月八日）が結ばれる八か月以上も前の一月二二日に、ジョン・フォスター・ダレス（ロックフェラー財団理事長）を特使とする「講和使節団」を日本に派遣しました。

この「使節団」は日本に約一か月滞在し、多くの要人・知識人と交わりました。このとき文化顧問とし

て同行したロックフェラー三世は、帰国してから二か月後に（一九五一年四月一六日）、八〇頁にもおよぶ日米文化関係の「機密」報告書を提出しています。

この報告書では、軍事・経済のようなハード・パワーではなく、文化面でソフト・パワーを行使する、すなわち「平時の心理戦を戦う」うえで特に力を注ぐべき対象は知識人であると述べていました。松田氏はその理由を次のように説明しています。

したがって、ロックフェラーは、もし日本の知識人に慎重にかつ注意深く接近すれば、彼らは親米的なリベラル派になる可能性が大いにあると読んでいた。さらにロックフェラーの観察によれば、知識人は日本に高まりつつあった共産主義の影響を受けやすい状態にあり、共産主義者の洗脳にかかる可能性も大きいということであった。そこで彼は、最悪の事態を避けるためには、手遅れにならないうちに今すぐ適切な措置が講じられるべきであると考えていた（前掲書一五七頁）。

この松田氏の説明を読むかぎりでは、まるで当時は日本の知識人だけが共産主義に大いなる関心を寄せていたかのように誤解される恐れがあります。しかし、ナチスドイツのヒトラーやイタリア全体主義のムッソリーニと命を賭けて、先頭に立って闘っていたのは共産党員でしたから、戦後のヨーロッパでは共産党は非常な権威をもっていました。アメリカが第二次大戦後のイタリアやギリシャの総選挙に深く介入したのも、このような理由からでした（ティム・ワイナー『ＣＩＡ秘録』上巻）。

それはともかく、上のような認識の下に、ロックフェラー報告書は、日本の知識人を対象にした次の五つの計画案を実施するように提言しました。

第一は、東京に文化センターを設立すること、
第二は、東京と京都に学生を対象とする国際会館を設立すること、
第三は、国の指導者および学生を対象とする人物交流計画を継続すること、
第四は、徹底した英語教育プログラムを実施すること、
第五は、資料交換プログラムを実施すること

しかしこの五つの計画についてすべて紹介する余裕がありません。そこで第三の「人物交流計画」について次のような事実だけは指摘しておきたいと思います。

アメリカは将来のアメリカ学会を育てるために、スタンフォード大学など一流の大学から毎年五名ずつの教授を東京大学におけるアメリカ研究セミナーに送り込んだ。一九五〇年から一九五六年までだけでもロックフェラー財団は毎年二〇万ドルのお金を注ぎ込み、そこに動員された日本人の学者・研究者は総勢五九三名にものぼったが、東京大学が出した額は毎年千ドルにすぎなかった。（前掲書二三五頁）

こうして、敗戦後まもなく、アメリカによる手厚い支援の下、関東では東京大学を中心にアメリカ研究プログラムが導入され、関西では京都大学が中心になりました。そして、その両者が競い合いながら、日本の「アメリカ学会」ができていったのです。松田氏の前掲書にはその詳細な経過が記述されています。京都大学における次の事例はその一例にすぎません。

この点に関する付随的な注釈として、日本の近代化を専門的に研究していた坂田吉雄教授が一九五六年に

ロックフェラー財団の研究員に選ばれたという興味深い事実をここに挙げることができよう。

京都大学人文科学研究所の坂田教授は、「日本の歴史家の間に支配的な影響力を及ぼしているマルクス主義史学によって歴史像が歪められているので」、日本史の再検討が「特に重要である」と考えていた。この数年間、日本思想史の再検討に携わってきた坂田は、ミシガン大学で日本史を教えるジョン・ホール教授からロックフェラー財団の研究員の候補者として指名を受けたのである。

坂田教授のロックフェラー財団研究員としての選考に関連して、ファーズは、「私たちの〔坂田教授に対する〕援助により、彼ら（非マルクス主義史学の立場をとる歴史研究者）の研究対象を明治時代にまで広げることが可能となるでしょう」と述べた。

ロックフェラー財団は、財団の使命の声明文において、非政治性（政治的に中立の立場をとること）と非政府性（民間団体として政府との間に一定の距離をおくこと）を謳っていた。しかしながら、ファーズは、一九五六年度のロックフェラー財団の助成金受給者を最終的に選考する際に、日本のマルクス主義に対抗するという目標が、配慮すべき重要な要件であったことを後年に認めた。（二一五頁）

こうして、先述の『愛媛新聞』で「左派勢力が強かった京都大学の教授陣を対象にした反共工作」と述べられていた「人物交流計画」は、着々と成果を上げたのでした。

以上のような背景を考えれば、孫崎享氏（元イラン大使、元外務省国際情報局長、元防衛大学教授）が、『戦後史の正体』（創元社、二〇一二）のなかで次のように言っていることの意味がよく理解できます。

アメリカ専門の学者は、たくさんいるはずだ。なのになぜ今まで、「米国からの圧力」をテーマに歴史を書

く学者がほとんどいなかったのか。それは偶然ではないのです。（一二四頁）

私はあるとき、「外務省の官僚が従来になるのは分かる。でも学者がなぜもっと自主的な発言ができないのですか」と述べたことがあります。するとある教授から、「われわれだって事情は同じです。留学をしたり、学会に出たり、米国大使館でのブリーフィングを聞いたり、米国に抵抗していいことは何もありません」と言われました。（一二六頁）

こうしてみると、日本のアメリカ研究者がなかなか自立できないのは当然とも言えるわけです。このことは英語教育の研究者についても同じことが言えそうです。というよりも、英語教育の研究者の方が、もっと事態は深刻だとも言えます。

5　アメリカ広報文化交流局（USIS）による「英語教育プログラム」

松田氏の前掲書は、ロックフェラーの機密報告書の「英語教育プログラム」については次のように解説しています。少し長い引用になりますが我慢して読んでいただければと思います。

第四の提言として、日本における徹底した英語教育プログラムが、日米文化交流を成功に導くためには絶対に欠かせないという点が強調された。（中略）

年二回ワシントンに報告されるアメリカ大使館広報文化交流局の評価報告書は、ロックフェラーの意見に沿う形で、英語教育プログラムのもつ潜在的な可能性を強調した。

この報告書によれば、英語教育プログラムは、表向きは英語教育法の改善を手助けすることであるが、実際には、健全なアメリカの理念を日本社会に浸透させる道が、このプログラムによって、約束されるというのであった。

続けて評価報告書は、資格のある英語教育専門家が日本に滞在していれば、教科書の執筆ならびにアメリカ合衆国の選定教材を日本に紹介する際に、折ある度に彼らは影響力を行使することができ、しかも長期にわたって影響を及ぼしつづけることができる、と述べた。

同時に、この報告書は、日本人は生活のあらゆる部分において、英語の学習を受け入れる傾向があるので、英語教育の分野には潜在的に大きな可能性が認められると指摘した。

事実、英語学習のクラスが、日本人の英語教育の要望に応える形で、合衆国情報教育局の文化センターに開設された。大都市部の文化センターでは、英語学習のクラスは、公務員、教師、ビジネスマン、市民団体のリーダー、学生、それに政府の指導者などのグループに分かれて行われた。

しかしながら、文化センターでの英語学習のクラスは、やがてはアメリカ研究を中心とする活発な討論グループに再編されることが構想されていた。

そのような英語教育プログラムの成果の表れとして、五一名の日本の指導者が一九五三会計年度末に、三ヵ月間のアメリカ視察訪問のための奨学金の受給者に指名された。彼らは、日本の各地域ならびにさまざまな分野の代表者であった。

同年、アメリカ合衆国における大学院留学のために、フルブライト＝スミス＝マント奨学金が七五名の学生と青年指導者に支給される一方、一五〇名の学生と青年指導者には渡航費のみの奨学金が同じ目的のために支給された。（一六二－一六三頁）

上記でまず第一に注目されるのは、ロックフェラーの機密報告書が「英語教育プログラムのもつ潜在的な可能性」を強調して次のように述べていることです。

英語教育プログラムは表向きは英語教育法の改善を手助けすることであるが、実際には健全なアメリカの理念を日本社会に浸透させる道がこのプログラムによって約束される。

私の言う「英語力＝洗脳力」「国家の家畜化」をこれほど見事に要約して見せている文言は、他にないのではないでしょうか。

そもそもロックフェラー三世がダレス特使の文化問題顧問として日本に派遣されたのは、トルーマン大統領が一九五一年四月に「心理戦略本部」（PSB：Psychological Strategy Board）を創設したことに由来しています。ですからロックフェラーの機密報告書「英語教育プログラム」も、日本にたいする心理戦すなわち「いかにして日本を『半永久的な米国依存の国』にするか」という戦略の一部として提案されたものでした。

しかし、そのような意図をあからさまに表に出しては成功するものも成功しなくなります。教育学で言う「Aをさせたいなら B の指示をせよ」です。だからこそ「表向きは英語教育法の改善を手助けする」というかたちを取ったのです。

ところで、ロックフェラー報告書「英語教育プログラム」は、次の段落で、さらに次のように述べています。

資格のある英語教育専門家が日本に滞在していれば、教科書の執筆ならびにアメリカ合衆国の選定教材を日本に紹介する際に、折ある度に彼らは影響力を行使することができ、しかも長期にわたって影響を及ぼしつづけることができる。

これも英語力＝洗脳力であることを露骨に述べています。外国人教師が教科書の執筆や教材の選定によって「折ある度に彼らは影響力を行使することができ、しかも長期にわたって影響を及ぼしつづけることができる」と述べているのですから。

たとえば、英語学習の教材として元大統領ケネディの演説、最近ではオバマ演説がよく取りあげられています。しかし、このような教材を使っているかぎり、アメリカの美化、「民主主義の旗手」という神話だけが日本人の頭脳に深く定着していくだけです。

というのは、キューバにたいしておこなわれた国家テロ「ピッグス湾事件」や、化学兵器「枯葉剤（エイジェントオレンジ）」などが使われ二〇〇～四〇〇万人の死者を出したベトナム戦争が、ケネディの承認のもとでおこなわれたことを誰も知らずに、英語学習が進行するからです。

同時にこれは、京都大学の「外国人一〇〇人雇用」計画が何をもたらすか、その可能性・危険性を如実に示しています。教材の執筆・選定は彼ら外国人教員の意のままになる可能性があるからです。しかも採用される一〇〇人は、外国語科目の英語だけでなく、教養科目のあらゆる分野にわたるわけですから、事態はもっと深刻です。

ましてＴＯＥＦＬが大学入試に使われたり、学生や英語教師がＴＯＥＩＣを強制受験させられたりすれば、アメリカで作成された入試問題の内容が「アメリカ的価値観」「アメリカ的政治理念」として受験者の頭に無意識のうちに刷り込まれていくことになります。対日心理戦略としてこれほど見事なものは他に考えられません。

しかもＴＯＥＦＬの受験料が約二万円だということを考えただけでも、このような商品を日本人の全受験生に強制することによって、どれだけの収入がアメリカにもたらされるか、どれだけの血税が湯水のようにアメリカに流れ込むかは、容易に理解できるはずです。かくして、ＴＯＥＦＬ、ＴＯＥＩＣは、実に一石二鳥の効果を持っているわけです。

ところで、ロックフェラー機密報告書の「英語教育プログラム」では、上記で引用したあとの段落では、さらに次のようなことが書かれていました。

日本人は生活のあらゆる部分において英語の学習を受け入れる傾向があるので、英語教育の分野には潜在的に大きな可能性が認められる。事実、英語学習のクラスが、日本人の英語教育の要望に応える形で、合衆国情報教育局の文化センターに開設された。

ここでも英語教育は「洗脳力」として大きな可能性を秘めていることが（「機密」報告書であるだけに）赤裸々に語られています。つまり、「日本人は生活のあらゆる部分において英語の学習を受け入れる傾向があるので英語教育の分野には潜在的に大きな可能性が認められる」というわけです。現在の日本における「英語教育熱」を考えると、この報告書が一九五一年のものではなく現在のものではないかと思えるほどです。

さらに、この機密文書は次の段落で、「アメリカ文化センター」における「英語教育プログラム」が、日本のさまざまな分野ならびに各地域の代表者を標的にして展開されたことを報告しています。

大都市部の文化センターでは、英語学習のクラスは、公務員、教師、ビジネスマン、市民団体のリーダー、学生、それに政府の指導者などのグループに分かれて行われた。

占領期の日本ではCIE（民間情報教育局）の図書館が札幌から熊本まで二三か所に開設されていましたが、それが講和条約後には一四か所の「アメリカ文化センター」に整理統合されました（藤田二〇〇三）。しかも「センター」の大きな活動のひとつが「英語学習のクラス」でした。

そして、このアメリカ文化センターのねらいは、先述のように、「生活のあらゆる部分において英語の学習を受け入れる」という日本人の性向を利用して、「表向きは英語教育法の改善を手助けする」するふりをしながら、「実際には、健全なアメリカの理念を日本社会に浸透させる」ことでした。

私は能登半島の片田舎で生まれ育ちましたから「アメリカ文化センター」などというものの存在をまったく知りませんでした。しかし連れ合いは金沢で育ちましたから（しかも義父は高校の英語教師でしたから）「アメリカ文化センター」の存在をよく知っていて、義父もしばしば出入りしていたそうです。

上述の機密報告書によれば、大都市部の文化センターでは「英語学習のクラスは、公務員、教師、ビジネスマン、市民団体のリーダー、学生、それに政府の指導者」などのグループに分かれておこなわれたとありますから、義父もみごとにアメリカ文化センターのねらいどおりになったと言うべきでしょう。

しかも義父は、「英語が分かるためには聖書も読まねばならない」と聖書研究会にも出入りするようになり、のちにクリスチャンになりました。ですから義父は、英語学習をつうじて「健全なアメリカの理念を日本社会に浸透させる」という「アメリカ文化センター」のねらいどおりの軌跡を描いたとも言えるわけです[註4]。

こうして、「公務員、教師、ビジネスマン、市民団体のリーダー、学生、それに政府の指導者」など日本のさまざまな分野の代表者を、「英語学習のクラス」で育て上げた成果は次のようなかたちで花開いたとロックフェラーは報告しています。

そのような英語教育プログラムの成果の表れとして、五一名の日本の指導者が一九五三会計年度末に、三ヵ月間のアメリカ視察訪問のための奨学金の受給者に指名された。彼らは、日本の各地域ならびにさまざまな分野の代表者であった。

同年、アメリカ合衆国における大学院留学のために、フルブライト＝スミス＝マント奨学金が七五名の学生と青年指導者に支給される一方、一五〇名の学生と青年指導者には渡航費のみの奨学金が同じ目的のために支給された。（一六二−一六三頁）

このようにして日本のさまざまな分野の代表者が、「英語教育プログラム」を通じてアメリカに送り込まれました。つまりロックフェラー機密報告書で述べられていた次の五つの計画案は、実に見事に有機的に連動していたわけです。

第一は、東京に文化センターを設立すること、
第二は、東京と京都に学生を対象とする国際会館を設立すること、
第三は、国の指導者および学生を対象とする人物交流計画を継続すること、
第四は、徹底した英語教育プログラムを実施すること、

第五は、資料交換プログラムを実施すること

特に上記の第一の「文化センター」と第四の「英語教育プログラム」が、第三の「国の指導者および学生を対象とする人物交流計画」に直結していたことに注目していただきたいと思います。

6 プロパガンダ株式会社——アメリカ文化の広告代理店

以上にみてきたとおり、アメリカ広報文化交流局（USIS）による「英語教育プログラム」は「人物交流計画」と固く手を結びながら、日本をアメリカの「半永久的属国」にすべく、入念に計画されていました。ここで、もう一つ思い出されるのが、ナンシー・スノー『プロパガンダ株式会社——アメリカ文化の広告代理店』（明石書店、二〇〇四）という本です。

そもそもアメリカの「対外文化政策」つまり「対外文化工作」のために設置されたのが、アメリカ情報庁（USIA：US Information Agency）であり、それを実現するために世界七六か国に設置されたのが、アメリカ情報局（USIS：US Information Service）でした[註5]。

では東京のUSISにどんな活動をさせたらよいか、これを研究させ報告させたのが、ロックフェラー機密報告書であり、上記で紹介した五つの計画であったわけです。

そのワシントン本部USIAに勤務していたナンシー・スノーが、自分の体験をもとにして書いたのが『プロパガンダ株式会社』という本でした。

京都大学の左翼勢力を一掃するため若手研究者をアメリカに送りこむ計画が立てられたことは先に紹介しましたが、このスノーの本を読むと、アメリカの「対外文化政策」がどのような狙いでおこなわれてき

たのかが分かり、改めて愕然とさせられます。

そこで、『プロパガンダ株式会社』で目をひいた箇所を引用しながら、若干の解説を加えることにします。彼女（ナンシー・スノー）は「人物交流計画」における「標的母集団」について次のように述べています。

> 当たり前のことだが、宣伝というのは相手がいなければ成り立たない。USIAが具体的にどういった人々を宣伝の対象とするかは、宣伝担当者の政治イデオロギーによって決まる。もっとはっきり言えば、USIAは、実業家や専門職など、アメリカを世界のリーダーとみなすと予想される上流階級出身のエリートを主なターゲットにする。USIAに目をつけられた人たちは、たとえば国際ビジター・プログラムのような顎足《あごあし》付きの訪問旅行に合衆国政府のゲストとして参加することが多い［註6］。
>
> こうしたかたちで実際にアメリカを訪れる人々は、USIAの目から見た標的母集団、すなわち、すでに将来を約束されているか、この先有力者となる可能性があり、比較的高学歴で、政治的・経済的意思決定において一定の役割を果たしている人たち全体の、おおむね一〇ないし二〇パーセントに相当する。彼らのほとんどは、ジャーナリストや編集者、学士院や芸術院の会員、企業経営者で、いずれも三週間のアメリカ訪問から恩恵を受けると思われる人たちである。（六一－六二頁）

上記で分かるとおり、まず「標的」になるのは知識人、とりわけ大学の研究者です。私が先に、『愛媛新聞』の記事を通じて「もう一つの京都大学事件」を紹介したとき、次の引用をみれば分かるように、固有名詞としては吉川幸次郎および高坂正顕の二氏しか分かりませんでした。

吉川幸次郎文学部教授、高坂正顕教育学部教授ら保守派とされる若手教授陣を米国に順次派遣するなどして反共派に育て、帰国後はこれら反共派がＵＳＩＳと接触を続けるとともに、各学部の主導権を握り、左派封じ込めに成功したとしている。

しかし松田武『戦後日本におけるアメリカのソフト・パワー』を読んでいたら、「標的とされた」もっと多彩な人物が固有名詞であげられていて驚きました。文学部については前節で紹介したので、以下では法学部の例を紹介します。

> 法学部の若くて前途有望な香西《こうざい》茂《しげる》助教授は国際法の専門家で、当時、ロックフェラー財団から社会科学助成金を付与されて、特別研究のために合衆国で研究していた。
>
> 京都大学を訪れたロックフェラー財団のスタッフは、法学部を説得して、まだ人事が未補充となっていた法学講座とその教授ポストを、アメリカ合衆国から帰国した後の香西助教授に宛がうことを堅く約束させた。その結果、国際関係学と政治学の先駆的な講座が、京都大学法学部に開設されることになった。
>
> また、同じ法学部の道田信一郎教授は、ケイヴァーズ・フォード助成金を付与され二年間、ミシガン大学とハーヴァード大学に留学し、日本に帰国したばかりであった。そこで、未補充となっているもう一つのイギリス法講座をアメリカ法講座に転用し、そこに道田教授を宛がう合意も成立した。
>
> さらに三名の研究者、つまり、アメリカ海事法専門の川又良也教授、フルブライト助成金を受けた行政法専門の園部逸夫教授、それにその当時、アメリカ合衆国で研修中の研究者（名前不明）が、それぞれの分野に配

属されることにより、それ以降はアメリカ人の客員教授が不要になった。

このようにアメリカ合衆国からの助成金によって、京都大学の法学部は、未補充の講座をアメリカ研究分野の草分け的な活力ある講座へと転用することができた。（二九一－二九二頁）

松田氏は上記に続けて、「以上は法学部の例をあげたのだが、アメリカ合衆国の助成金は、京都大学の四つの学部、すなわち、文学部、教育学部、法学部、経済学部の間で、学際的なアメリカ研究ができるようになり、小さなステップではあったが、重要な手助けをしたのである」と結んでいます。

この文学部の例が吉川幸次郎であり、教育学部の例が高坂正顕であったことは、すでに紹介したとおりです。いずれにしても、これはまさに「プロパガンダ株式会社」の巨大な勝利ではなかったでしょうか。

しかし、ここまで書いてきて大変なことに気がつきました。それは「もう一つの京大事件」と違って、今度の京都大学「外国人一〇〇人雇用」計画は、わざわざ日本人をアメリカに送り込んで「洗脳」してから日本に送り返す、といった手間がまったく省けるということです。

アメリカが奨学金を出して日本人をアメリカに呼ばなくても、今度は京都大学すなわち文科省のお金つまり私たちの血税でアメリカ人を雇用するわけですから、一石二鳥なわけです。アメリカにとってこんなに美味しい話はないでしょう。

ナンシー・スノーは上記引用に続けて、さらに次のように述べています。

文化事業のコンサルタントとして、私は、世界各国からやってきたゲストたちの世話をする機会をたびたびもった。

彼らの全員が親米派となる資質をそなえているわけではなく、なかには、明らかに強烈な反米感情の持主であることを理由に選ばれた人たちもいる。

だが、それにもかかわらず、こうした海外からの訪問客を説得してアメリカ合衆国の国益と外交政策を支持してもらうために、アメリカの納税者から集めた数百万ドルもの資金が彼らの「接待費」として支出されてきたのである。

エリートに反発を覚える向きもあるというのに、ＵＳＩＡが教養あるエリート層を宣伝活動の対象としているのは、利権誘導に力を発揮する一握りの有力者に照準を絞るときに宣伝効果が最大になると考えられているからである。

上記で非常に興味深かったのは、「彼らの全員が親米派となる資質をそなえているわけではなく、なかには、明らかに強烈な反米感情の持主であることを理由に選ばれた」と書かれていたことでした。

このような「明らかに強烈な反米感情の持主」も選ばれたのは、二つの理由があると思います。一つは明らかに反共右派だと思われているひとたちばかりを招待すれば、「アメリカは私たち日本人を洗脳・煽動するために文化活動をしているのではないか」と疑われる恐れがあるからです。

藤田文子（二〇〇三）「一九五〇年代アメリカの対日文化政策――概観」という論文にも、次のような叙述があって驚かされました。というのは、岩井章といえば左派的労働運動の指導者として非常に有名な人物だったからです。

アメリカの対日心理作戦は日本の各界の指導者への働きかけを重視したが、人物交流プログラムは、その重要な手段のひとつだった。［中略］一九五五会計年度に、フルブライト交流計画とスミス－マント法に基づく人物交流計画の双方で渡米した日本の指導者と専門家は五四二人だった。そのなかには、総評の書記長に選ばれたばかりの岩井章を含む総評と全労の労働組合代表者一一人もいた。（七頁）

また他方では、明らかに左派だと分かっている知識人を招待したとしても、それがまったくの無駄金に終わるともかぎりません。というのは、すでに前々節でも書きましたが、土屋由香「アメリカ情報諮問委員会と心理学者マーク・A・メイ」（『インテリジェンス』一三号）には次のような事例も紹介されていたからです。

〔事例六〕社会党右派の顧問を務めていた大学教授への支援

この教授が英語学習のためにUSISに接触したことをきっかけに日本語を話せるUSIS職員との間に友好関係が築かれ、社会党の左右統合の際には新しい党綱領を共同で英訳した。この教授はUSISとイギリス大使館の計らいで英米両国に派遣され、帰国後は両国について多くの著作を発表したほか、反共主義を唱えた思想家シドニー・フックの著作を日本語に翻訳した。思想的な不一致を越えた人間関係が日米協力に結びついた例として「マーク・メイ報告」はこの事例を高く評価している。

ところで、ナンシー・スノーを読んでいて私の頭に浮かんだもうひとりの人物がいます。それは元東大教育学部教授・藤岡信勝氏で、彼は左派的な教授として有名でした。また氏は、板倉聖宣《きよのぶ》氏が開発した理科教育の方法である「仮説実験授業」「授業書方式」を、社会科教育に取り入れて教材開発をしている人物としても知られていました。

ところが、この藤岡氏は、在外研究でアメリカに行き、帰国したとたんに（私の目にはそのように映りました）、「自由主義史観研究会」「新しい歴史教科書をつくる会」「全国教室ディベート連盟」などをつくって、今までとは一八〇度ちがった活動を始めたのです。

このような氏の転向が、在外研究とどのような関係があったのか分かりません。しかし「ディベート」というアメリカ仕込みの、今まで日本で実践されたことのない討論方法を教育現場に持ち込み、その手法を使って「南京虐殺は本当に存在したのか」などという「自由主義史観研究会」の主張を大々的に展開し始めたことは、非常に興味深い注目すべき事実だと思います。

東京大学教育学部で九年間同僚だった元学部長の佐藤学氏が、『世界』一九九七年五月号の座談会「対話の回路を閉ざした歴史観をどう克服するか?」で次のように発言していることも、留学＝在外研究が藤岡氏に与えた影響の大きさを垣間見ることができます。

藤岡氏は一九九一年に文部省の在外研究員として渡米するにあたって「アメリカの教室におけるナショナリズムを、文化人類学の方法で研究して一年で学位論文を書く」と言っていたが、挫折して帰国。「自虐的な日本人」ということが語られるのはその頃からです。けれども、僕から見ると、彼のほうがよっぽど自虐的です。ロシアやアメリカの陰謀説に自分自身の歴史や日本の歴史を重ねてしまっている。戦後の日本人の一部が抱き続けた報復感（ルサンチマン）と屈辱感が凝縮して表れていると思えてしかたがない。

また、もう一つ注目すべき事実に、「新しい歴史教科書をつくる会」をめぐる内紛があります。二〇〇二年二月から、アフガン戦争をめぐるアメリカへの評価などをめぐって、藤岡信勝氏が、反米色を鮮明にする小林よしのり氏や西部邁氏と対立し、小林氏らが退会したという事実です。ここでも、藤岡氏がアメリカから帰国して親米に転向したことが分かります。

ですから私は、藤岡氏の在外研究の前後に何が起きたのか、それを知りたいと思いました。たとえば、「藤岡氏はアメリカで在外研究できるだけの英語力をどのようにして身につけたのか」という疑問が浮かんできます。

私がこのような疑問をもったのは、すでに土屋由香氏の論文で紹介したような事件〈事例六〉があったからです。先述のように、この社会党右派の顧問を務めていた大学教授がアメリカの文化工作に引き込まれたのは、英語学習のためにＵＳＩＳに接触したことがきっかけでした。私は個人的にも藤岡氏とつきあう機会があったのですが、「授業書方式」による社会科教育の教材づくりや月刊誌『授業づくりネットワーク』の編集で忙しかった氏に、独学で英語力を身につける時間的ゆとりがあったとは思えないからです[註7]。

7　ハーバード大学による人間改造

話が少し横道にそれたので、元のナンシー・スノーの『プロパガンダ株式会社』にもどります。先に引用した箇所の続きは次のようになっています。

> 著名な理論言語学者で、最近はアメリカを批判する政治的発言で注目を集めているノーム・チョムスキーも、［海外からアメリカに招聘する人物について］次のように述べている。
> 「教養のない人よりある人を対象にしたほうが宣伝の効果が高まるのは、一つには教養人のほうが活字に触

れる機会が多いため、その分、多くの宣伝メッセージを受け取るからである。

「もう一つの理由は、彼らが管理的な仕事をしていたり、マスコミ関係者や学者だったりするため、宣伝機関の代理人として一定の権能をもって行動するということだ。そして、彼らは、宣伝機関が彼らに信じてもらいたいと思うことを信じる。

「概して、彼らは特権的エリート層の一部であり、権力の座にある人々の関心と認識を共有している。」

上記で引用されているチョムスキーの発言で特に私の目を引いたのは次の箇所でした。

「彼らが管理的な仕事をしていたり、マスコミ関係者や学者だったりするため、宣伝機関の代理人として一定の権能をもって行動するということだ。そして、彼らは、宣伝機関が彼らに信じてもらいたいと思うことを信じる。」

チョムスキーがこのように発言しているのを読んで、私の頭に真っ先に浮かんだ人物がオバマ大統領でした。以下にその理由を説明します。

オバマ氏と言えば「シカゴで地域運動をしていた黒人が大統領になった」というイメージがありますが、彼は実はハーバード大学ロースクール［法科大学院］を卒業し、のちにはシカゴ大学ロースクールの講師として、合衆国憲法を講義していた学者でもありました。

ですからアメリカ支配層からすれば、「あの有能な黒人活動家を自分たちの側に抱き込むことができれば」と考えたとしても、何の不思議もありません。そして、その作戦は見事に成功しました。

しかも彼を支配層の側に引き込む大きな役割を果たしたのがハーバード大学ロースクールではなかったのか、と私は考えています。というのは、チョムスキー『現代世界で起こったこと、ノーム・チョムスキーとの対話一九八九－一九九九』（日経BP社）に興味ある叙述があるからです[註8]。

チョムスキーは体制に逆らう人間をエリート大学に送り込んで「家畜化」する方法について述べているのですが、それには「さりげない管理方法」「露骨な管理方法」のふたつがあるとして、前者については次のような例をあげています。

まず、さりげない方法から見ていきましょう。例をひとつあげます。私はペンシルバニア大学を卒業したあと、ハーバード大学の「ソサエティ・オブ・フェローズ」というプログラムに進みました。ここはエリートの教養学校のようなところで、ハーバードやイェールの教授になることの意味や、正しいワインの銘柄や適切な発言の内容など、いろいろなことを教わります。ハーバードの施設をどこでも自由に利用でき、やることといえば週に一回夕食会に顔を出すだけです。そうしたければ、好きなだけ研究に打ちこむこともできます。しかし、この本当の存在意義は仲間同士で交流し、正しい価値観を新入生に教えこむことです。（三九二頁）

ここでチョムスキーは、ハーバード大学の「本当の存在意義」が新入生に「正しい価値観を教え込むこと」にあったことを知って驚いたと、自分の体験から語り始めています。

さらにチョムスキーが次に紹介しているのが、ハーバード大学ビジネススクールの導入した「労働組合プログラム」です。「実はもっとずっと重要な事例もあって、それはエリート校の役割をいっそう明らかにしています」と言いつつ、それを次のように説明しています。

たとえば、一九三〇年代はアメリカで大規模な労働争議と労働紛争が起きた時代で、国内の実業界は恐れおののいていました。（中略）この動きを覆そうとする多大な努力が払われたのですが、そのひとつにハーバード大学が導入した「労働組合プログラム」があります。

労働運動で活躍している若者で次の年に支部長に選ばれそうな青年をビジネス・スクールの寮に入れて、学生や教授たちと交わらせるのです。そしてエリートの価値観や考え方を身につけさせ、「私たちの仕事は力を合わせて働くこと」「私たちはみな運命共同体」などというスローガンを教えこみます。

こうしたスローガンは必ず二枚舌で、世間一般に対しては「私たちは運命共同体、経営陣と労働組合は協力し、和の精神で共同事業に取り組んでいる」などと宣伝します。そのかたわらで、企業は労働者に対して激しい階級戦争を仕掛けます。どれだけ成果を上げたのかきちんと調べたわけではありませんが、組合の活動家を自分たちと交流させて懐柔する試みが大成功したのはたしかです。

このやり方は、私がハーバードの教育システムで身をもって経験したのと瓜二つでした。

私は先に、ロックフェラー報告書「人物交流計画」にそって渡米した日本の指導者のなかに、総評の書記長に選ばれたばかりの岩井章を含む労働組合代表者が一一人もいたことを紹介しました。これはアメリカ国内でおこなわれていたことを国外で実施したにすぎなかったことが、上記の説明でよく分かるのではないでしょうか。

さていよいよ最後に紹介するのが、オバマ大統領が在籍していたハーバード大学のロースクールです。彼はシカゴで地域活動をしていた後、ロースクールに入学し、その年の暮れに『ハーバード・ロー・レビュー』の編集長に、二年目には『プレジデント・オブ・ジャーナル』の編集長に選ばれています。そのハーバード大学ロースクールについて、チョムスキーは次のように述べているのです。

もうひとつ、二〇年ほど前にハーバード・ロースクールに通っていた黒人の公民権運動家から聞いた話を紹介しましょう。このエピソードからは別の形の圧力が明らかになると思います。

彼の話によると、ハーバード・ロースクールに来る学生たちは、最初は長髪でバックパックを背負い、「公共事業法を専門にして世界を変える」などと意気込んでいる、これがロースクール一年生のときです。それが半年たって春になると、ウォールストリートの法律事務所のリクルーターが、条件のいい夏休みのアルバイトの勧誘にやって来ます。

そこで学生は「ちょっとくらいヒゲをそってネクタイと背広姿になってもいいか。あんな割のいいバイト、やらないわけにはいかないからな」と言って面接のために身なりを整え、アルバイトの契約をします。そしてひと夏をニューヨークで過ごして秋にもどってくるころには、ネクタイとジャケットに身をつつみ、すっかり従順になって、イデオロギーも一八〇度転換している、というのです。人によっては、ここまで変わるのに二年かかることもあるそうです。（三九四頁）

上記のような作戦がオバマ氏についてもみごとに成功したのではないか、と私は強い疑いをもっています。というのは、大統領としての氏の「業績」、あの悪名高いブッシュ氏をもしのぐ悪行の数々は、それ以外に説明のしようがないのではないかと思うからです。

日本の大手メディアの多くは、すでに「家畜化」されてしまっているので、大統領としてのオバマ氏が、無人爆撃機でたくさんのひとを殺し、内部告発者を次々に牢獄に送るなど、あの悪名高いブッシュ氏をもしのぐ「業績」を重ねていることを、ほとんど報道していません。ましてノーベル平和賞選考委員会の委員長が辞任し、その際「オバマ氏がノーベル賞を返却してくれることを望む」と述べたことは、ほとんど知られていません[註9]。

いずれにしても、外国人教員を大量に雇用させたり、TOEFLを大学入試に使いながら日本の若者を大量にアメリカに留学させようとする安倍内閣の政策が、「大学の国際化」を謳い文句にしながらも、実はそれとは別のねらいがあるのではないかと私が「邪推」したくなる理由が、今までの説明で少しは理解していただけたのではないかと考えます。

8 「日本の植民地言語政策」を鏡として

私は先に、ロックフェラーの「人物交流計画」「英語教育プログラム」を通じて輸入された「英語」「英語人」が、英語力＝研究力だけでなく英語力＝洗脳力としても大きな役割を持たされていたことを、繰りかえし述べてきました。

このことを考えると、現在の京都大学の「外国人一〇〇名雇用」計画は、単に「人間の輸出入問題」として片付けることのできない重大な問題をはらんでいるように思われます。

私がこのように考えたのは、石剛（二〇〇五）『日本の植民地言語政策研究』を読んで、アメリカが日本にたいしておこなってきたのとまったく同じことを、日本も清国にたいしておこなっていたのだということを、発見したからでもありました。以下はその引用です（［］内は寺島による補足）。

ところで日本語の「教育者」と「教授者」とは、どういうところで分けているのだろうかについて、秦［華北日本語教育研究所調査部長・秦純乗」は正面に答えずに、さらに次のように述べている。「…。我々が日本語を教授するのは、中国人に日本語を習得させるためにではなくて、中国人に日本語による教育を享受せしめるためである。語を換えて言へば、新しき華北に、新しき大東亜が要求する中国人を、日本人によって作り出すためである。（中略）語学を教へるためでなく、人間を作るためである」（一三五頁）。このように、日本語教育は、言語の教育を目的とするのではなく、日本語によって人間に対する考え方の改造と教育を目的にしなければならない、秦のことばによれば「アジヤの血を清浄にする」ために、「混濁した中国民族の血液の中に注射し」なければならないというのである。（一三六頁）

このように、中国における日本語教育は、「言語の教育を主目的とするのではなく、日本語によって中国人の考え方の改造を教育の目的にしなければならない」とされていたのでした。

つまり、アメリカによる占領後の日本では「英語教育」が「洗脳力」の役割を持たせられていたのと同じく、清国においては「日本語教育」が「洗脳力」として大きな役割を持たされていたわけです。

この関連で、『日本の植民地言語政策研究』を読んでいてもう一つ私の目をひいた箇所がありました。それは日本が清国を「半永久的依存」国家にするためにおこなった日本語教育および各種の「言語政策」「文化工作」です。たとえば、日本が清国にたいしておこなうべき「言語政策」「一般社会における普及方策」として次のような項目があげられていました。

一　おもな地方において、教科書以外学費を要しない民間日本語学校または日本語講座を開設すること、

二　支那文の新聞、雑誌などに日本語研究欄を設け、紙芝居、演劇、映画を通して「思想善導」とともに、正

しい日本語を自然に習得させること、

三　ラジオ放送による日本語講座をいっそう盛んにすること、

四　録音による日本語指導の方法を考えること、

五　図書館に日本事情および日本語に関する図書、掛図、写真などをそなえること、

六　各種の交通機関従業員にいっそう日本語使用を徹底させ、宗教団体などをも日本語の普及に連絡努力させること、

七　日本語学校などに適当な奨励方法を講じ、その振興をうながし、一般民衆に日本語学力習得程度を証明する検定制度を設け、

八　官公署、学校、銀行、会社、工場などにおいては、官吏、教職員、または経営者などに対して日本語を教授し、その日本語の教授および学習使用に対して奨励の方法を講じること、

九　日本の歌、詩、民謡などの普及、宣伝、広告に使用するポスター、ビラの文書は平易な日本語をもって表現させることなど（一一二頁）

上記の諸項目における「日本語」を「英語」に置き換えれば、それがほとんどそのままアメリカが戦後の日本にたいしておこなってきた「文化工作」「英語教育プログラム」に酷似していることが分かるはずです。たとえば、アメリカが一九五〇年代の日本にたいしておこなった「心理作戦」「文化工作」については、藤田文子（二〇〇九）「一九五〇年代のアメリカ対日文化政策の効果」では、次のようにまとめられています。

一　アメリカ文化センター（全国一四都市に設置）：書籍ならびに教育映画の閲覧と貸し出し、英語のクラス、セミナーや講演会、レコード・コンサート、映画の上映会、地域の人々（とくに有識者）との交流。

二　人物交流プログラム：知識人、メディア関係者、労働組合幹部、官僚、実業人などの指導者層や学生を視察や留学のためにアメリカに派遣。来日するアメリカ人学者や著述家による講演と交流。

三　出版：ＵＳＩＡあるいはＵＳＩＳが作成するパンフレット、ニューズレター、雑誌、書籍の配布。アメリカに関する洋書や共産主義を批判する洋書の翻訳、親米的な日本人の著者と出版社に対する資料提供と資金援助。

四　放送：ＵＳＩＡ作成の番組を放送局に提供。番組作成に必要な資料の提供。［ＮＨＫや民放に提供されたニュースや解説も、ＵＳＩＡが制作・執筆であったことは伏せられていた。また米軍によるＶＯＡ放送もこの一環だった。］

五　映画：占領期から引き継いだ数百点におよぶ記録映画をさらに拡大し、アメリカ文化センター、都道府県視聴覚ライブラリー、学校、公民館、労働組合、その他さまざまな組織で上映。共産主義の脅威や日本の再武装の必要を説く映画館用の劇映画の製作。

六　展示：「原子力平和利用博覧会」や写真展「人間家族」など全国を巡回する大規模な展示からセンターの壁を飾る小規模な展示。［原子力平和利用博覧会は一年間にわたって各地を巡回し、東京だけでも八〇〇万人の入場者を数えた。］

七　文化交流：著名なアメリカの芸術家、運動選手、交響楽団、舞踊団などによる公演と交流。［たとえば日本における野球熱は、一九五〇年代にアメリカが資金援助して野球チームを派遣したことによるところが大きい。］

松田氏の前掲書『戦後日本におけるアメリカのソフト・パワー』の副題「半永久的依存の起源」で象徴的に示されているとおり、アメリカは一九五一年九月八日に対日講和条約を結んで占領政策を終わらせた後も、日本を「半永久的な」「依存国家」（＝属国）にするために、ロックフェラーを日本に派遣して、その調査研究を報告書としてまとめさせました。すでに紹介したように、一九五一年四月一六日に提出されたこの報告書では、日本の知識人を主な対象にした次の五つの計画案が提言されていました。

第一は、東京に文化センターを設立すること、
第二は、東京と京都に学生を対象とする国際会館を設立すること、
第三は、国の指導者および学生を対象とする人物交流計画を継続すること、
第四は、徹底した英語教育プログラムを実施すること、
第五は、資料交換プログラムを実施すること

この提言を受けて、「パネルＤ－二七」というコードネームで呼ばれる作戦班がつくりあげた「対日心理作戦」計画が、大統領および国家安全保障会議で承認されたのは、一九五三年一月末のことでした（藤田二〇〇三）。そして、すでに一九五二年四月から活動を開始していた東京のアメリカ大使館を拠点に、この計画が本格的に展開されていきました。

その成果が「アメリカ文化センターの設置」などの七項目であったことは先述のとおりです。そのなかの「映画」という項目では、「共産主義の脅威や日本の再武装の必要を説く映画館用の劇映画の製作」と書かれていることに注目していただきたいと思います。

日本ではともすると、「日本の平和憲法は占領時代にアメリカによって押しつけられた憲法だから」「憲法を改正して軍隊をもてる憲法、集団的自衛権を行使できる憲法にしよう」という主張がなされることが

ありますが、「日本の再武装の必要を説く劇映画」を製作して憲法を変えさせる工作をしていたのが実はアメリカだったことが、これで分かります。

当時の日本の知識人の多くがアメリカにたいして不信感をもったのは、このようなアメリカの身勝手な変わり身の早さでした。「平和の旗手」であるかのように思われていたアメリカが、一九五〇年代に入ると、あっというまに「戦争の旗手」へと早変わりしたからです。だからこそアメリカの日本における知識人対策も巧妙を極めたわけです。

また「展示」という項目では、「原子力平和利用博覧会」などの「全国を巡回する大規模な展示」がおこなわれたと書かれていることにも注目してほしいと思います。

これは一九五四年三月一日に太平洋のビキニ環礁でおこなわれたアメリカ軍の水素爆弾実験によって遠洋マグロ漁船「第五福竜丸」が被曝したことをきっかけとして日本全国で燎原の如く広がった反核運動をおさえるために企画されたものでした。それは反米運動になる恐れがあっただけでなく「核利用」の禁止運動にもなりかねないと思われたからです。

そこでアメリカは「原子核の平和利用」という宣伝を大々的におこない、読売新聞社と日本テレビを前面に押し立てて全国各地で開催された「原子力平和利用博覧会」は、空前の規模で盛り上がりつつあった反核平和運動を封じ込めることに成功したのでした。そして、これが同時に日本で原子力発電を導入するきっかけにもなったのでした。［アメリカと協力しつつ原子力導入に暗躍した読売新聞社と日本テレビの社主・正力松太郎については、有馬哲夫『原発・正力・ＣＩＡ』に詳述されています。］

かくして世界で初めての被爆地として反核平和運動の先頭に立っていた広島市でさえ、この博覧会を訪れた人数は約一一万人にものぼり、「原子力平和利用」の重要さが市民の頭に徹底的に叩き込まれた結果、当時の渡辺忠雄市長も「原子力の平和利用」を言い始めるにいたったのでした。アメリカ「心理戦略」「文化工作」の見事な勝利でした。

今から思うと、『鉄腕アトム』を描いて人気を博した手塚治虫も、アメリカの「心理戦略」にまんまと乗せられてしまったと言えるのではないでしょうか。漫画の連載時期は、ちょうどこの時期と重なるからです。ちなみに、広島市での博覧会は、広島県、広島市、広島大学、中国新聞社とともに広島アメリカ文化センターも主催団体として名を連ねています。

日本はいまだに福島原発事故を収束できずに苦しんでいますが、その淵源が一九五〇年代のアメリカによる「対日心理作戦」「対日文化工作」にあったこと、「アメリカ文化センター」や「英語教育プログラム」という「ソフトパワー」もその重要な一翼を担っていたことは、きちんと認識しておく必要があるのではないでしょうか。

9　「亡国の英語教育」に歯止めを！

いま安倍内閣「教育再生実行会議」の大学改革案として出されている、「国際化を断行する」「外国人教員を大量に採用して英語で授業をする」「大学入試や卒業要件にTOEFL受験を義務づける」という政策も、以上のような過去をふまえて考えれば、表向きの美辞麗句の裏に何かが隠されているのではないかと疑ってみる価値は、充分にあるように思うのです。

前項で紹介したとおり、過去の京都大学で当時の総長がアメリカ広報文化局（USIS）と協力しつつ大学内の反米主義・左翼思想を撲滅するための活動をおこなってきた事例があるだけに、なおさら私の危惧は強くなるのです。

いまアメリカは、軍の軸足をアジアに移し、中国封じ込め政策に重点を置き始めています。ですからアメリカにとって日本の重要性は強まることはあっても弱まることはありません（孫崎享『不愉快な現実――中国の大国化、米国の戦略転換』）。またTPPの参加国は、日本を抜きにすると残りのほとんどは発展途上国が多数ですから、日本が脱退すれば、アメリカにとって経済的にも大打撃です。

そのうえ「国連本部の盗聴」、大使館などを拠点にした「ドイツ首相の携帯電話の盗聴」「ブラジル首相と国営企業の盗聴」など、「テロとの戦争」を口実にしたアメリカのさまざまな悪行が、スノーデン氏によって赤裸々に暴露された現在、日本を「抱き込む」ことの重要性は増す一方だと考えてよいでしょう。だからこそ私たちはアメリカの駆使する「ソフトパワー」に目をこらす必要があるのです。

松田武氏は前掲書のなかで、一九五一年一月に日本政府と対日講和条件を協議するために東京を訪問した時のダレス国務長官を次のように描写しています。

ダレスは公衆の面前では、日本のことを「戦勝国によって指図される国」ではなく、「相談される当事国」と表現し、雅量のある調子で語った。しかし私的な場所では、ダレスは、解決すべき主たる重要な問題は「我々の好きな場所に我々の好きなだけの期間、我々の好きなだけの軍隊を駐留させる権利を手に入れることではないのかね」と側近に語った。ダレスの本音と建前の二重発言に示されるように、アメリカ政府は、実際に日本の領土内に合衆国の基地システムを保持することに成功した。（一二六頁）

こうしてアメリカは一九五一年に対日講和条約と日米安保条約の二つの条約を結ぶことにより、占領期に日本から獲得した重要な諸権利と特権の大部分を継続的に保持したのでした。それから六〇年以上も経っているのですが、前述のとおり、アメリカの姿勢はいささかも変わっていません。

これは沖縄を見れば分かります。アメリカは「我々の好きな場所に我々の好きなだけの期間、我々の好きなだけの軍隊を駐留させる権利」を手にしていると思っているからこそ、選挙で沖縄県民の強固な意志、圧倒的な要求が明確に示されても、辺野古への基地移転問題は一歩も前進しないのです。アメリカが日頃から唱道している「民主主義」とはこの程度のものなのです。この点に関して松田氏は、前掲書で次のように述べています。

しかし、鋭敏な合衆国の指導者は、当面の「抱き込み」のコストのみに注意を奪われていたわけではなかった。彼らは、日本を日米の二国関係という狭い視点からでなく、もっと広い世界システム全体から眺め、「抱き込み」策の積極的な側面や合衆国の長期的な利益を考えていた。つまり、日本が安全保障と経済の領域においてアメリカ合衆国に依存し続けるということ、そのような半永久的な日本の依存性は、合衆国が長期にわたって日本にかなりの影響力を持ち続けることを意味していた。世界四大工業地域の一つとしての日本の戦略的な位置が特に重要であっただけでない。それ以上に、日本を「抱き込む」ことにより、合衆国は、日本の領土内に軍事基地システムの展開が可能になり、それによって合衆国に脅威をもたらしていると考えられる場所へアメリカ軍をいつでも展開し、ヘゲモニー秩序を維持することが可能になったのである。まさにこれが合衆国の指導者が考えていた長期的な利益の中身であった。(一一七頁)

これを読んで私は、アメリカが日本を「抱き込み」、日本が安全保障と経済の領域においてアメリカ合衆国に半永久的に依存し続けるよう、今も「ソフトパワー」を全面展開させているであろうということに疑いをもたないようになりました。私が安倍内閣の教育再生実行会議による「高等教育改革案」を額面どおりに受け取れない理由の一つが上記のような事実にあります。

というのは沖縄軍事基地への対応や「集団的自衛権」やＴＰＰの受け入れ姿勢などをみれば分かるように、現内閣は従来の自民党内閣のなかでも最もアメリカの政策に忠実な政府ではないかと思うからです。それは自民党の古参幹部でさえ時事通信のインタビュー（二〇一四年五月一五日）で次のように語っていることからでも明らかでしょう。

自民党の山崎拓・元副総裁は時事通信のインタビューに応じ、憲法解釈の見直しによる集団的自衛権の行使容認に反対する考えを示すとともに、安倍政権が防衛政策の大転換を図ろうとしているとして、懸念を示した。インタビュー要旨は次のとおり。

〔質問〕オバマ米大統領は、集団的自衛権行使の検討を歓迎し、支持したが？

〔答え〕米国は財政上の制約もあって「世界の警察官」であることができなくなっている。オバマ大統領は、米国が今や「世界の警察官ではない」と表明した。米国の軍事力が弱体化し、それを日本の自衛隊によって埋めようというのが「歓迎」の意味だ。日本の自衛隊は悪く言えば、米国の「警察犬」になるということだ。（後略）

ですから、現内閣の選挙ポスターには「日本を、取り戻す。」とありましたが、これは「日本を売り渡そう！」の誤植ではないかと疑っています。それは京都大学の「外国人教員一〇〇人採用計画」に典型的に現れています。

ここで雇われる外国人教師は、京都大学の計画書を見るかぎり、日本人教師のポストを奪うかたちで輸入されます。「定年退職したあとの空きポストを外国人教師にあてる」と書かれているからです。

いま文科省は大学への交付金を毎年のように削り続けています。そのうえ外国人教師（その多くはアメリカ人）を雇うために多くの日本人が仕事を失うのです。日本人の税金が大量に使われ、そのお金は外国人教師の懐に入ります。これでは、今でさえ博士課程を出ても就職口がなくて困っている若くて有能な研究者の未来を、さらにいっそう暗くすることに貢献するだけでしょう。

米軍基地のために莫大な「思いやり予算」が使われ、他方で財政難という理由で消費税が値上げされ、同時に日本人の医療や福祉などの予算が削られていくのと、その構造が似てはいないでしょうか。

これは「英語を公用語にする」を売り物にしている「楽天」その他の民間企業にとっても事情は同じです。いま日本は派遣社員ばかりが増え深刻な就職難なのに、正規採用されるのは「英語の母語話者」または「英語が話せる外国人」ばかりということになれば、「これは日本企業なのか!?」ということになるでしょう。

日本人に雇用を提供しない企業など、私たちにとって何の意味があるのでしょうか。これでは安倍氏の言う「日本を取り戻す」どころか、「日本を売り渡す」ことになってしまいます。安倍氏が声高に叫んでいるように、「日本をとりもどし」「美しい国、日本」を築くためには、何よりもまず「地産地消」であるべきですし、「日本人の、日本人による、日本人のための企業」であるべきはずです。

他方、「英語ができる」ことを売り物にしているアメリカ帰りの日本人を採用しても、「空気が読めない日本人」では国内の営業を妨害するだけの存在になりかねません。『週刊現代』（二〇一三年四月二七日号）

に「英語ができて仕事のできない若手社員たち」という特集記事が載ったことがありますが、さもありなんと納得しました[註10]。

　同じことは教育の場でも言えます。博士課程まで日本語で教育ができ、留学しなくてもノーベル賞受賞者を次々と輩出して、アジアだけでなく世界を驚嘆させている日本が、なぜ今頃になって大学の授業を英語でおこなわなければならないのか。これは、母国語で高等教育ができない発展途上国と同じ水準に、日本の教育・研究を引き下げることになっていくことは、ほぼ間違いありません。これはまさに「亡国の大学教育」と言うべきでしょう。

註記

1　京都大学の「外国人一〇〇人雇用計画」は、補助金の期限となる五年後でも、共通教育の半数ではなく三〇~四〇%しか英語では開講できないもよう。他方これとは別に「国際戦略」として、二〇二〇年までに、さらに一五〇人規模の外国人教員を雇う予定だとも言われている。しかしこれも新総長の下でどうなるかは不明。

　ところで、東京大学が明治時代に創立して以来、政府の御用機関として出発していることは、松本清張『小説　東京帝国大学』で生き生きと描かれている。これは題名に「小説」が付けられているが、詳細な事実関係を調べた上で書かれたものである。しかし私がこの小説で衝撃を受けたのは、明治の当時は、ロシア語やフランス語を通じて西洋思想がどんどん紹介され、当時はマルキストよりもアナーキスト（無政府主義者）のほうが精力的に活動していたという事実だった。今と違って英語一辺倒ではなかったのだ。幸徳秋水らが死刑になった大逆事件が捏造《ねつぞう》事件であったことも、本書で詳しい経過を知ることができた。

2 当のアメリカでも共産主義にたいする関心は極めて高く、学者・知識人や作家・俳優のなかにも共産主義にたいして共感を寄せるどころか党員になったひとも少なくなかった。だからこそ大戦後のアメリカでマッカーシズム（赤狩り）という嵐が吹き荒れ、あの喜劇王チャップリンでさえ『モダンタイムス』『殺人狂時代』が共産主義に共感を寄せる映画という理由でアメリカから追い出されることになったのだった。それどころか、第二次大戦で原爆開発の陣頭指揮をした物理学者ロバート・オッペンハイマーにすら「赤」の疑いがかかり、アインシュタインらを擁するプリンストン高等研究所の所長の地位を剥奪されることになった。ソ連との核兵器競争を防ぐため水爆に反対するようになったからだと言われている。また一九五三年のアカデミー脚本賞を受賞した『ローマの休日』も、「赤狩り」でハリウッドを追われたダルトン・トランボが、偽名でシナリオを書いたものだった。

3 私が本節の原稿を書き終わったすぐあとの二〇一五年七月三一日、内部告発サイト「ウィキリークス」は米国の情報機関・国家安全保障局（NSA）が、少なくとも二〇〇七年以降、日本政府や日本銀行、日本企業を対象に電話を盗聴していたと発表した。しかし安倍政権は「事実なら同盟国として極めて遺憾だ」と述べるだけで、強い抗議の意志を示さなかった。同じく盗聴疑惑が持ち上がった欧州や南米の国々が、オバマ大統領に電話をかけて直接に説明を求めたり首脳訪米を延期したりしたのとは対照的で、アメリカに対する日本の属国ぶりを示すものとなった。このような姿勢はTPPにたいする交渉でも歴然としている。国会が騒然となるなかで強行採決された戦争法案もアメリカの意向で推進されたものであることは、山本太郎議員が国会でアメリカ国際戦略研究所CSISが作成した「第三次アーミテージ／ナイ報告」を示しながら鋭く追求したことによって、改めて確認された。

「第三次アーミテージ／ナイ報告（アメリカ国際戦略研究所 CSIS）」

http://iwj.co.jp/wj/open/archives/56226

4 戦後、マッカーサーが日本を占領していたとき、天皇をキリスト教徒にする計画があったことは、鬼塚英昭『天皇のロザリオ』上巻「日本キリスト教国化の策謀」、下巻「皇室に封印された聖書」を読んで初めて知った。マッカーサーにとっては「健全なアメリカの理念」の極致がキリスト教だったのだろう。

5 一般の研究書ではUSIA、USISは「アメリカ広報文化交流庁」「アメリカ広報文化交流局」という訳語が与えられている。しかしこれらは、"US Information Agency" "US Information Service" の略語なので、「アメリカ情報庁」「アメリカ情報局」と訳すべきであろう。もともとこの組織・部局はアメリカの情報戦・心理戦略の一環としてつくられたものである。にもかかわらず、Informationを「広報文化交流」と訳すのは、アメリカの真の意図を覆い隠すものであり、このような訳語をあててきたアメリカ研究者の「自己家畜化」を示す一例ではないだろうか。"Ministry of War"を「戦争省」ではなく「陸軍省」と訳してきた姿勢と似ている。

6 あご足付き【顎足つき】とは、食事代（＝顎）と交通費（＝足）を先方が負担すること。「顎足枕つき」とも言うが、「顎足つき」だけで宿泊費（＝枕）も含意されているのが普通。

7 私がまだ高校の英語教師をしていた頃、藤岡氏は院生を連れて石川県を訪れたことがある。記号研方式（いわゆる「寺島メソッド」）による授業をおこなっていた連れ合いの授業を録画し、藤岡氏のいわゆる「ストップモーション方式」による授業分析をして、月刊誌『授業づくりネットワーク』に載せるためである。このときの授業分析は、寺島美紀子『Story of A Song の授業』（三友社出版）に再録されている。

8 田中美佳子氏が訳出した本書『現代世界で起こったこと――ノーム・チョムスキーとの対話一九八九－一九九九』の原題は、Understanding Power: The Indispensable Chomsky である。この原題を忠実に和訳するとすれば『権力を理解する：必読チョムスキー』のようなものになるはずである。あるいは『権力との闘い方：チョムスキー理解の必読書』といった題名にしたほうが、チョムスキーの真意が読者によく伝わるのではないか。しかし、このような題名ではあまりに強烈すぎるというので出版側に自己規制がはたらいたのではないかと想像する。ここにも「自己家畜化」の典型例をみる思いがする。せっかく数々の民衆集会でチョムスキーが参加者と対話した膨大で貴重な記録が、このような抽象的な題名をつけられて皆の注目をひかないまま埋もれてしまうことが残念でならない。

9 たとえば、『朝日新聞』（二〇一五年三月四日）はノーベル平和賞選考委員会の委員長が辞任したことについては報道しているが、委員長がすでに二〇一四年の時点で、「オバマ氏がノーベル賞を返却してくれることを望む」と述べていたことについては、ふれていない。しかし『スプートニク』（二〇一四年八月一九日）は、「ノーベル委員会、オバマ氏に平和賞返上を要請」という見出しで、これについて次のように伝えていた。

「ノルウェー・ノーベル委員会のトールビョルン・ヤグランド委員長は八月一九日、声明を表し、オバマ米大統領はノーベル平和賞を直ちに返上することを考慮すべきだと語った。ヤグランド委員長は、委員会は平和賞返上を要請した前例はないものの、「未だにグアンタナモは稼動」しており、アフガニスタンも、リビアの爆撃も存在すると語った。（中略）ヤグランド委員長は、オバマ氏が公式的なメダル返上に当惑しているのであれば、紙袋にメダルを入れ、通常の郵便で返送してくれれば十分だと語っている。これに対し、ホワイトハウス側はコメントを拒否。」
http://jp.sputniknews.com/japanese.ruvr.ru/news/2014_08_19/276111068/

10 また『英語のできない人は仕事ができる――「本当に使える語学力」とは何か』（ＰＨＰ研究所）という本すら出ている。この著者・小林一郎氏は、かつて味の素株式会社、国際会計事務所に勤務し、海外で企業を立ち上げる仕事に従事し、今はソーシャルエコノミスト、欧州復興開発銀行顧問、青山大学特任教授として活躍している。その氏が「英語ができても仕事ができない」ことを自分の体験に根ざして「本当に使える語学力」とは何か説得的に説明している。しかも氏は次のようにすら言っている。「私たちがちっとも身につかない英語を学んでいる間に、ヨーロッパのエリートたちは、数学・哲学・歴史など多様な学問を学び、文化的基礎力を身につけていきます。そこでついてしまう差のほうが、よほど問題ではないでしょうか」。私の持論「英語で一冊を読んでいる間に日本語でなら一〇冊以上は読める」を裏から支えてくれるような意見で、意を強くした。「英語で授業」にたいする強力な反論になっていると思うからである。

参考文献

有馬哲夫（二〇〇八）『原発・正力・ＣＩＡ』新潮新書
鬼塚英昭（二〇〇六）『天皇のロザリオ』上、下巻、成甲書房
小林一郎（二〇一〇）『英語のできない人は仕事ができる――「本当に使える語学力」とは何か』ＰＨＰ研究所
石《シ》剛《ゲン》（二〇〇五）『日本の植民地言語政策研究』明石書店
武谷三男（一九五二）『物理学入門』上巻、岩波新書
寺島隆吉（二〇〇七）『英語教育原論』明石書店
寺島隆吉（二〇〇九）『英語教育が亡びるとき――「英語で授業」のイデオロギー』明石書店
寺島美紀子（一九九一）『Story of A Song の授業』三友社出版
土屋由香（二〇〇九）『親米日本の構築――アメリカの対日情報・教育政策と日本占領』明石書店
土屋由香（二〇一三）「アメリカ情報諮問委員会と心理学者マーク・Ａ・メイ」『インテリジェンス』一三号：一五－一二九

藤田文子（二〇〇三）「一九五〇年代アメリカの対日文化政策——概観」『津田塾大学紀要』三五巻：一－一八
藤田文子（二〇〇九）「一九五〇年代アメリカの対日文化政策の効果」『津田塾大学紀要』四一巻：一九－四三
孫崎享《うける》（二〇一二）『戦後史の正体』創元社
孫崎享（二〇一二）『不愉快な現実——中国の大国化、米国の戦略転換』講談社現代新書
松田武（二〇〇八）『戦後日本におけるアメリカのソフト・パワー——半永久的依存の起源』岩波書店
松本清張（一九七五）『小説　東京帝国大学』新潮文庫
湯川秀樹（一九五八）『旅人——ある物理学者の回想』朝日新聞社
吉川幸次郎・三好達治（一九六五）『新唐詩選』岩波新書
スノー、ナンシー（二〇〇四）『プロパガンダ株式会社——アメリカ文化の広告代理店』明石書店
チョムスキー、ノーム（二〇〇八）『現代世界で起こったこと——ノーム・チョムスキーとの対話一九八九－一九九九』日経ＢＰ社
チョムスキー、ノーム（二〇〇六）『チョムスキーの「教育論」』明石書店
ワイナー、ティム（二〇〇八）『ＣＩＡ秘録』上、下巻、文藝春秋

参考サイト

「外国人一〇〇名雇用」計画に対する反対声明　京都大学「国際高等教育院」構想に反対する人間・環境学研究科教員有志の会
http://forliberty.s501.xrea.com/static/archives/587
「『チョムスキーの「教育論」』にたいする書評・感想」インド在住の作家モハンティ三智江
http://tacktaka.blog.fc2.com/blog-entry-146.html
「解釈改憲将来に禍根残す」山崎元自民副総裁インタビュー
http://www.jiji.com/jc/pol-interview?p=yamasaki_taku02-01
「ノーベル委員会、オバマ氏に平和賞返上を要請」
http://jp.sputniknews.com/japanese.ruvr.ru/news/2014_08_19/276111068/
「第三次アーミテージ／ナイ報告」（アメリカ国際戦略研究所ＣＳＩＳ）
http:iwj.co.jp/wj/open/archives/56226

第3章

「地救原理」を広め、世界をタタミゼ（畳化）する言語教育

第1節　私たちは若者をどのような国に留学させようとしているのか

＊先の第1章第2節で、「アメリカは苦労して留学するに値する国か」という疑問を提示し、その理由を簡単に述べたが、以下でそれを詳述する。先の簡単な説明だけでは納得できない方もみえると思うからである。

1　三つの暴力（銃暴力、性的暴行、家庭内暴力）が渦巻くアメリカ

1-1　暴力、それはアメリカの生活様式だ

安倍内閣は、「英語力＝経済力、英語力＝研究力、英語力＝国際力」と称して、二〇二〇年までに海外への日本人留学生を倍増して一二万人に増やす方針を明らかにしました。大学入試にＴＯＥＦＬを！　という提案も、この一環として出されたものでした。

しかし受験する若者全員がアメリカに留学するわけではないのですから、一七〇ドルもするＴＯＥＦＬ受験料をアメリカに支払うのは、まったく無意味としか言いようがありません。これは、アメリカにたいする一種の「思いやり予算」と言うべきでしょう。

さらに考えなければならないのは、日本人の大学生を不用意にアメリカに送り込んで大丈夫なのかとい

う問題があります。

というのは、退職した大学教授であり作家・評論家であるジョン・コーズィ氏は「暴力、それはアメリカの生活様式だ」という論考で、「殺人はアメリカで毎日平均八七回も起きている。戦争のためアフガニスタンに行くほうが、シカゴで暮らすより危険ではない」と述べているからです。氏は、上記の論考で、さらに次のようにすら述べています〔註1〕。

アメリカ合州国は暴力によって身ごもり、暴力によって養育された。アメリカ人は暴力に手を染めているだけでなく、暴力を楽しんでさえいる。

殺人はアメリカで毎日平均八七回も起きている。戦争のためアフガニスタンに行くほうが、シカゴで暮らすより危険ではない。ローマ人は殺人を観劇するためコロシアムに出かけたが、大都市のアメリカ人は窓の外を眺めるだけでいい。

かつて野球はアメリカの国技だったが、温和で退屈なスポーツなので、アメリカンフットボールのような、選手の脳を破壊するほど獰猛なスポーツに取って代わられてしまった。暴力映画は「アクション映画」と呼ばれ、映画館とテレビを支配している。子どもたちもビデオ殺人ゲームを楽しんでいる。

だから銃規制でアメリカを奇跡的に平穏な国へと変えることができるなんて、本当に信じられるかね？　銃の製造と使用を非合法化することでアメリカ人を平和愛好者にできるなんて、本当に可能かね？　文化は法律では変えられない。変化は何世代にもわたる息の長い努力が必要だ。アメリカ人にそんな仕事が務《つと》まるかい？

上記でコーズィ氏は「銃の製造と使用を非合法化することでアメリカ人を平和愛好者にできるなんて、

本当に可能かね？」と述べているのですが、今のアメリカは、ノーベル平和賞を授賞したオバマ大統領のもとでさえ、「銃の製造と使用を非合法化する」どころか、「重火器の規制」「銃の購入・販売をする際の身元調査」にすら成功していないのです[註2]。

それどころかオバマ氏は、アフガニスタンやパキスタンで、無人爆撃機（いわゆるドローン）を使って、多くの無実の民を「テロリスト」という名目で殺していますし、大統領就任の最初の五年間で、イラク戦争で悪名を馳せたブッシュ氏の八年間よりも、はるかに大量の武器を外国に売りまくっているのです。デモクラシーナウのインタビュー記事（二〇一五年四月七日）が、それをよく示しています。

「オバマの記録的な、サウジアラビア、イエメン、エジプト、イラクへの武器売却が、中東の混乱に火を付けているのか？」

http://www.democracynow.org/2015/4/7/are_obamas_record_arms_sales_to

右のインタビューで、ウィリアム・ハータング氏（「国際政策センター」の「武器と保障プロジェクト」のディレクター）は、次のような事実を明らかにしています。

サウジアラビアは、イエメンで米国の支援による空爆を続け、さらに米政府はエジプトへの軍事支援凍結も解除した。新たな統計によると、オバマ大統領就任以来、その政権下における武器の売却が大幅に増大している。オバマ政権下での兵器の輸出の大部分は中東とペルシャ湾だ。サウジアラビアは、四六〇億ドルの新たな合意によってリストのトップを占めている。インフレ率を差し引いても、最初の五年でオバマ政権がまとめた主要な契約額は、ブッシュ政権の八年で承認された額よりも約三〇〇億ドル上回っている。このことはまた、オバマ政権は第二次大戦以来の米政権で最高額の兵器の売却を承認したことを意味する。

ご覧のとおり、オバマ氏は今や、死の商人・武器のセールスマンなのです。これでは国内の銃規制に腰が据わらないのも当然でしょう。そこで以下では、アメリカ国内における暴力の実態をもう少し調べてみることにします。

1－2　私的暴力、家庭内暴力

国外におけるアメリカの暴力の最たるものはイラク戦争を典型例とする「侵略戦争」ですが、国内における暴力は、大きく分けると次の三つに分類できるように思います。すなわち「家庭内暴力」「性的暴行」「銃暴力」の三つです。

まず「家庭内暴力」ですが、デモクラシーナウ（二〇一四年一月二二日）が報じた次の記事では、アメリカで疫病のように全国規模で広がる衝撃的な家庭内暴力を検証し、その暴力からの生存者と彼らの支援者の苦難に焦点を当てています。

「私的暴力――生存者と支援者が、被害者への非難および疫病のように広がる家庭内暴力に立ち向かう」
http://www.democracynow.org/2014/1/22/private_violence_survivors_advocates_confront_victim

この記事を読んでいて、まず驚いたのは、家庭内暴力では加害者よりもむしろ被害者のほうが「あなたに落ち度があったからだ」として非難されることが多いという事実でした。もっと驚かされたのは、「人質事件の八〇％は家庭内暴力だ」という事実です。

ふつう人質事件というと銀行強盗を思い浮かべるのですが、実は夫が妻や子どもを虐待していて、警察官が駆けつけてきたとき人質になっている家族を銃で殺して自分も自殺したり、銃撃戦で警官に殺されることが少なくないというのです。

先のデモクラシーナウの記事では、ユタ州パークシティで開かれるサンダンス映画祭で「家庭内暴力」を扱ったドキュメンタリー映画『私的暴力（Private Violence）』が話題を呼んだことも紹介されていました。

これをつくった監督キット・グルエル氏は、「アメリカでは暴力に対する感覚がとてつもなく鈍くなっている。そのため、女性たちが瀕死の暴行をうけないかぎり司法制度は動かない」と言っています。通俗的な見解では「アメリカはレディファーストの国であり、男性は女性に優しい」はずなのですが、実態はまったく異なることがこれで分かります。

アメリカは極端な家父長制社会であり、よほどのことがないかぎり、男性は女性や子どもに何をしても許される――これがアメリカの実態なのです。グルエル監督は上記の記事でさらに次のようにも述べています。

「家庭内暴力の環境で育つと、子どもは学校でもうまくいかず、家出をしたり、女の子だと一〇代で妊娠、男の子だと暴力的になったりギャングの一員になったりする。家庭内暴力はあらゆる問題の温床だ。」

アメリカではフェミニスト運動が盛んですが、このような家庭内暴力にたいする反発が原動力になっているのかも知れません。日本では、封建的と言われる農村でさえ、財布は家庭の主婦が握っています。ですから家の外では表向き夫が権力者のようにふるまっていますが家庭内では妻が実権を握っていることが珍しくありません。

他方、アメリカでは夫が財布を妻に渡すことはほとんどありません。このようなことを考えると、日本でフェミニスト運動があまり広がらないのも、当然かも知れません。つまり、見方によれば、「男女同権」はアメリカよりも日本のほうがより実現されている、と言ってよいかも知れないのです[註3]。

1－3　性暴力、性的暴行（レイプ）

上でグルエル監督は「家庭内暴力はあらゆる問題の温床だ」と述べていますが、このような環境で育った男性が、女性にたいして性的暴行（レイプ）をおこなうようになったとしても、何の不思議もないでしょう。

最近話題になった事件で、女子高校生が部室で強姦被害（レイプ）にあったことを学校に通報したら逆に「公然わいせつ罪」に問われて退学させられ、なんと！　処罰として矯正施設へ送られたのです。

レイプした犯人がその学校を代表するスポーツ選手だったこともあり、こんなことが公になると学校の名誉に関わるから、その女子高校生が男子高校生を誘惑したというかたちにしたかったようです。アメリカでは、このような事件は珍しくありません。

「テキサス州の生徒：レイプを学校当局に通報したら、〝公然わいせつ罪〟で告発され、逆に矯正施設・懲戒学校に送られた」

http://www.democracynow.org/2014/1/3/texas_student_after_reporting_rape_i

先にサンダンス映画祭で話題を呼んだ家庭内暴力のドキュメンタリーを紹介しましたが、二〇一五年の映画祭で初公開されたドキュメンタリー『ハンティング・グランド（The Hunting Ground）』も、米国内の大学がいかに性的暴行を隠蔽し、性的暴行の常習犯から被害者を守ろうとしていないかを暴露して参加者の注目を集めました。

「映画『ザ・ハンティング・グランド』が明かす――多くの大学は性暴力を隠蔽し被害者の学生を保護しない」
http://www.democracynow.org/2015/1/28/the_hunting_ground_film_exposes_how

この映画ではキャンパス・レイプの判決の被告、ブランドン・バンデンバーグとコーリー・ベイティーは、強姦を含む合計一六の重罪に当たる犯罪で有罪判決を受けました。他二名の元バンダービルト大学フットボール選手、ブランドン・バンクスとジャボリアン・マッケンジーも強姦罪で起訴されており裁判を待っています。

しかし、この裁判のように、性的暴行の加害者である学生が有罪となり罰せられるのは、実は珍しいことなのです。しかも、このような事件は、ハーバード大学やコロンビア大学など、いわゆるアイビーリーグと言われる有名大学でも珍しくありません。

このような状況を放置しておくわけにはいかなくなって、オバマ氏は二〇一四年一月に、バイデン副大統領を委員長とする「大学構内における性的暴行を取り締まるための特別委員会」を設置すると発表しました。これは、知的環境であるべき大学においてさえ性的暴行が絶えないことを如実に示しています。

「オバマ氏は大学における性的暴行にかんする特別委員会を発足させた」
http://www.democracynow.org/2014/1/24/headlines#12410

ホワイトハウスの報告書によると、女子学生の五人に一人がキャンパス内で性的暴行に襲われています。しかも、そのうちの一二%しか警察に通報されていないというのです。大学の構内でさえこのような環境にあるとすれば、学生が住んでいるアパートやその近辺ではどのような比率になるでしょうか。

安倍内閣は、アメリカがこのような実態であることを承知の上で、何万人もの学生をアメリカに送り込もうとしているのでしょうか。知っていて送り込むのであれば一種の犯罪者ですし、知らないで送り込むのであれば自らの不明を恥じるべきでしょう。

1-4 銃暴力、銃による殺傷

さて、アメリカ国内で最も深刻なのは「銃暴力」「銃による殺傷」です。

すでに冒頭で、アメリカでは「毎日平均八七回も殺人が起きている」と述べている論文を紹介しましたが、つい最近も、アメリカでは毎日、一時間に最低一人の子どもが銃で撃たれているという研究が発表されました。

「アメリカでは、毎時間、少なくとも一人の子どもが銃で撃たれている」

http://www.rt.com/usa/usa-children-gunshot-incidents-279/ (Jan.28.2014)

これはイェール大学医学研究科のジョン・レベンサル博士らがおこなった調査・研究で、専門誌『小児科学』にその報告が載せられました。それによると、一八歳未満の子どもが毎日二八人(つまり一時間に最低一人)、銃で撃たれているというのです。しかも、その三分の一は死亡しているそうです。

ところで、子どもが銃で撃たれた事件として最近もっとも有名になったのは、二〇一二年一二月一四日にコネティカット州サンディ・フック小学校で起きた銃の乱射事件でした。この事件では、二〇人の子どもと六人の教師が亡くなりました。この事件があってからアメリカでは銃規制をめぐる大論争が起きましたが、事態は一向に改善する兆しはみえません。

また、銃の乱射事件は学校のなかにおいてでさえ起きるのですから、まして学校外で起きる可能性はもっと高くなります。たとえば、デモクラシーナウのヘッドライン・ニュース（二〇一四年一月二七日）でも次のような報道がありました。

「三人が死亡、メリーランド州のショッピングモールで銃の乱射」

http://www.democracynow.org/2014/1/27/headlines#1278

このメアリーランド州のショッピングモールで起きた銃の乱射事件では、一九歳の男が銃を乱射して自殺し、スケートボードの店員二人（二一歳、二五歳）が殺されています。この記事の最後は、次の文章で終わっています。

「もう一つ銃暴力の事件が起きている。一月二四日にサウスカロライナ州立大学で学生が一人、キャンパス内で殺された。アメリカでは、今年になって、二〇一四年一月だけでもすでに五つの学校で銃の乱射事件が起きている。」

この一月二七日の記事では「二〇一四年一月だけでもすでに五つの学校で銃の乱射事件が起きている」と言っていますから、最近では、ほとんど毎週のように、どこかの学校・大学で銃の乱射事件が起きていることになります。

先述のとおり、サンディ・フック小学校の事件があってから、アメリカでは銃規制をめぐる大論争が起きましたが、相変わらず事態は一向に改善する兆しは見えないのです。

その証拠に、デモクラシーナウ（二〇一四年一月二二日）は、先のサウスカロライナ州立大学の事件とは別に、インディアナ州のパデュー大学で少なくとも一人の学生が銃で殺されたことを報じています。アメリカでは、大学でさえ、このような状態なのです。

「インディアナ州パデュー大学で銃撃事件、ひとり死亡」

http://www.democracynow.org/2014/1/22/headlines#12211

ちなみに、鈴木章、リチャード・ヘック両氏と共に、二〇一〇年にノーベル化学賞を受賞した根岸英一氏は、一九六六年から一九七二年の間、研究員として同大学に在籍していましたし、鈴木章氏も北海道大学理学部を卒業後、一九六三年から二年間、パデュー大学に留学していました。

時期こそずれてはいるが、ふたりはともにノーベル化学賞受賞者のH・C・ブラウン教授に師事した同窓生でした。しかし、このようなノーベル賞を生み出すような高名な大学であっても、銃撃事件が起きているのです。

このように最近のアメリカでは、学外はもちろんのこと大学の構内すら安全ではありません。女性はいつどこでレイプ（強姦）されるか分かりませんし、男性でさえ、いつどこで銃の乱射事件に巻き込まれるか分かりません[註4]。

繰り返しになりますが、安倍内閣は、アメリカがこのような実態であることを承知の上で、何万人もの学生をアメリカに送り込もうとしているのでしょうか。知っていて送り込むのであれば一種の犯罪者ですし、知らないで送り込むのであればその不明を恥じるべきでしょう。

2 アメリカ国内に渦巻く「失業と貧困」「学生の借金地獄」

2-1 自己破産が許されないアメリカの学生

前節でも述べたように、政府・自民党の教育再生実行会議の案では、日本人学生を外国に送り込むことが大きな柱のひとつになっています。そして送り込む第一の対象国としてアメリカを念頭においていることは間違いありません。だからこそ「大学入試にTOEFLを使え！」という政策が出てきたのでしょう。

しかし政府・文科省が送り込もうとしているアメリカは、本当に日本の学生を留学させるのにふさわしい国なのでしょうか。それを前節では「アメリカ国内に渦巻く三つの暴力」という視点で考えてきたわけですが、この節では「アメリカ国内に渦巻く失業と貧困、学生の借金地獄」という観点で、この問題を考えてみたいと思います。

というのは、アメリカでは多くの学生が高額の授業料を払えずに借金地獄に陥り、卒業してもその借金を払い続けるためにだけ働くというのが実態だからです。それどころか、その借金の取り立てで家を失い路上生活者になるということも珍しくなくなってきています。

なぜそのようなことになるかというと、今のアメリカでは製造業のほとんどは海外に行ってしまっていますから大学を卒業してもまともな仕事がなく、あるのは低賃金で働くサービス産業のようなものしかなくなってきているからです。よほどの高学歴と幸運がなければ金融街で働くことは無理でしょう。

そこで、いまアメリカでは学生の間にカナダに脱出するという新しい現象が生まれつつあります。というのは、このような高額の授業料を払う余裕のないひとにとってカナダは、はるかに安い費用で大学に行き、博士号や修士号などの学位を手に入れることができる国だからです。以下では、具体的事実にそくして、その実態を紹介してみたいと思います。

まず第一に、アメリカの学生がいかに借金地獄に陥っているかは、次の記事（デモクラシーナウ二〇一三年八月二〇日）からも明らかです。

「学生ローンの高騰は、若い世代を借金漬けにし、アメリカ経済を脅かしている」

http://www.democracynow.org/2013/8/20/matt_taibbi_us_student_loan_bubble

このインタビュー番組で政治記者マット・タイビ氏は、『ローリングストーン』誌に発表した新たな記事「搾取される米国の若者：大学ローン・スキャンダル」"Ripping Off Young America: The College-Loan Scandal"を下敷きにしながら、次のように述べています。

学生ローン（貸し付け金）の不当な高金利は米国の高等教育の暗い秘密だ。問題なのは、あきれるほどに高い学費だ。インフレ率の二、三倍もの高騰を見せている。この高騰は、二〇〇八年以前の数年間に急騰した住宅価格の動きに不気味なほどに似かよった上昇傾向を見せている。これは、州立大学でここ数年にわたって若者世代に対して体系的におこなわれてきた、恥ずべきで弾圧的な暴虐だ。

タイビ氏は、オバマ政権は次の一〇年間で、学生の借り手に何の抜け道を与えることなく、学生ローンで一八五〇億ドルを捻出しようとしていると厳しく批判しています。政府の財政赤字のつけを学生ローンでまかなおうとしているると言うのです。

ギャンブラーですら破産宣告ができる。それなのに学生ローン地獄に入った若者たちは、この負債から決して逃れることができない。学生は、就職に失敗しても、あるいは在職の途中で首を切られて失業しても、借金地獄から逃れられないのだ。

つまり学生にだけは「自己破産宣告を許さない」とする法律をつくったのです。これが、弱者＝「黒人」を売り物にして大統領に当選したオバマ氏の教育政策なのです。

「競争して頂点に立とう（Race to the Top）」という、競争主義をあおりたてる教育政策を提出したのもオバマ氏でしたから、これも、いかにもオバマ氏らしい政策だとも言えます。これでは、あの悪名高いブッシュ氏が提出した「落ちこぼれゼロ法案（No Child Left Behaind Act）」の方が素晴らしく思えてきます。

2-2　学生に襲いかかるハゲタカ連邦政府

このような状況を見かねて民主党のエリザベス・ウォーレン上院議員は、学生ローン金利を〇・七五％まで引き下げるという法案を提出しました。政府が大手銀行へ貸し付ける際の金利と同じにしろと要求したわけです。

しかし議会が引き下げの合意にいたらなかったことで、連邦政府が助成する学生ローン金利は、〇・七五％どころか、これまでの倍の六・八％になります。この間の事情をデモクラシーナウ（二〇一三年七月三日）は次のように報じました。

「学生ローンの金利倍増を阻止できず、債務危機への「抜本的」取組みを要求する声が噴出」

http://www.democracynow.org/2013/7/3/failure_to_stop_doubling_of_student

議会では、次の学年度開始前に何らかの合意に達する可能性はないわけではないが、その結果にかかわらず、学生ローン負債が若者に与える巨大な危機には、その効果をほとんど期待できない。米国の学生ローン負債額は過去一〇年間に約四倍増加し、現在は約一兆ドルに達している。連邦議会予算事務局（ＣＢＯ）は、大学の学費ローンからの金利で、五〇六億ドルの利益がでると予測している。

この記事の最後の一文「連邦議会予算事務局（ＣＢＯ）は、大学の学費ローンからの金利で、五〇六億ドルの利益がでると予測している」に注目してください。『ローリングストーン』誌に発表されたマット・タイビ氏の先述の記事（二〇一三年八月一五日）も、同じことを詳細に報告したものでした。

拙訳「学費ローンをねらって学生に襲いかかるハゲタカ連邦政府」
http://www42.tok2.com/home/ieas/Taibbi_20130815_College-Loan%20Scandal.pdf

この論文をマット・タイビ氏は次のように結んでいます。債務者のひとりが「学生ローンは希望じゃない。絶望だ」と言っていて、私たちの胸を衝きます。

私たちは人間のできる最悪のことをやっている。つまり若者に嘘をついているのだ。誰も真実を述べる意志をもっていない。オバマ大統領でさえも嘘をついている。彼は主として大学生のすばらしい熱狂によって地滑り的勝利を収めたのだが、学生の多くは、住宅ローンのときと同じ結果になるように仕組まれた略奪的な詐欺行為（コン・ゲーム）の餌食になる。だが誰もそれを学生に言わない。彼らは、海洋考古学者やオーケストラ指揮者のような仕事を夢見る一七歳の学生なのだ。しかしそれはたぶん実現不可能な夢だ。この記事をまとめるなかで私が接触したある元法科大学院生は、六桁（一〇万ドル台）の負債を返済しようと苦闘して神経を破壊してしまった。若いアメリカ人に開かれた僅かな「成長産業」の一つに入り込んではじめて、彼の展望はひらけた。「僕はマンハッタンでマリファナの配達サービスをすることによって、自分の人生を取りもどした」と彼は言う。「僕は職業に妥協しなければならなかった……なぜなら引き返すことのできない道を歩んだからだ。学生ローンは希望じゃない。絶望だ」

つまり、この論文の題名「学費ローンをねらって学生に襲いかかるハゲタカ連邦政府」でも示されているとおり、オバマ政権は結局のところ、学生ローンで暴利をむさぼろうとする「貸し剝がし」（Ripping Off）の政府なのです。

ですから、民主党のエリザベス・ウォーレン上院議員が、学生ローン金利を〇・七五％まで引き下げるという法案を提出したとしても、それが可決される見込みは、最初から、なかったと言うべきでしょう。

こうしてアメリカでは、マット・タイビ氏の記事にもあったように、「マンハッタンでマリファナの配達サービスをすることによって自分の人生を取りもどす」という学生も出てくるようになりました。それどころか、多くの女子学生が学費を払うために売春婦に変身してしまっています。

女子学生は、今や金持ち中高年男性と若い女性をつなぐ多くのオンライン・サイトの大口使用者になっていますし、この問題を扱った映画やドキュメンタリーもつくられています[註5]。このような実態を知った上で、日本の親たちは自分の娘をアメリカに留学させるのでしょうか。

2-3 カナダに逃げ出すアメリカの学生

ところで、学生が授業料のために借りたお金の返済にいかに苦しんでいるかは、RT(RussiaToday 二〇一三年五月二五日)の次の記事でも明らかです。

「アメリカの学生ローンの滞納者数は歴史的な高さにのぼっている。期限を過ぎても未納になっている額は一〇〇〇億ドルにもなる」

http://www.rt.com/usa/record-high-us-student-debt-775/

この記事によると、学生の七〇%は平均三万五二〇〇ドルの借金を抱えて卒業するそうです。そして期限を過ぎても未納になっている額は、アメリカ全体で総額一〇〇〇億ドル(約一〇兆円)にもなるというのです。

しかし、もっと大きな問題は、それにかけられている不当に高額な利子です。政府による学生ローンでさえ現在の三・四%という利率は、すでに二倍の六・八%という高利子になることが決まっていますし、将来的にはさらに値上げをして、一〇・五%を上限とする案も検討されているそうです。

政府が大手銀行に金を貸すときには〇・七五%の利子なのですから、なぜそれと同率ではいけないのでしょうか。これではタイビ氏の言うように、政府の役割は単なる「高利貸し」と何ら変わらないことになります。

それでも「大学を卒業すれば高額の給料取りになれる」というのであれば何の問題もないでしょう。しかし、アメリカの現実はまったく逆です。次のRT記事(二〇一二年四月二三日)によれば、最近の卒業生の半分は正規の仕事についていません。

「最近の研究・調査によれば、卒業生の半分は正規の仕事についていない」
http://www.rt.com/usa/college-grads-recent-percent-763/

しかも次の記事（二〇一三年四月一日）によれば、何十万もの学生が、卒業しても手にできる仕事は、最低賃金のものしかないのです。この記事は、卒業生の五〇％近くが大卒の資格を必要としない仕事につき、その三八％は高卒の資格すら必要ないと報じています。

「何十万もの大学卒業生が、最低賃金の仕事で働いている」
http://www.rt.com/usa/college-graduates-minimum-wage-174/

先にも述べたように、アメリカの新しい法律では、学生ローンは唯一「自己破産」を許されないものとなっていますから、政府は住宅ローン会社やクレジットカード会社よりも強力な「貸し剝がし」の権力を持っています。

つまり、学生たちは大学を卒業して就職できたとしても、学費ローンの返済に追われ、車を買ったり、家を買ったり、結婚したり、子どもをもったりすることを、後回しにせざるを得なくなっているのです。この状況をさして次のRT記事（二〇一三年五月六日）は、「学生の借金と雇用市場が『賃金奴隷の世代』をつくりだしている」と述べています。

「学生の借金と雇用市場が『賃金奴隷の世代』をつくりだしている」
http://www.rt.com/usa/student-debt-generation-wage-slavery-903/

こうしていまアメリカでは、大卒者が高卒者を職場から追い出していますから、高卒の資格しかない若者の失業率は、今や一九・一％にも上っています。しかしこれは公式の数字であって、次の記事（二〇一四年一月二二日）によれば、実質的な失業率は三七・二％にものぼっています。

「沈黙の悲劇――アメリカの実質的な失業率は三七・二％、二〇一三年の食料配給券の受給世帯は記録的な人数にのぼった」

http://www.rt.com/business/us-unemployment-economy-crisis-assistance-006/

ご覧のとおり、この記事は、単に実質失業率が三七・二％になっていることだけでなく、政府が生活保護者に発行するフードスタンプ（食料配給券）の受給世帯も記録的な数字に達したと言っているのです。

その結果、いまアメリカの若者は、大学を出ても学士号に見合う仕事がないにもかかわらず大学を出ざるを得ないという矛盾に直面しています。その一つの解決策が、アメリカを逃げ出して学費の安いカナダの大学に行くという方法でした。次のＲＴ記事（二〇一三年四月二六日）は、その間の事情を詳しく説明しています。

「アメリカ人は大学教育を求めてカナダに逃げ出す」

http://www.rt.com/usa/american-canada-education-drain-473/

この記事によれば、アメリカの大学では毎年平均三万二〇〇〇ドルの学費が必要ですが、カナダでは五〇〇〇ドルで済みます。アメリカでは、学期ごとに五万ドルも払わねばならない大学もあるのですから、いかに安いかがよく分かります。

先の章でも述べたことですが、カナダのモントリオールにあるマギル大学は「北のハーバード」と称されるくらいに有名な私立大学です。ところが、ここの四年間の学費が、アメリカの首都ワシントンにあるジョージワシントン大学の一年分なのです。

ですから、上記のRT記事によれば、いまマギル大学の六％がアメリカ人ですが、このまま事態が推移すれば、近い将来その比率は倍加するだろうとみられています。

2−4 日本人留学生はカナダに逃げ出したアメリカ人学生の穴埋めか？

このようにアメリカでは自国を逃げだす若者が増えているにもかかわらず、政府・文科省は、大学入試の科目としてＴＯＥＦＬを受験させ、日本人学生を大量にアメリカへ送り込もうとしているわけです。

しかし、よく考えてみると、「アメリカで自国を逃げだす若者が増えているにもかかわらず」ではなく、「自国を逃げだす若者が増えているからこそ」なのかもしれません。

というのはアメリカとしては、若者に逃げ出されたままで放置しておくわけにはいきません。何らかの方法で逃げ出した学生の穴埋めをしなければならないからです。学費をさらに値上げするか、留学生を獲得しないと、財政難で大学は破産してしまいます。そこでターゲットになったのが日本だった！　というわけです。

すでに拙著『英語教育原論』で詳述したように、いま日本全国の学校に配置されているＡＬＴ（外国語指導助手）が貿易摩擦の解消策だったことを考えると、これは、まったく荒唐無稽の仮説として投げ捨てるわけにはいかないと思うのです。

かつて、アメリカの赤字財政を穴埋めするために無理やり買わされた商品が、ＡＬＴという「英語人」

だったとすれば、その次に買わされるものがＴＯＥＩＣやＴＯＥＦＬという商品だったとしても何の不思議もないからです。

ＴＯＥＩＣという「ビジネスイングリッシュの能力を測るはずの商品」が、全国の大学に、理系学部を中心とする大学・学部にまで、研究費を削ってまでも購入を強制されるようになってから一〇年近くが経ちます。そしてＴＯＥＩＣを強制していた舌の根も乾かないうちに、今度は「ＴＯＥＦＬを受験させろ！」「海外に送り出す留学生を倍増して一二万人に！」と大声で叫んでいるのが、今の政府・文科省なのです。

こんな理不尽なことがまかり通っているのは、教育の論理ではなく別の論理（政治・経済の論理）が働いているから、としか考えられません。

というのは、アメリカで学費が安いとされている州立大学でも、州民と州外の学生では授業料は格段の開きがあります。さらに国外から来る留学生の授業料は州民の三倍になるところも珍しくありません。ですから、カナダに逃げ出した穴埋めに、日本から何万人もの留学生が来るとすれば、アメリカにとってこんなに美味しい話はありません。

そのうえ、州立大学でさえ最近の学費の高騰ぶりは凄まじいものがあります。ですから、その三倍もの授業料を払ってくれるお客がいれば、アメリカは逃すはずはありません。それどころか、ＡＬＴの時と同じように、裏で日本政府に圧力をかけてでも留学させようとするでしょう。その証拠に、宮田由起夫『米国キャンパス「拝金」報告』も第三章で「留学生を獲得せよ」という小見出しで次のように書いています。

> 学部レベルでは、留学生受け入れも、授業料収入源として重要である。これまで、留学生は大学院レベルが多く、彼らは研究の担い手であった。したがって、授業料減免・奨学金などアメリカ側がコストを払ってでも

> 研究活動をしてもらっていたが、学部レベルでは顧客として重要なのである。とくに最近は私立だけでなく、州立も留学生を積極的に受け入れている。
>
> 　歴史をひもとくと、八〇年代初めに十八歳人口が頭打ちになったときも、アメリカの大学は社会人学生とともに、留学生の受け入れに積極的になった。その当時は、産油国と日本からの留学生が重要な顧客だった。最近は中国人が急増している。（中略）
>
> 　留学生にも成績による奨学金が大学から給付される場合もあるが、基本的に留学生は州内者の二倍から三倍の州外者授業料を払ってくれるため収入増加につながる。
>
> 　ネブラスカ大学のような地方の州立大では、中国人留学生の急増に困惑するアメリカ人学生の父母もいるそうだが、大学担当者は「お子さんが国際感覚を身につけるには、自身が留学するのが一番ですが、二番目はキャンパスで留学生と交流する機会を持つことです」と説明している。（一二七－一二八頁）

　このようにアメリカでは、ビジネスと割り切って中国人の留学生でも受け入れています。ところが日本の政府は、アメリカの意向に沿って中国包囲網をいっそう固くし、中国敵視政策を続けていますから、中国人留学生は減る一方です。これでどうして海外からの留学生を三〇万人にできるのか不思議ですが、その一方でアメリカ留学だけは大量の血税を払ってでも実現しようとしているのです。

　この不思議さをどのように説明できるのか、私は最初その理解に苦しみましたが、米軍基地が存在する国で、お金を払ってまで米軍に居てもらっている国は世界中で日本だけですから（他の国では当然ながらアメリカが借地料を払っています）、それと同じ構造になっているのだと考えれば、謎が簡単に解けるような気がしたのです。日本政府・文科省がお金を援助して留学生を送り込んでくれるのですから、こんなに有り難い話はないでしょう。

歴代の自民党政府は、「NOと言えない日本人」の典型例でした。それは沖縄の米軍基地、米軍機オスプレイの配備、TPPにおける要求、特定秘密保護法の要請などをみれば明らかでしょう。これまで日本の政界がアメリカの意向に逆らえなかったことは、元外交官・元防衛大学教授である孫崎享氏の『アメリカに潰された政治家たち』などで詳しく知ることができますが、ガバン・マコーマック『属国――米国の抱擁とアジアでの孤立』などを読めば分かるように、それは外国人の目から見ても歴然としていたようです[註6]。

ただし、私は留学することそのものが意味のないことだと主張しているのではありません。留学が真の意味で研究力に結びつくのは、ノーベル賞受賞者・山中伸也氏の例で明らかなように、日本で博士号を取得したあとの留学、すなわち「博士号取得研究者」(いわゆる「ポスドク」)としての留学ではないかと言いたいのです。もっと力量があれば招聘研究員・招聘教授という道もあります。

そうすれば、学びたいこと・研究したいテーマがはっきりしているので、学部留学などのように英語学習のみに無駄なエネルギーを奪われることもありませんし、留学する前のTOEFL受験学習に膨大な時間と精力を使う必要もありません。

要するに、単に資金援助して留学させさえすれば効果が出るというわけではないのです。それどころか、税金の無駄づかいに終わる可能性が極めて大きいと言わざるを得ません。以下で、節を改めて、この点についてもう少し詳しく説明したいと思います。

註記

1　コーズィ氏の小論は下記サイトに拙訳を載せてあるので、全文を参照していただければ幸いである。
「暴力、それはアメリカの生活様式だ」John Kozy, "Violence: The American Way of Life"
http://www42.tok2.com/home/ieas/ViolenceTheAmericanWayOfLife.pdf
またコーズィ氏は、この論考で「殺人はアメリカで毎日平均八七回も起きている」と述べているが、「銃暴力予防のためのブレイディ・キャンペーン Brady Campaign」という組織による最新の調査では、銃暴力による死傷者数は次の表にあるとおり。先進国でこのような国は、世界のどこを探してもアメリカ以外には見つからない。また、この統計によればアメリカで銃によって殺されている人数は、コーズィ氏の言う八七人ではなく、毎日八九人に増えている。

銃暴力の統計（出典：Key Gun Violence Statistics）

一年間の平均死傷者数（全年齢）	一〇万八四七六人	うち死者数三万二五一四人
一年間の平均死傷者数（〇－一九歳）	一万七四九九人	うち死者数二六七七人
一日平均死傷者数（全年齢）	二九七人	うち死者数八九人
一日平均死傷者数（〇－一九歳）	四八人	うち死者数七人

2　オバマ政権は、ウクライナのクーデターだけでなく、すでに二〇〇九年にはホンジュラスのクーデターにも手を出している。そして最近ではベネズエラのクーデターにも手を出していたことが暴露された。これについてもチョムスキーは下記のインタビューで、「経済立直しに苦闘しているベネズエラへの政権転覆工作をアメリカはやめるべきだ」と述べ、これを厳しく批判している。
As Venezuela Struggles to Fix Economy, U.S. Should Stop Trying to Undermine Its Gov't
http://production1.democracynow.org/2015/3/3/noam_chomsky_as_venezuela_struggles_to
このようにオバマ氏は「ノーベル平和賞の受賞者」でありながら、その行動の実態は、悪名高いブッシュ元大統領をはるかにこえる。そのためか、二〇一五年三月三日、「ノーベル平和賞委員会委員長が解任された。委員会史上初めてのことだ」という衝撃的ニュースが世界に流れた。元ノルウェー首相でノーベル平和賞委員会委員長トールビョルン・ヤーグラン氏は、辞任する際、「もしバラク・オバマ大統領が、賞を返してくれたら実に素晴らしいことだ」と述べた。

「ノーベル平和賞選考委員会の委員長辞任」
http://eigokiji.cocolog-nifty.com/blog/2015/03/2009-57de.html

3 連れ合いの意見では、「女性の同性婚がアメリカに多いのも、夫の暴力を嫌った結果かも知れない。また男性は、こうしてフェミニズム運動のなかで女性が強くなり、そのような強い女性と一緒に住むのを嫌った男性も同性婚を選ぶことになる」。ちなみに私がアメリカに滞在した経験では、アメリカ男性の理想像は日本人女性との結婚である。日本女性は万事控えめで、夫を立ててくれるからだというのが彼らの意見であった。

4 最近のアメリカで特に目立ち始めているのは、白人警官による丸腰の黒人の射殺だ。玩具の銃で遊んでいる黒人の子どもを射殺した例すらあった。また銃で殺さなくても、ささいなことで取り調べをおこない、抗議したり抵抗したりすると、複数の警官が黒人を地面に押し倒して首を絞めて窒息死させるという事件も続いた。しかも、このような殺人行為を犯しても無罪になる例が相継ぎ、全米で抗議行動が広がっている。二〇一五年四月一四日も、東海岸のニューヨークから西海岸のロサンゼルスまで、全米各地で集会やデモがおこなわれ、ニューヨークでは数十人が逮捕された。まるで歴史が一九五〇～六〇年代に巻き戻されたような感じがするほどだ。しかも、このような事件が、黒人大統領バラク・オバマ氏と黒人司法長官エリック・ホルダー氏がアメリカの行政を取り仕切っているときに増加していることは、アメリカの政治がいかに末期的症状に陥っているかを示すものだ。

5 女子学生に学費や物品を提供する金持ちの中高年男性は、小説の『足長おじさん（Daddy-Long-Legs）』をもじって、「シュガー・ダディ」と呼ばれ、学費や物品を受け取る女子学生は「シュガー・ベイビー」と呼ばれている。ウィキペディアで〝Sugar daddy〟や〝Sugardaddyforme.com〟というキーワードを打ち込めば、多くの情報を得ることができる。

また下記サイトの最初から二つは、これに関するドキュメンタリーの予告編であり、最後の二つは「メレディス・ビエイラ・ショウ」「ドクター・フィル・ショウ」という番組で、女子学生たちおよびオンライン売春サイト（SeekingArrangement）の経営者が、観客を前に堂々と自分の体験や経営方針を語っている姿に驚かされる。

Sugar Daddies - Official Trailer
https://www.youtube.com/watch?v=fGgibi5fnTE
The reality of being a sugar baby—A documentary trailer（Daddies Date Babies）
https://www.youtube.com/watch?v=-ffpHn-xtyg

Sugar Babies: Young Girls Seeking Sugar Daddies—The Meredith Vieira Show
https://www.youtube.com/watch?v=YFQganajMhI
SeekingArrangement.com on the Dr Phil Show
https://www.youtube.com/watch?v=HF338nTyILw

6 日本の文教政策だけでなく経済政策がいかにアメリカの意向に沿ってつくられてきたかを、英語教育という視点で整理したものとして永井忠孝『英語の害毒』（新潮新書）がある。経済界がこのような文教政策を後押しする背景には、企業が多国籍化したり経営人に「社外取締役」をおくことを義務づけるといった商法改正をアメリカから押しつけられたことなどがある、という。このように本書には興味ある指摘が随所にある。類書に施（二〇一五）があるので、これも一読されたい。

参考文献

施光恒《てるひさ》（二〇一五）『英語化は愚民化——日本の国力が地に落ちる』集英社新書
永井忠孝（二〇一五）『英語の害毒』新潮新書
孫崎享《うける》（二〇一二）『アメリカに潰された政治家たち』小学館
宮田由起夫（二〇一二）『米国キャンパス「拝金」報告——これは日本のモデルなのか？』中公新書ラクレ
マコーマック、ガバン（二〇〇八）『属国——米国の抱擁とアジアでの孤立』凱風社

参考サイト

ジョン・コーズィ「暴力、それはアメリカの生活様式だ」
http://www42.tok2.com/home/ieas/ViolenceTheAmericanWayOfLife.pdf（拙訳）
マット・タイビ「学費ローンをねらって学生に襲いかかるハゲタカ連邦政府」
http://www42.tok2.com/home/ieas/Taibbi_20130815_College-Loan%20Scandal.pdf（拙訳）
「ノーベル平和賞選考委員会の委員長辞任」

http://eigokiji.cocolog-nifty.com/blog/2015/03/2009-57de.html
As Venezuela Struggles to Fix Economy, U.S. Should Stop Trying to Undermine Its Gov't（チョムスキー「米国はベネズエラに手を出すな」）
http://production1.democracynow.org/2015/3/3/noam_chomsky_as_venezuela_struggles_to
〈アメリカの暴力統計〉
BradyCampaign, "Key Gun Violence Statistics"
http://www.bradycampaign.org/key-gun-violence-statistics
〈オバマ大統領の記録的武器輸出〉
Are Obama's Record Arms Sales to Saudi Arabia, Yemen, Egypt and Iraq Fueling Unrest in Middle East?
http://www.democracynow.org/2015/4/7/are_obamas_record_arms_sales_to
〈家庭内暴力〉
Private Violence: Survivors & Advocates Confront Victim Blaming & the Epidemic of Domestic Abuse
http://www.democracynow.org/2014/1/22/private_violence_survivors_advocates_confront_victim
〈学内における性的暴行〉
Texas Student: After Reporting Rape, I Was Accused of "Public Lewdness," Sent to Disciplinary School
http://www.democracynow.org/2014/1/3/texas_student_after_reporting_rape_i
"The Hunting Ground": Film Exposes How Colleges Cover Up Sexual Assault and Fail to Protect Students
http://www.democracynow.org/2015/1/28/the_hunting_ground_film_exposes_how
Obama Launches Task Force on Campus Sexual Assault
http://www.democracynow.org/2014/1/24/headlines#12410
〈学内における銃乱射〉
At least 1 American child is shot every hour - report
http://rt.com/usa/usa-children-gunshot-incidents-279/（Jan.28.2014）
3 Dead in Shooting at Maryland Mall

http://www.democracynow.org/2014/1/27/headlines#1278
Purdue University Campus Shooting Kills 1 in Indiana
http://www.democracynow.org/2014/1/22/headlines#12211
〈学生の授業料、借金地獄〉
U.S. Student Loan Bubble Saddles a Generation With Debt and Threatens the Economy
http://www.democracynow.org/2013/8/20/matt_taibbi_us_student_loan_bubble
Failure to Stop Doubling of Student Loan Rates Sparks Call to Tackle "Systemic" Debt Crisis
http://www.democracynow.org/2013/7/3/failure_to_stop_doubling_of_student
Delinquent US student loans hit record high, with over $100 billion past due
http://www.rt.com/usa/record-high-us-student-debt-775/
〈学生の就職難、賃金奴隷〉
Half of recent grads can't get full-time work, study shows
http://www.rt.com/usa/college-grads-recent-percent-763/
Hundreds of thousands of college graduates work minimum wage jobs
http://www.rt.com/usa/college-graduates-minimum-wage-174/
Student debt, job market creating 'generation of wage slavery'
http://www.rt.com/usa/student-debt-generation-wage-slavery-903/
Silent misery: Actual US unemployment 37.2%, record number of households on food stamps in 2013
http://www.rt.com/business/us-unemployment-economy-crisis-assistance-006/
〈カナダに逃げ出す学生〉
Americans flee to Canada for college education
http://www.rt.com/usa/american-canada-education-drain-473/
〈アメリカ女子学生の売春〉
Sugar Daddies - Official Trailer

https://www.youtube.com/watch?v=fGgibi5fnTE
The reality of being a sugar baby—A documentary trailer（Daddies Date Babies）
https://www.youtube.com/watch?v=-ffpHn-xtyg
Sugar Babies: Young Girls Seeking Sugar Daddies—The Meredith Vieira Show
https://www.youtube.com/watch?v=YFQganajMhI
SeekingArrangement.com on the Dr Phil Show
https://www.youtube.com/watch?v=HF338nTyILw

第2節　アメリカの大学は留学するに値するか

1　OECD成人力調査から──アメリカ学生の学力は最底辺、日本は最上位

私は二〇一四年一一月に、京都大学の国際シンポジウム「大学教育の国際化とは何か」に招かれて、「大学教育の〝国際化〟は〝創造的研究者〟〝グローバル人材〟を育てるか」と題する基調講演をしたとき、次のように述べました。

もう一つ私が文科省の意図に疑いをいだく理由は、そもそもアメリカの大学は留学するに値するのかということです。というのは、OECDが一六～二四歳の若者を対象に二二か国の学力調査をした結果は、アメリカが最底辺にいるからです。たとえば、次の数値を見てください。［ただし問題解決能力（Problem Solving）の場合、ロシアを含めた二〇か国の調査です］

＊　数学的能力（Numeracy）：アメリカ二二位で最下位、イタリア二一位
＊　読み書き能力（Literacy）：アメリカ二一位、最下位はイタリアで二二位
＊　問題解決能力（Problem Solving）：アメリカ二〇位で最下位、ポーランド一九位

このように、最下位の学力をもつ若者が通っているのがアメリカの大学なのですから、そこへ何のために日

本の若者を送り込まなければならないのでしょう。日本は博士課程まで世界最高レベルの教育を日本語で教授できるのに、なぜアメリカに送り込んで英語で苦労させなければならないのでしょうか。

私がこのように書くと、「アメリカにはハーバード大学やマサチューセッツ工科大学（MIT）など、世界の頂点に立つ大学がいくつもあるではないか」という反論が聞こえてきそうです。しかし、留学生のすべてがアメリカのエリート大学に行けるわけではありません。それどころかアメリカ人でさえ、そのすべてがエリート大学に行けるわけでもありません。

アメリカの私立エリート大学に行けるのは、一部の富裕層・エリート階級の子弟と、幸運にも給付型の奨学金をもらえた貧困層や中流階級の優秀な学生に限られています。ですから、大多数のアメリカ人は授業料の安い州立大学に行きます。州立短期大学（コミュニティ・カレッジ）はさらに授業料が安いので、ここを卒業してから四年生の州立大学への編入を目指す学生も少なくありません。

私が一年間、日本語を教えていたカリフォルニア州立大学ヘイワード校の外国語教育部長と話していたら、その部長の息子でさえ、「コミュニティ・カレッジを卒業させてから、カリフォルニア州立大学バークレー校に編入させた」と言っていました。理由を尋ねると「授業料が安いから」と言うのです。外国語教育部長という地位をもつ大学教授の息子でさえ、いきなり高名なバークレー校に入学させるのではなく、まず安上がりの短大を選んでいることに驚かされました。

では州立大学の授業＝学習レベルはどのようなものなのでしょうか。私がテニスを通じて親しくしていたのはスペイン語のガラン教授でしたが、彼はいつも「ここは大学ではない。学生は高校レベルだ。おれはもう教えるのが嫌になった」とこぼしていました。私には「日本の大学生は勉強しないがアメリカの学生は違う」という思い込みがありましたから、最初その意味が分かりませんでした。

しかし、ノーザンケンタッキー州立大学でポピュラーカルチャーを研究している教授（日本人女性で夫君は同大学の黒人教授）を訪ねたとき、やっと納得することができました。彼女は、「ここの学生は一冊の本でさえ読ませるのに苦労する。彼らにこの一冊を読ませるために私はこのような質問項目をつくってレポートを書かせている」と私に言っていたからです。

彼女が見せてくれたA４版二枚の「質問表」（questionnaire）には、二〇項目以上の質問事項が書かれていて、御丁寧にも、どこを読めば答えが得られるかを示した頁までも書き込まれていました。「学生はこうまでしないと使う教科書として指定した文献ですら読めない（読まない？）のか」と驚かされると同時に、ガラン教授がこぼしていた愚痴の意味がやっと分かったのです。

平和学の創始者として有名なヨハン・ガルトゥング氏は、アメリカ各地の大学で教えた経験をもつ学者ですが、彼も同じ趣旨のことを言っています。「アメリカの学生は大学に入ってくるとき知識らしい知識は皆無」と言っているからです。以下の引用から、そのことがよく分かるはずです。

アメリカの試験問題は最悪です。ここで試験問題と言っているのは、ＳＡＴ（大学進学適性検査 Scholastic Assessment Test）のことです。アメリカの大学入試で必須とされている試験ですが、人間の精神に対する侮辱と言えます。

プリンストンの民間企業が実施しておりますが、教育の儀式化のために開発されたものであって、創造性に欠け、主にたった一つの技能、「試験に合格する能力」を引き出すだけの検査です。ある年齢に達した生徒のほとんどは、試験内容がどのように構成され、どの解答をいち早く消去し、どうしたら任意解答によって自動的に高得点が獲得できるかのテクニックを学んでいます。

ではアメリカの学生は暗記学習を行っているのでしょうか。それすらしていないのが現状のようです。私はアメリカの様々な大学で教えた経験から、アメリカの学生は、アイビーリーグも含めて、入学時には知識らしい知識はほとんど皆無に近いと断言できます。学期ごとに五つの講義を受講し、四年間で八つの学期とすると、期末試験を四〇回、中間試験を入れると八〇回の試験を受けることになり、試験上手、Aの取得上手のエキスパートを生むことは確実です。（『日本は危機か』かもがわ出版、九八-九九頁）

つまりガルトゥング氏は、「アイビーリーグも含めて、入学時には知識らしい知識はほとんど皆無に近い」だけでなく、卒業までに八〇回の試験を受けたとしても、「試験上手」を生み出しただけで、知的訓練としては、アメリカの大学は高校レベルだ、と言いたいのです。しかもガルトゥング氏は「アイビーリーグも含めて」と言っていることに注目してください。

私は普通の州立大学や二流の私立大学は別としても、世界的にも名を馳せている「アイビーリーグ」は別格だ思っていたのですが、そこも含めて「入学時には知識らしい知識はほとんど皆無に近い」とガルトゥング氏が言っていることに衝撃を受けました。

しかも私の教え子の大学院留学体験からすると、大学によっては、修士課程の授業を受けて単位を取得しさえすれば（修士論文を書かなくても）修士号が取得可能なのです。つまり悪く言えば、修士課程の学生でさえ、論文能力・研究能力を必要とせず、「試験上手」でありさえすれば、修士号が取れるのです。

ただしガルトゥング氏は、「しかし、博士課程の学生は違います。彼らも初めは知識不足が目立ちますが、いくつかのふるいにかけられてきたことと、やる気十分であるために、どんどん成果を上げます。私はアメリカの博士課程は世界一だと思います」とも言っています。とはいえ、ここでもガルトゥング氏が、「彼ら（博士課程の学生）も初めは知識不足が目立ちますが」と言っていることに、私は思わず目を見張ってしまいました。

ということは、アメリカでは大学院博士課程の学生でさえ「初めは知識不足が目立つ」わけですから、学部の学生はもちろんのこと修士課程の学生すら（欧州の基準あるいはガルトゥング氏の眼から見れば）悪くすると高校レベル、良くても学部レベルだということなのです。それは次のような氏の発言からも推しはかることができます。

アメリカの四年制大学は思春期の延長で、いつまでも子供っぽい悪ふざけから抜けられず、ある種のクラブ活動に熱を上げ、卒業の年の春休みのドンチャン騒ぎ等に耽っている。（中略）フランスの教育省も細々としたことまで管理することに熱心です。しかも、かつては先駆的だった自国の教育の伝統を頑なに守り、ほとんど外から吸収することがありません。しかし、バカロレア（大学入学資格試験）の論文試験は哲学的で、多くの学生に創造的な自己表現をみがく契機を与えています。これは他に類を見ないものです。（同書九九－一〇〇頁）

だとすれば、アメリカの大学で留学する価値のあるのは大学院博士課程だけということになります。しかし、何度も言うように、日本では、博士課程まで世界最高レベルの教育を日本語で享受できますし、事実、多くのノーベル賞受賞者は留学すらしていません。留学していたとしても、そのほとんどは博士号を取得したあとで、研究員として大学に在籍しているのです。

次頁の表のとおり、ノーベル科学賞受賞者二一人のうち、アメリカの大学で博士号を取った人は三人に

表　日本のノーベル科学賞受賞者（©Terasima 2015）

氏名	出身大学、卒業年	博士号取得大学、取得年
湯川秀樹（物理学賞一九四九）	京都帝国大学 一九二九	大阪帝国大学 一九三八
朝永振一郎（物理学賞一九六五）	京都帝国大学 一九二九	東京帝国大学 一九三九
江崎玲於奈（物理学賞一九七三）	東京帝国大学 一九四七	東京大学 一九五九
小柴昌俊（物理学賞二〇〇二）	東京帝国大学 一九五一	ロチェスター大学 一九五五
益川敏英（物理学賞二〇〇八）	名古屋大学 一九六二	名古屋大学 一九七二
小林　誠（物理学賞二〇〇八）	名古屋大学 一九六七	名古屋大学 一九七二
赤崎　勇（物理学賞二〇一四）	京都大学 一九五二	名古屋大学 一九六四
天野　浩（物理学賞二〇一四）	名古屋大学 一九八三	名古屋大学 一九八九
梶田隆章（物理学賞二〇一五）	埼玉大学 一九八一	東京大学 一九八六
福井謙一（化学賞一九八一）	京都帝国大学 一九四一	京都大学 一九四八
白川英樹（化学賞二〇〇〇）	東京工業大学 一九六一	東京工業大学 一九六六
野依良治（化学賞二〇〇一）	京都大学 一九六一	京都大学 一九六七
田中耕一（化学賞二〇〇二）	東北大学 一九八三	修士号・博士号なし
下村　脩（化学賞二〇〇八）	旧制長崎医科大学 一九五一	名古屋大学 一九六〇
鈴木　章（化学賞二〇一〇）	北海道大学 一九五四	北海道大学 一九六〇
根岸英一（化学賞二〇一〇）	東京大学 一九五八	ペンシルベニア大学 一九六三
利根川進（医学生理学賞一九八七）	京都大学 一九六三	カリフォルニア大学 一九六八
山中伸弥（医学生理学賞二〇〇八）	神戸大学 一九八七	大阪市立大学 一九九三
大村智（医学生理学賞二〇一五）	山梨大学 一九五八	東京大学 一九六八（薬学）、東京理科大学 一九七〇（理学）
南部陽一郎（物理学賞二〇〇八）	東京帝国大学 一九四二	東京大学 一九五二
中村修二（物理学賞二〇一四）	徳島大学 一九七七	徳島大学 一九九四

すぎません（ただし南部、中村の両氏は国籍をアメリカに移している）。田中耕一氏にいたっては、修士号すらもっていません。

ですから、留学資格試験のＴＯＥＦＬで高得点を取るために英語で苦労して、しかも銃の乱射やレイプされる危険までも犯して学部や修士課程に留学する価値は本当にあるのだろうかと私は疑ってしまうのです。むしろ英語学習に精力を吸い取られ、研究力・創造力が枯渇する恐れさえあります。

2　留学生一二万人計画は血税の浪費——学部留学や大学院留学よりも研究員として渡米せよ

ところが政府・文科省の言う「留学生倍増、一二万人計画」は、学部レベル（あるいは大学院でも修士課程まで）の留学を念頭においています。博士課程に進学するのは圧倒的少数者で、これだけではとうてい一二万人にはならないからです。しかしながら先述のような理由で政府が援助しながら学部レベルの留学生を増やそうというのは、血税の浪費としか言いようがありません。

他方で、日本で博士号を取り、その研究成果が優れたものでありさえすれば、アメリカの大学や研究所は比較的簡単に受け入れてくれるのですから、大学院博士課程すら行く必要はないでしょう。それどころか、場合によっては研究員ではなく、助教授や教授として迎えられるのです。これはノーベル賞受賞者の根岸英一氏や南部陽一郎氏その他の例をみれば明らかです。

たとえば南部陽一郎氏は一九四二年に東京帝国大学理学部物理学科を卒業していますが、一度も留学していません。しかし研究の素晴らしさを評価され、朝永振一郎氏の推薦で、一九五二年にアインシュタインのいたプリンストン高等研究所に研究員として赴任しています。

南部氏の英会話力が抜群だったわけでもありませんし、小学校から英語教育を受けたわけでも留学していたからでもありません。戦後の焼け跡のなかで、氏が東京大学物理学科の大学院特別研究生だった頃に書いた論文が、すでにノーベル賞級だったからです[註1]。

さらに南部氏は一九五四年にはフェルミ研究所の主任だったゴールドバーガー氏の誘いを受けてシカゴ大学の核物理研究所に着任し、一九五六年にシカゴ大学助教授、五八年には教授となりました。そして一九七〇年、結局は国籍を移してアメリカに残ることになってしまいました。

ちなみに、プリンストン高等研究所に赴任したとき、南部氏は若くしてすでに新設されたばかりの大阪市立大学理工学部の教授になっていました。その教授ポストは氏が一九五六年にシカゴ大学助教授になるまで維持されていたのですが、氏のアメリカに帰化するという決断によって、日本は世界的に高く評価されていた人材を永遠に失うことになったのでした。

というのは、南部氏は彼ひとりで現代素粒子論の骨組みをつくったようなひとだったからです。益川敏英氏は、「私はいつも南部先生を仰ぎ見ながら仕事をしてきた」と言っていますし、東京大学名誉教授西村肇氏は『原子力文化』二〇〇八年一一月号で「どこがスゴイか　南部陽一郎」と題して次のように述べているからです。

「南部、益川、小林の三氏にノーベル物理学賞」というニュースを聞いた途端、南部陽一郎は世界最高の物理学者と確信して三〇年間「追っかけ」て来た私は、嬉しくて飛び上がりましたが、同時に「なぜ南部さんの一人受賞でなかったのだろう。世界最高の南部さんには、それこそがふさわしかったのに」とも思いました。実は、そう感じている物理屋は相当いると思います。南部陽一郎を高く仰ぎ見て敬愛する専門家は多いからで

> す。では、なぜ偉いのか。それは、この五〇年間の素粒子理論の研究のすべての面で先鞭をつけ、研究全体をリードしてきたのは南部だからです。南部陽一郎の名を抜きにしては、現代の素粒子理論のどの面も語れません。クォークが多次元の「ひも」で結ばれているという「ひも理論」、湯川秀樹の中間子理論を大きく進化させた「色の量子力学」、素粒子の質量を決める理論である「ヒッグス機構」、そのどれを取っても最初の発端は南部のアイデアです。（一九頁）

南部氏のノーベル賞受賞の対象となった論文（通称「NJL論文」）が発表されたのは、一九六一年のことですから、シカゴ大学にいたとはいえ、まだ日本国籍をもっていた頃でした。日本の大学に南部氏のような異才・天才を受けいれる環境や度量があったなら、このような惜しい頭脳流出はなかったでしょう。

武谷三男というひとは京都帝国大学理学部を卒業後、湯川秀樹、坂田昌一の共同研究者として原子核・素粒子論の研究を進めただけでなく、物理学の発展段階を三つに分けて考察する「三段階理論」の提唱者としても有名です。その武谷と南部の交流について先述の西村肇氏は『現代化学』二〇〇九年四月号で次のように述べています。

> 南部が敗戦直後、まだ東大物理教室に寝泊りしていたころ、話し好きの武谷は、友人の中村誠太郎を訪ねたあと、よく南部を訪れて、話し込んだようです。年は一〇歳違っていましたが、互いに相手に興味と敬意を感じていたからでしょう。
>
> 個人史の中で南部は何度か武谷のことに触れ、影響を受けたと語っています。ただし、武谷の本から学んだ言葉を教条として覚えて影響されたのではなく、彼と親しく話すうちに彼の考え方が身につき問題にぶつかる

たびに、彼ならどうアドバイスするだろうかと想像できたようです。(四〇頁)

西村氏は、この引用した段落の直前で、南部の頭脳流出について武谷が次のように心配していたことを紹介しています。

武谷は「三段階論」という実践的哲学を創始し、素粒子論ばかりでなく、技術論、原子力政策を通じ戦後日本の科学技術に最も強い影響を与え続けた巨人物理学者です。この武谷が頭脳流出が深刻な問題として騒がれたころ、新聞に出したコメントを憶えています。「流出が問題なのは物理の南部と数学の志村の二人ぐらいだ。あとは出ていってもどうってことはない」でした。(四〇頁)

しかし、この武谷氏が心配していたことが本当に実現してしまったのでした。「あとは出て行ってもどうってことはない」という人物が残り、一番危惧していた人物が頭脳流出してしまったのです。現在の政府・文科省が進める文教政策が続くかぎり、第二、第三の南部陽一郎が出てくるのではないか。私にはそれが心配です。学長の権限をかぎりなく強化し成果主義で教員を追い立てるような空間では、自由で創造的な研究ができるはずはないからです[註2]。

3 日本にアメリカ並みの「研究の自由」と「研究環境」を
――山中伸弥氏の留学体験から「創造的研究」を考える

私は先に「その研究が優れたものでありさえすれば、研究員どころか助教授や教授として迎えられる」と述べました。前項では南部陽一郎氏の例をあげましたが、もう一つの例として山中伸弥氏の場合を考えてみます。

山中伸弥氏は一九九三年三月に大阪市立大学大学院医学研究科薬理学教室で博士号（医学）を得たあと、カリフォルニア大学サンフランシスコ校（UCSF）のグラッドストーン研究所に応募して、博士研究員として受け入れられています。

しかし神戸大学医学部を卒業し整形外科医だった山中氏がアメリカに行きたくなったのは、先述したように、手術が下手で研修医だったとき「邪魔《じゃま》・中《なか》」と言われて悩んだこともあって、基礎研究に方向転換したことが出発点になっています。こうして氏は大阪市立大学医学研究科薬理学教室に入ったのでした。山中氏は『「大発見」の思考法』（文春新書）のなかで、益川敏英氏と対談しながら、薬理学教室で博士論文を書いたあとアメリカに行くことになった直接的なきっかけを、次のように語っています。少し長くなりますが引用させていただきます。

益川：当時、大阪市立大の大学院に遺伝子組換えマウスの研究をしている方はおられなかったんですか。

山中：私を指導してくださっていた先生方は、ノックアウトマウス（目的の遺伝子の働きを失くしたマウス）やトランスジェニックマウス（遺伝子を改変したマウス）を経験されたことがなかったのです。［中略］そこで目をつけたのが、『Nature（ネイチャー）』や『Science（サイエンス）』といった科学雑誌の広告です。あそこには人材募集広告がいっぱい出ていますよね。

私は大学院で循環器系の研究をしたので、循環器に関連して「トランスジェニック」「ノックアウト」と書いてあるところを見つけては、三十通か四十通ほど、片っ端から売りこみの手紙を出しました。それまで分子生物学実験をやったことがなかったのですが、「そんなことを正直に書いたら絶対に採ってくれへん。『できます』と書け」と周りから言われてその通りに書いて送ったんです（笑）。

ほとんどのところは採ってくれなかったのですが、グラッドストーン研究所がなぜか採用してくれました。でも、採用が決まってからは焦るばかり。「『あれもできる、これもできる』と書いてしもうた。四月から行かなあかん。どないしょう」と（笑）。それで、当時、薬理の中で唯一、分子生物学をされていた先生に、三カ月だけ指導をお願いして、手紙に書いたことだけはできるぐらいの技術をなんとか習得して、グラッドストーンに行きました。（七五－七六頁）

ご覧のとおり、山中氏がアメリカに行くきっかけになったのは、大阪市立大学に遺伝子組換えマウスの研究をしているひとがいなかったことでした。そこで科学雑誌の人材募集広告に応募して、「どういうわけか」（本人の言）グラッドストーン研究所だけが採用してくれたのでした。

しかし、「『あれもできる、これもできる』と書いてしもうた。四月から行かなあかん。どないしょう」と、分子生物学を専門とされていた先生に三か月だけ指導をお願いし、手紙に書いたことだけはできるぐらいの技術をなんとか習得して、グラッドストーンに行ったのでした。

このような経過を考えると、日本の大学や研究所で遺伝子組換えマウスの研究をしている研究者を見つけることができればアメリカに行く必要すらなかった、とも言えるわけです。というのは、日本の大学では国内留学という制度が認められていますから、受け入れる研究者・指導教官が認めてくれさえすれば、国内留学は海外留学よりずっと容易に実現できるからです。

事実、大阪市立大学のなかでさえ、「手紙に書いたことだけはできるぐらいの技術」を指導してもらえる分子生物学の先生を見つけることができたのですから、アメリカに行かなくても、他の大学・研究所を探せば、遺伝子組換えマウスの研究をしているひとを見つけることは、十分に可能だったのではないかと推測されます。

しかし、アメリカ留学は別の利点もあります。それは、世界の優秀な人材が一流大学の博士課程や研究所に院生や上級研究員として在籍していたりするので、大きな知的刺激を受けるということです。先に紹介したヨハン・ガルトゥングが「アメリカの大学は修士課程までは学ぶに値しないが博士課程だけは別格だ」と言っている意味は、このようなところにあるのではないかと思います。

とはいえ何度も言いますが、日本のノーベル賞受賞者の多くは留学すらしていないのです。日本で博士号を取得したあと、その素晴らしい研究成果を買われてアメリカの大学・研究所に研究員や教員として招かれている場合が圧倒的に多いのです。それどころかノーベル化学賞を受賞した田中耕一氏がもっていたのは、工学部卒（工学士）という学位だけでした。

ですから英語力や海外留学は必ずしも「創造的研究者」としての必須条件ではありません。必要なのは、研究費獲得のため走り回る必要もなく知的な議論と自由な研究ができる「豊かな研究環境」でしょう。山中氏も留学から戻ってきて薬理学教室の助手として研究を再開した頃のことを、前掲書の中で次のように言っています。

山中：……。アメリカでは何事も分業化されていたので、私はそれまでマウスの世話などしたことがありません。日本では当然、全部自分でしないといけません。週二回、自分でケージをきれいに洗い、下に敷くシートなども詰め替えました。私、そういうところは妙に真面目なんです。汚い部屋で、来る日も来る日も一人でマウスの世話をしながら、研究していました。（中略）なんだかものすごく情けなくなってきて、涙が出てきました。

益川：その頃は一人で研究されてたんですね。誰かとディスカッションするようなことはなかったんですか？

山中：ありませんでした。仲間とディスカッションするのは研究の醍醐味ですし、誰かと議論することで自分の研究の評価もちゃんとできると思うんですが、それもできず、研究費もなくて。

益川：アメリカから帰ってきて、研究環境が激変したわけだ。

山中：今にして思えば、アメリカの研究環境があまりにも素晴らしすぎたんですね。それが、日本に戻ったらネズミの世話（笑）。研究者としてやっていく自信がすっかりなくなってしまい、とうとう病気みたいになってしまいました。（一五七－一五八頁）

こうして山中氏がほとんどうつ状態になり、「研究をやめて外科医に戻る一歩手前までいった」こともあったそうですが、幸運にも、一九九九年に奈良先端科学技術大学院大学（奈良先端大）に、主任研究者として採用されました。独立した助教授ポストで、ノックアウトマウスを使った研究をやるひとを募集していたのです。このときのことを氏は次のように語っています。

益川：山中先生にぴったりの仕事じゃないですか。

山中：それまでもいくつか公募を受けて、すべてダメだったので、「たぶん、これも受からないだろうな」と半ば諦め気分でした。もしこれに応募してもダメだったら、もう研究は諦めて臨床に戻ろうと腹をくくりました。

この面接のときに、「あなたはノックアウトマウスが作れますか？」と聞かれたのですが、たしかに私はアメリカでノックアウトマウスを作ってはいましたが、それは分業体制のもとでフォローしてくれる人達がちゃんといたから出来たことであって、日本で、しかも一人で、すぐにできるとは思えませんでした。けれど、「できません」と言えば、その瞬間に「ではお引取りください」となることは目に見えている。気が付くと、「できます。すぐできます」と答えていました（笑）。アメリカ留学のときに続いて、人生で二度目の、やぶれかぶれのハッタリでしたが、それで無事に採用になったんです。

奈良先端大ではすばらしい技術員の女性に恵まれ、ノックアウトマウスもなんとか作ることが出来て、ほっとしました。それからは素晴しい環境で研究することができ、病気はウソのように治りました。（一六一－一六二頁）

山中氏は前掲書のなかで、研究の行き詰まりから「僕の周りでも何人か、自殺してしまった研究者がいます」（一六一頁）と言っていますが、こうして奈良先端大学に移って、やっと後のノーベル賞受賞につながる研究環境が整ったのでした。つまりアメリカに行かなくても、助手や技術員もついた豊かな研究環境が、その後の創造的研究を生み出したのです。

この山中氏の事例をみれば、英語熱を煽り莫大な血税を使ってＴＯＥＦＬやＴＯＥＩＣを受験させたり、また莫大な血税を援助して危険なアメリカに留学させることが、いかに資源・財源の浪費であるかがよく分かるはずです。

前掲書を読んでみても、山中氏の口からは、「柔道は中学・高校・大学前半の八年間、ラグビーは大学時代に三年やりましたが、今はもっぱらマラソンです」（七三頁）という話は出てきても、英検やTOEFLを受験するために、英語を必死に勉強したという話は一度も出てきません。

考えてみれば、これも当然のことで、イチローがアメリカの大リーグで活躍しているのは、小学校から英語をやったからでもありませんし、英会話が得意だったからでもありません。野球の能力が抜群だったからこそアメリカで活躍できているのです。これはヨーロッパで活躍するサッカー選手についても言えます。彼らが欧州で活躍できるのは語学力ではなく運動能力のためです。

同じく南部陽一郎氏や山中伸弥氏がアメリカで研究できたりアメリカの大学で教えることができるのも、小学校から英語をやったからでもありませんし、英会話が得意だったからでもありません。研究の能力が抜群だったからこそ、アメリカで研究できたり、アメリカの大学で活躍できているのです。英語に無駄なお金を使うよりも、豊かな研究環境を全国の大学に保障するほうが、はるかに国力増強に役立つでしょう。

4　日本にもライティング・センターとライティングの教授を
――「プレゼンテーションの仕方と論文の書き方」はアメリカでしか学べないのか

ところで、そのような山中氏なのですが、アメリカの大学で学んだこととして「プレゼンテーションの仕方と論文の書き方」について前掲書のなかで、かなりの頁にわたって述べています。しかし肝心の遺伝子研究についてグラッドストーン研究所で学んだことは、あまり述べられていません。述べられているのは次のようなエピソードだけです。

氏は、指導教授のトム（トーマス・イネラリティ博士）の助言に従って、ある酵素を遺伝子改変したマウスに導入したところ、予想に反して動脈硬化を防ぐどころか癌になってしまったのです。しかし、この失敗をトムは責めるどころか「これは面白いから研究を続けろ。お金は僕らが取ってくるから」と言って励ましてくれたというのです。

これが後のｉＰＳ細胞につながっていったわけですが、しかしアメリカで専門研究のなかで受けた指導というのは基本的にこれだけで、それ以外については、ほとんど何も述べられていないのです。しかし大学院で博士論文の研究をしているときに、似たような失敗と励ましを受けているわけですから（前掲書九一－九四頁）、これがアメリカの大学だったがゆえに受けた特別な指導だったわけではありません。

山中氏は前記の実験と失敗については、「本当に心の底からびっくりして『面白い！』と興奮したのは今までの人生で二回あります」（同書九〇－九一頁）と述べ、大学院時代の「犬の実験」の失敗と励ましに続く二回目のエピソードとして述べているだけなのです。

ところが「プレゼンテーションの仕方と論文の書き方」については、よほど印象に残っていたらしく、益川氏との対談では七頁にもわたって（一三二－一三八頁）、これについて語っているのです。たとえば、プレゼンテーションについては次のように述べています。

アメリカ留学中に、ＵＣＳＦ（カリフォルニア大学サンフランシスコ校）の選択授業にプレゼンや論文の手法を学ぶゼミがあったので、それを受講しました（一三三頁）。みんなの前でプレゼンテーションをし、それを互いに批評し合うという内容が多かったですね。そのうち何回かは、プレゼンしているところをビデオに撮られました。プレゼンが終わると退席させられ、本人のいないところで、みんながあれこれと批評します（一三四頁）。［その皆による批評ビデオも］あとで本人に見せてくれるんです。自分ではまずまずの出来だと思った時でも、身ぶり手ぶりまで批評されていました。目から鱗が落ちる思いでしたね。そういう授業が一回二時間、週二回ほど、二十週続きました（一三五頁）。

元東京大学教育学部教授の藤岡信勝氏は、在外研究のため一九九一年にアメリカへ出かける前は、つまり帰国して突然、「ディベートの授業」とか「自由主義史観」という歴史修正主義を主張するようになる以前は、授業を撮影したビデオを一時停止しながら授業場面に即した議論をおこなう「ストップモーション方式」と呼ばれる授業研究法を開発したことで有名になっていました。ですから、このようなビデオによるプレゼンテーション批評をアメリカに留学しないと学べないというのは、実に奇妙な話です。

というのは、山中氏が研究員として渡米したのは一九九三年ですから、その頃にはすでに中学校や高校の現場で「ストップモーション方式」による授業研究は、かなり広く知られていました。日本では最近まで大学における授業研究が盛んではありませんでしたから、山中氏の周辺で、そのようなビデオによるプレゼンテーション批評がおこなわれていなかったというだけの話で、プレゼンテーションの仕方を学ぶことができたから留学に大きな意味があったとするのは、やや疑問なしとしません。

プレゼンテーションがそれほど重要なものであれば、アメリカと同じように日本の大学でも選択科目として学ばせればよいだけの話です。しかし、学会やシンポジウムで発表したことがあれば、そのような授業が身近になくても、発表のあと自己批評をきちんとおこなったり他者からの批評を聞いていれば、山中氏が次に述べているようなことは留学せずとも身につけることができる発表技術ではなかったのか、と思うのです。

ほかに私が言われたのは、「スライドでは聴衆から見えないような文字を使うな」とか、「文字ばかりのスライドを見せられても誰も読まないし、理解もできない」とか、「説明しないことを書くな、説明したいことだけを書け」とか、「発表の目的をはっきりさせろ」とか、当たり前のことばかりでした。けれど、その当たり前のことが、できんのです。それを何度も何度も叩き込まれました。（一三五頁）

先生から言われたことの一つに、「発表の時にポインターを動かすな」という教えがあります。みんなの前に立ってスライドを見せる時、「ここは強調しよう」と思ってポインターをグルグル回したら、あとで先生から、「シンヤ、目が回るからあれはやめて」と言われてしまって。それからは、すごく気を付けるようになりました。（一三六頁）

最近は学会発表やシンポジウムでもパワーポイントを使って発表するひとが多くなりました。ポインターをグルグル回すのは論外としても、「文字ばかりのスライドを見せられても、誰も読まないし理解もできない」という理由で、文字や映像が動いたりや音楽が流れたりするスライドをつくってくるひとも、多くなってきました。しかし見やすくて人目はひくのですが、内容に乏しく、終わってみると頭に何も残っていないという発表も珍しくありません。

山中氏にとっては、UCSFの選択授業は非常に新鮮で得るところが多かったことは間違いないのですが、上記で述べられているようなことは、氏自身も言っているように、いわば「当たり前のことばかり」なのです。だとすれば、わざわざこのようなことを学ぶためにお金をかけて（ときには銃の乱射事件に遭うかも知れない危険をおかして）留学する必要があるのかと思うのです。それが国民の税金を使った留学であれば、なおさらのことです。

以上のことは「論文の書き方」についても言えるように思います。この点についても山中氏にとっては、州立大学サンフランシスコ校（ＵＣＳＦ）の選択授業は非常に新鮮で得るところが多かったらしく、前掲書で次のように述べています。

特に私が留学していたＵＣＳＦには、ミミ・ザイガーという有名な論文の先生がおられました。今も教えてはりますけど、科学論文の書き方を指導するのが専門の仕事なんです。単語の選び方、文の構造、何をどういう順序で書くべきか、何を書いてはいけないかなど、実践的な論文の技法を熱心に教えておられました。アメリカのすべての大学に、そういう先生がいるのかどうかはわからないですけども、日本の大学や研究所は、アメリカに比べて明らかに、そういうことを専門に教える人が少ないですね。ミミ・ザイガーさんのように、あれだけ熱く教えてくれる先生というのは、残念ながら見たことがありません。（一三八－一三九頁）

しかし、「単語の選び方、文の構造、何をどういう順序で書くべきか、何を書いてはいけないか」といったようなことは、大学院の博士論文どころか、日本語で書く修士論文や卒業論文のレベルで指導されているべきことではないでしょうか。日本の大学で、レポートや卒業論文をきちんと書かせて、論理的で明晰な文章を書く訓練がおこなわれていれば、わざわざアメリカ留学して論文作法を学ぶ必要はなかったとも言えます。

山中氏が、ＵＣＳＦ（カリフォルニア大学サンフランシスコ校）の選択授業にプレゼンや論文の手法を学ぶゼミがあり、それに参加して大いに学ぶところがあったことは、事実そのとおりだと思います。しかし、山中氏が研究員として渡米したのは一九九三年ですが、その一〇年以上も前に、すでに木下是雄『理科系の作文技術』（中公新書一九八一）が出版されていました。私がこの本を読んだのは、出版直後ですから、氏がUSCFで学んだようなことは、留学せずとも、まわりに適切な指導者さえいれば、日本でもその大半は知ることができたはずです。

また、さらに、その五年も前に、本多勝一『日本語の作文技術』（朝日新聞社一九七六）が出ています。これは、「読点の打ち方」や「一つの被修飾部に複数の修飾部を必要とする場合の並べ方」など、明晰で論理的な日本語を書くための文章ルールを提唱しています。有名作家の文章読本は読んだことはあっても、それまでは、このような本を私は読んだことがありませんでした。著者の本多勝一氏が理系出身者だからこそ、生まれた本ではないでしょうか。これを英語に応用すれば明晰で論理的な英語論文も、それほど苦労せずとも書けるようになるような気がします。少なくとも私には大いに参考になりました。

それはともかく、私が教育学部で指導していても、英語で書く以前に、日本語で書かせたレポートすら意味不明な文章になっていることが少なくないのです。これでは卒論以前ですから、せめて本多勝一『日本語の作文技術』を読めと言って、これを必読文献に指定したほどです。（ただし、この本は一文一文をどうすれば明晰で分かりやすい文にするかを説いた本ですから、段落をどう書くか文章全体をどう構成するかは別の指導と訓練が必要になります。）

しかし、このような文章作法の指導ばかりに時間を取られていると、肝心の論文内容の指導がおろそかになります。そこで堪りかねて、『レポートおよび卒論・修論の書き方』という二〇頁ばかりの小論を大学の研究紀要に書いて、その抜き刷りを学生の必読文献にしました。これで私の負担はかなり軽くなりました。レポートや論文における「引用」と「意見」の書き分け、論文の最後に参考文献を並べるときの書き方なども、毎回のように注意する必要がなくなったからです。

ですから、日本でも、文章指導・論文作法だけを教えるミミ・ザイガー氏のような専門教員がいて、文章作法・論文指導の教育をすることができる制度や施設があれば、教員の論文指導は非常に楽になることは間違いありません。教員は、論文の「形式」はそのみちの専門家に任せ、自分は研究の「内容」だけに指導を集中できるようになるからです[註3]。

実を言うと、論文作法まで指導している時間的ゆとりが、ふつうの指導教官には、なかなか取れないのです。学生に研究テーマを選ばせて研究に必要な文献を読ませたり実験指導をしたりしているだけで時間がなくなります。私の経験では、修論指導どころか卒論指導だけでも学生が五人を超えると、もう手が届かなくなります。

私がチョムスキー&ハーマン『マニュファクチャリング・コンセント』出版二〇周年記念国際会議に参加するためカナダのウインザー大学を訪れたとき、偶然にも「ライティング・センター」の看板が掛かった建物を見つけました。ひとがいたので何をするところかと尋ねると、ここは学生がレポートや論文を書く作法を個別に指導する場所で、自分はその教員だとの答えでした。（そして同時に、その教授のうしろの壁に北斎の有

ウインザー大学のライティング・センター

葛飾北斎「富嶽三十六景神奈川沖浪裏」の前で（著者）

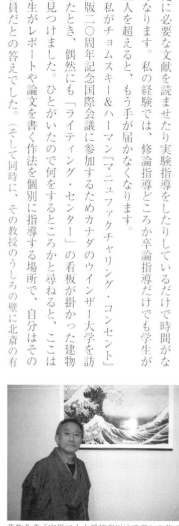

名な「富嶽三十六景、神奈川沖浪裏」が掛かっていたのが印象的で、今でも記憶に残っています。）

かつて私のゼミ生が、提携校であるアメリカの州立大学に留学したとき、レポートの書き方は「ライティング・センター」で指導を受けたと言っていましたので、そのイメージがやっとつかめた気がしました。

ですから問題は留学ではないのです。高額のＴＯＥＦＬを税金で受験させ、さらには血税を使って一二万人もの留学生をアメリカに送り込む財源があるのなら、まずは、そのお金を文章作法・論文指導の教育を可能にする制度や施設に回すべきでしょう。英語を学ばせアメリカに留学させさえすれば「創造的研究者」「グローバル人材」が生まれると考える方が、おかしいのです。ましてアメリカの青年・学生の「成人学力」がＯＥＣＤ諸国のなかで最底辺に位置しているとなれば、なおさらのことです。

5　これこそアメリカの思う壺──なぜ世界一の学力をもつ教育制度を破壊しなければならないのか

これまでの説明で、アメリカの「成人力」がＯＥＣＤ諸国のなかで最底辺に位置していること、そしてアメリカの大学が必ずしも留学するに値するわけではないことを明らかにしてきたつもりですが、これをもう一つ別の視点から検証してみたいと思います。

先にも紹介したように、ＯＥＣＤが一六～二四歳の若者を対象に二二か国でおこなった学力調査は、アメリカの若者が「最底辺にいる」ということを示していました。これは『ニューヨーカー』誌（二〇一三年一〇月二三日）を読んで初めて知ったことでしたが、これには次のような棒グラフが載せられていました。

このグラフを見れば分かるように、国語力（Literacy）も数学力（Numeracy）も日本は世界のトップレベルにいるのです。

読解力の国別平均得点（16 ～ 24 歳）

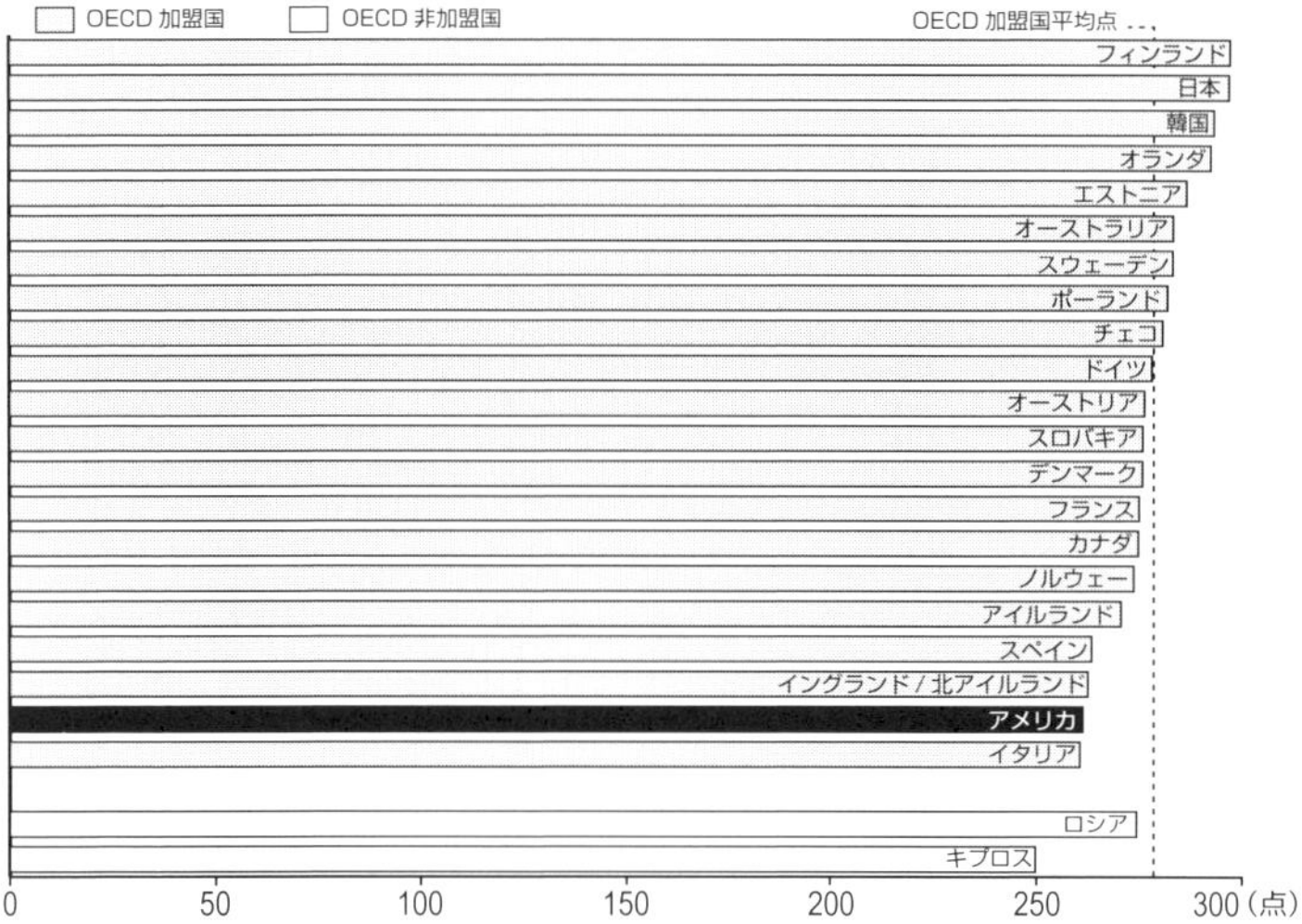

数的思考力の国別平均得点（16 ～ 24 歳）

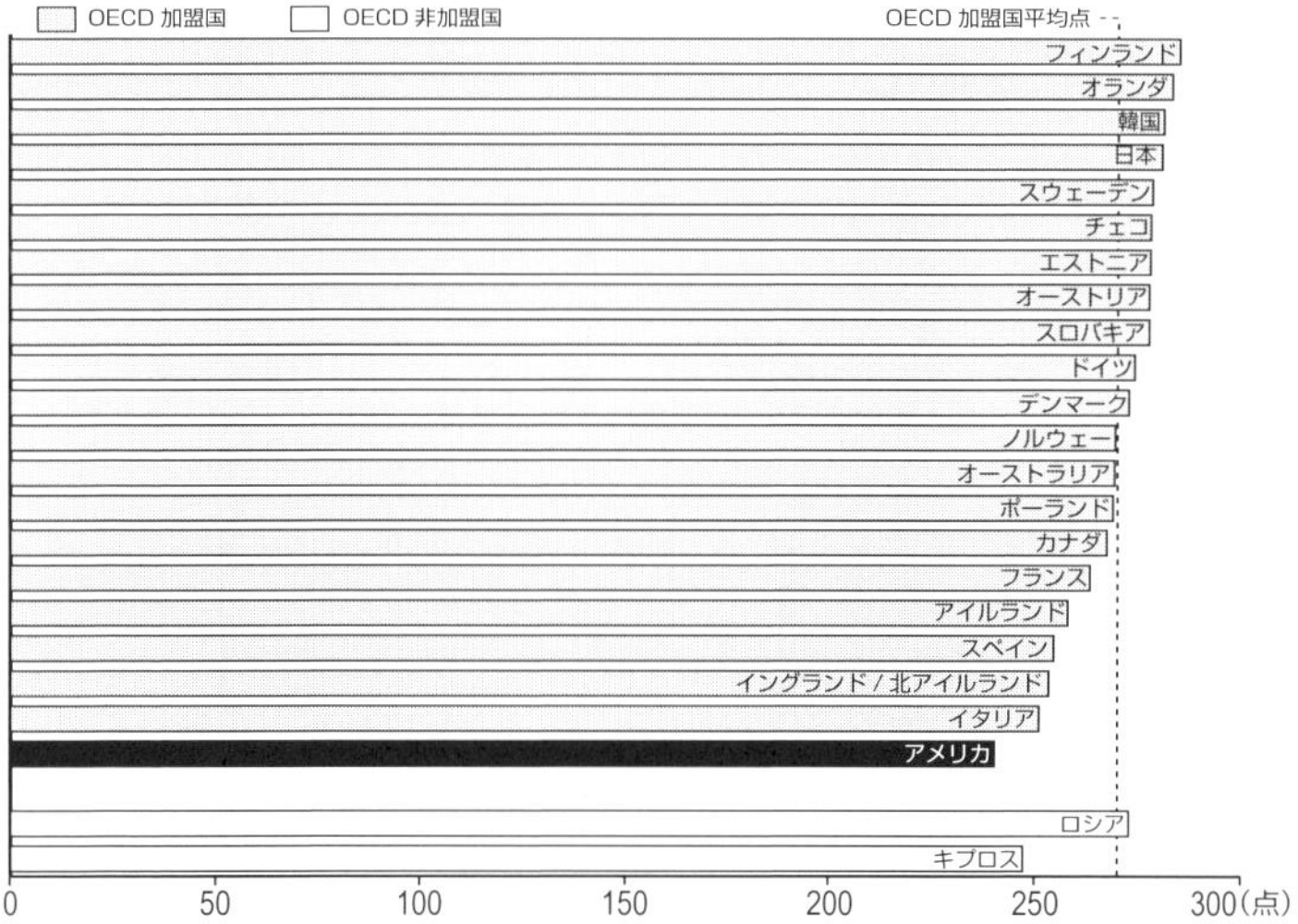

出典：*OECD Skills Outlook 2013* をもとに作成

国語力（Literacy）　日本は二位、フィンランドが一位、韓国が三位
数学力（Numeracy）日本は四位、フィンランドが一位、オランダが二位、韓国が三位

ところが政府・文科省は、「日本の大学は世界ランキングから判断すると見るに堪えないレベルにあるから、これを大胆に改革する必要がある」という口実で、「大学の国際化」「英語による授業」「ＴＯＥＦＬによる大学入試」「留学生倍増、一二万人計画」といった政策を矢継ぎ早に打ち出したのでした。

しかし、「世界ランキング」というものが必ずしも信用できないものであることは、世界的にも有名な格付け会社によって「トリプルＡ」と評価されていたアメリカの会社エンロンがいとも簡単に倒産し、アメリカの金融危機が世界経済に深刻な被害を与えたことで、証明されています。

また「大学の世界ランキング」も英語国・米語国が有利になるように仕組まれていることは、第１章で詳しく説明したので、ここではこれ以上述べませんが、いま深刻な教育危機に陥っているのは日本ではなく、むしろアメリカなのです。

先の棒グラフで歴然としていますが、「未来の労働力」であるアメリカの若者が、「読解力」「数学的能力」「問題解決能力」のいずれにおいても最底辺にあることを示しています。このグラフを載せた『ニューヨーカー』誌も、「三つのグラフに見るアメリカの衰退」（Measuring America's Decline, in Three Charts）と題する記事の中で、その深刻さを次のように解説しています。

> 国の教育水準や国民の学力レベルが、その国の経済的命運を決める唯一の要因ではない。他の要因も重要だ。たとえば資源の豊富さ、人的資本や研究開発への投資、政治的安定、競争、新機軸・新しい発想・新しい人間への開放性、信頼できる法制度、利用しやすい金融制度など。これらの幾つかは今でもアメリカは高い水準に

ある。しかし日本や韓国が見せつけたように、充分な教育を受け、充分に訓練された労働力は、経済的繁栄の本質的基盤である。そしてアメリカにとっては、最大の経済問題が中流階級の生活水準引き上げにあるのだから、労働者の学力と生産性を高めることは、今や焦眉の課題だ。〔和訳は寺島による〕

http://www.newyorker.com/online/blogs/johncassidy/2013/10/measuring-americas-decline-in-three-charts.html

ここで『ニューヨーカー』誌も述べているとおり、「充分な教育を受け、充分に訓練された労働力は、経済的繁栄の本質的基盤」であり、その土台となるのが「国語力と数学力」、いわゆる「読み書き算盤《そろばん》」なのです。だからこそ、ＯＥＣＤがまず調べたのも、この二つでした。

ところが政府・文科省は何を血迷ったのか、「英語力は経済力だ」「日本の経済が停滞しているのは日本人の英語力が貧弱だからだ」と叫んで、次々と教育制度を改悪し、そのたびに学力を低下させてきました。しかし、現場教師の血のにじむような努力のお陰で、まだ世界でトップレベルの地位を維持できているのです。

しかし、ここにもう一つ面白い調査結果があります。それは先に紹介した『ニューヨーカー』誌の記事が、ＯＥＣＤの「成人力」調査のなかでも特に一六～二四歳に焦点を絞ったグラフだったのですが、実はＯＥＣＤが調べたのは二四か国（加盟二二か国+ロシア、キプロス）における一六～六五歳の男女で、約一五万七〇〇〇人を対象に実施されたものでした。

では若者ではなく、労働人口全体では日本の地位はどのようなものだったのでしょうか。何とそれは断トツの一位だったのです。結果は次のようなものでした。

国語力（Literacy）日本は一位、フィンランドが二位、オランダが三位

読解力の国別平均得点（16 ～ 65 歳）

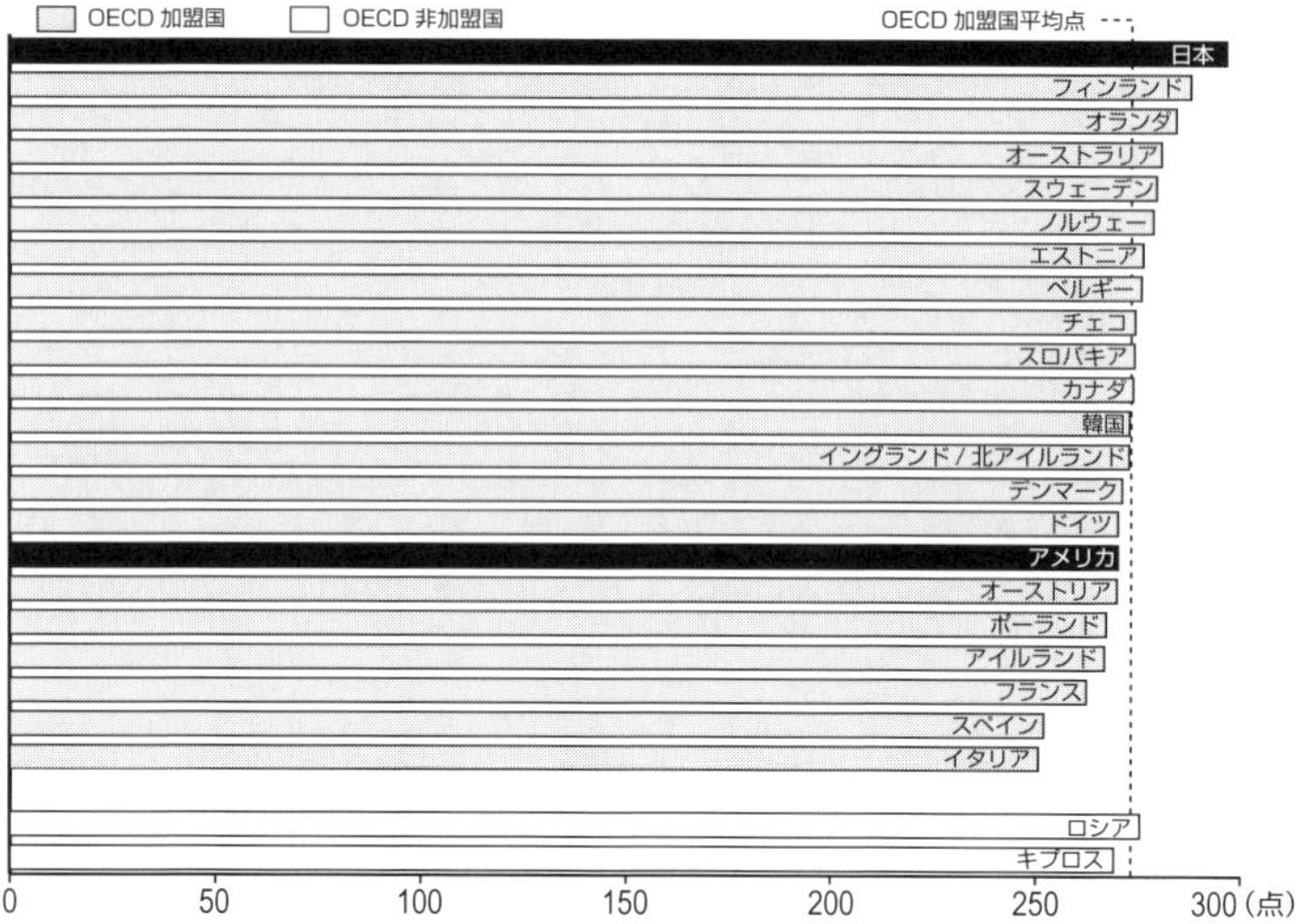

数的思考力の国別平均得点（16 ～ 65 歳）

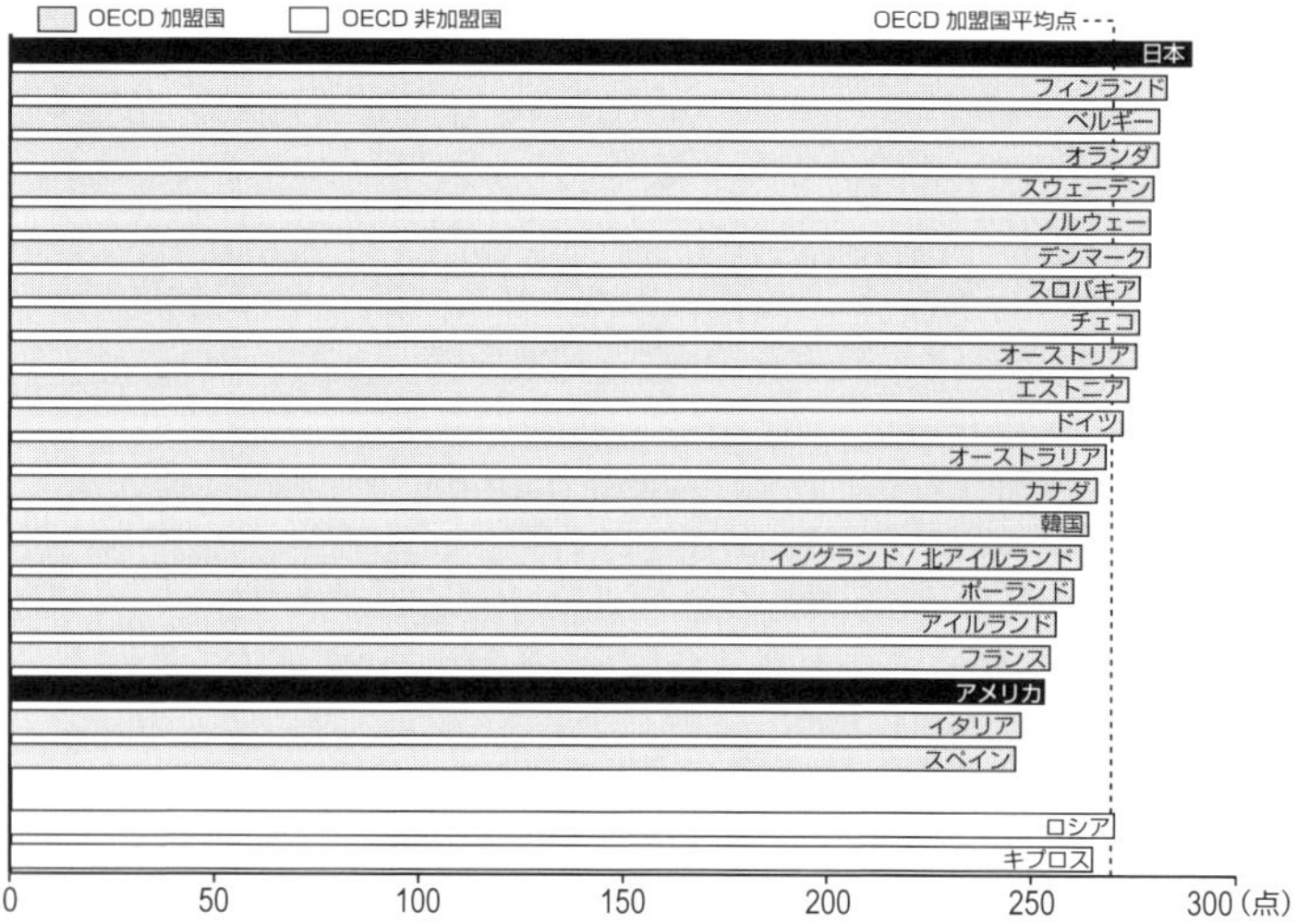

出典：*OECD Skills Outlook 2013* をもとに作成

数学力（Numeracy）　日本は一位、フィンランドが二位、ベルギーが三位

この結果についてOECDは、各国ごとに英語版の詳細な評価・解説を付けているのですが、探してみたら、この英語版とは別に次のような日本語版も発表されていることが分かりました。

「成人力調査、日本にたいする註記と解説」
http://www.oecd.org/site/piaac/Japan%20Country%20Note%20in%20Japanese_clean%20version.pdf

そこで、以下では、この日本語版の解説を引用しながら、いかに政府・文科省が「英語が話せないのは日本人だけ」という嘘をつきながら（そして間違った劣等感を私たちに植え付けつつ）英語熱を煽り立ててきたのかを明らかにしてみたいと思います。

解説の冒頭でOECDは「問題点」として五項目をあげていますが、そのうち三項目は「国語力」と「数学力」についてです。それは以下のようになっていました。

＊日本の成人の読解力と数的思考力の習熟度は参加国中一位となった。
＊日本人女性のスキルは十分活用されていない。日本人女性の読解力と数的思考力は高いが、労働力参加率は低い。
＊こうした高い習熟度を経済成長と人々の幸福に転換するためには能力を最大限利用する必要がある。日本の雇用主は人材の能力を最大限活用しているようには見えない。そして習熟度への見返りは、賃金と雇用率の上昇の点から見ると、他の参加国より低い。

ご覧のとおり、「問題点」といっても、それは教育制度の問題ではなく、世界一の高い学力をもつ日本人の能力を最大限に活用していない政府や経済界に問題があると言っているのです。

右のOECDによる解説は、「こうした高い習熟度」を経済成長と人々の幸福に転換するためには「能力を最大限利用する必要がある」、しかし「日本の雇用主」は「人材の能力を最大限活用しているようには見えない」と断言しています。

要するに、日本の経済成長に問題があるとすれば、それは教育にあるのではないと言っているのです。それどころか逆に、教育の中で培われた「高い学力」を「経済成長」に転換するためには「能力を最大限利用する必要がある」とすら言っています。

言いかえれば、世界的に見ても最高の教育制度の中で培われた「高学力」「習熟度」への見返りは、「賃金と雇用率の上昇の点から見ると他の参加国より低い」として、「日本の雇用主」すなわち政府・財界・大企業に苦言を呈してさえいるのです。

日本ではアメリカ帰りの学者が中心になって「規制緩和」「構造改革」を声高に唱道し、その結果、多くの個人商店や中小企業が倒産し、労働者の側でも正社員が減らされ「契約社員」「派遣労働者」が激増しました。つまり留学＝英語力が貧困を増大させたのです。

こうして「高い習熟度」をもつ労働者が自分の能力に見合った仕事が得られず、「賃金と雇用率の上昇」の点から見ると極めて悲惨な状態に追い込まれ、いわゆる「ワーキングプア」「プレカリアート」が路上に溢れることになりました。

このように、勤労者＝消費者の購買力が大きく低下することになった日本で、景気が好転するはずはないのです（だからこそ外国に原発を売りつけ武器を輸出したくなるのです）。ところが政府・文科省は、日本の経済的停滞はあたかも「教育」とくに「英語教育」に問題があるからだと言わんばかりの言動をくりひろげてきました。

しかし日本の教育が世界一であることは、今まで述べてきたように、ＯＥＣＤも認めているとおりなのです。ＯＥＣＤは上で説明した点をさらに詳しく解説して次のように述べています。

> 読解力と数的思考力における日本の成人の全体的な評価が高いのは、若年層と中高年層の両方にあてはまる。日本が他の参加国と異なる点は最高齢層の習熟度が非常に高いことである。

ここで注目すべきなのは、「日本が他の参加国と異なる点は最高齢層の習熟度が非常に高いことである」としている点です。つまり文科省が、「日本の教育は遅れている」として、教育制度を次々と「改正」（すなわち改悪）してきたのですが、そのような新しい教育を受けた世代ではなく、古い教育を受けた世代（すなわち「最高齢層」）の方が、「習熟度が非常に高い」のです。それをＯＥＣＤはさらに次のように説明しています。

> 読解力と数的思考力における一六〜二四歳の成人の平均習熟度は参加国の中では最高だが、それはフィンランド、韓国およびオランダの同年齢の集団と同程度である。しかし、日本の四五〜五四歳と五五〜六五歳の平均習熟度は他の参加国の同年齢層の習熟度を大きく上回っている。

私は先に政府・文科省は「次々と教育制度を改悪し、そのたびに学力を低下させてきました。しかし、現場教師の血のにじむような努力のお陰で、まだ世界でトップレベルの地位を維持できているのです」と述べましたが、この私の言の正しさが上記のOECDの解説でみごとに証明されているのではないでしょうか。

上では「日本の四五〜五四歳と五五〜六五歳の平均習熟度」は他の参加国の同年齢層の習熟度を「大きく上回っている」と述べていることに注目して欲しいと思います。

先述のように、ここで日本は、OECDによって「他の参加国と異なる点は最高齢層の習熟度が非常に高いことだ」と指摘されているのです。ここで指摘されている最高齢層（五五〜六五歳）は、まだ日教組が健在で、毎年ひらかれる「全国教育研究集会（いわゆる全国教研）」が日本の民主教育を強力に前進させ、その水準を大きく引き上げている頃に、教育を受けた世代です。それとくらべれば現在の日教組は見る影もありません。

国語教育における「一読総合法」「西郷竹彦の文芸研」「大西忠治の読み研」、数学教育における「数教協」「数実研」、理科教育における「仮説実験授業」、社会科教育における「歴教協」、英語教育における「新英研」など、さまざまな民間教育団体の運動が盛り上がりを見せ、公教育を下から地道にねばりづよく支えたのも、この時期の特徴でした。

また、これらの団体の研究が「おちこぼれ」を防ぐことに大きく貢献したことも衆知の事実です。そのことが日本の教育に大きな学力格差を生み出さない大きな要因になっていました。これはOECDの次のような解説から見ても明らかでしょう。

高等教育を受けた日本の成人の習熟度は受けていない成人の習熟度より高いが、その差は小さく、日本は低学歴者の読解力を高めるだけでなく、高学歴者と低学歴者の習熟度の差を最小限に抑えることができていると言える。読解力では、高等教育を受けた成人の得点は中卒者の得点を約三二・七点上回っている。この得点差は参加国中最も低い。日本の中卒者の習熟度は参加国最高だった。

かつて「世界に誇る日本の工業力は下請けの小さな町工場が支えている」と言われたことがありますが、そのような力は中卒の人間でも緻密な仕事ができる学力が育てられていたからです。ところが政府・文科省が最近つよく勧めているのが「習熟度学習」です。これは一見すると「おちこぼれ」も防ぐように見えますが、本質はエリート教育であり、「おちこぼし」になっているのが実態です。

しかし、このような「習熟度学習」「エリート教育」は教育の本質に合致していません。ビゴツキーのいわゆる「最近接領域」の教育理論が明らかにしているように、子どもは集団の中で学びますし、その方が学力も伸びます。「できる子」は、「できない子」を教えているうちに「分かったつもりだったことが分からない」ことに気づきます。「できない子」も、いきなり教師に教わるよりも、自分の分からないところが分かってくれる「できる子」に教えてもらった方が、納得できる説明を得られることが少なくないからです。ですから「個別学習」を売り物にする学習塾や予備校が、真の学力を育てるうえで本当に効果があるかは大いに疑問なのです[註4]。

前章でも述べたことですが、私がまだ教育学部で教えていた頃、北京師範大学でおこなわれた国際会議に参加したとき、日本の教育を専門に研究していた女性教授が、「日本の教育は全国のどのような僻地であろうとも都会と同じような高水準の教育が維持されている。中国もそこから学ぶべきだ」という論文を一貫して書いてきたのだが、今の日本はその良さをどんどん破壊している、と言って嘆いていました。

彼女は「中国ではアメリカ帰りの学者が大学でも日増しに勢力を伸ばし、アメリカ流の教育論や経済論が学内でもその世論がつよくなる一方だ」と言っていましたが、この流れに抗して彼女は事実をあげながら日本の良さを説いていたのに、それを当の日本が破壊し始めたことに失望と憤りを隠せないようすでした。

それはともかく、このような政府・文科省による教育破壊にたいして現場教師による粘り強い工夫と抵抗が続いています。それが、ＯＥＣＤの調査結果に見られるような「世界に誇るべき学力水準」を、かろうじて維持させているのです。

しかしこれがいつまで続くかは不明です。文科省が校長の権力を強め、現場教師の「意欲」「やる気」を削ぐ一方だからです。私の周りでも優秀な教員ほど悪化する現場に見切りをつけ早期退職したり病気休職する現実があります。管理職の地位を返上する教員も出ています。

ＯＥＣＤが、「読解力と数的思考力における日本の成人の全体的な評価が高いのは、若年層と中高年層の両方にあてはまる」しかし、「日本が他の参加国と異なる点は、最高齢層の習熟度が非常に高いことである」と述べているのは、このような背景があったからだと私は思っています。

何度も言いますが、「中高年層」よりも「若年層」のほうが学力は低くなっているのです。これが文科省の「教育改革（＝改悪）」の成果です。

6　ＯＥＣＤも激賞する日本人の底力――本当に「問題解決能力」は「平均並み」だったのか

先にＯＥＣＤが「国語力」「数学力」「問題解決能力」の三つの指標を用いて「成人力」の調査をおこな

い、このいずれにおいてもアメリカは最底辺に位置していたことを紹介しましたが、では日本人の「問題解決能力」はどうだったのでしょうか。

これについてOECDは冒頭の「問題点」五項目のなかで、次の二点を指摘しています。

＊日本の成人のITを活用した問題解決能力は平均並みであった。日本では若年層の成人の得点が、この分野で平均以下であった。

＊日本の成人の情報処理能力の習熟度は比較的均等で、中高年層と若年層、高学歴者と低学歴者の間の得点差はわずかだった。

これを見て第一に分かることは、「読み書き能力」と「数学的思考力」で世界一を誇っていた日本人が「問題解決能力」では平均並みで、しかも「若年層」の得点が平均以下だったのです。

しかも、「ITを活用した問題解決能力」を測っているのですから、本来は小さい頃からIT機器に慣れ親しんでいるはずの若者＝若年層こそ高得点をとってよいはずなのに、それが「平均以下」だったというのは、若年層の学力が劣化しているのです。これは深刻な事態と言うべきでしょう。

他方で、OECDは、「情報処理能力の習熟度は比較的均等で、中高年層と若年層、高学歴者と低学歴者の間の得点差はわずかだった」とも言っています。これは何を意味するのでしょうか。若い頃にITを使ったことがなかった中高年層が、若年層との「得点差はわずかだった」のはなぜでしょうか。

その答えは、日本人が「読解力」と「数学力」で世界一を誇っていたことに、その秘密があると思います。若い頃にIT機器にふれることはなかったにしても、「読解力」と「数学力」さえあれば、解説書や説明書を読んで理解する力があり、「数学的思考力」「論理的に考える力」があれば、なかば独学でIT機器は使いこなせるようになるからです。

ＯＥＣＤが「高学歴者と低学歴者の間の得点差」もわずかだったと言っているのは、同じ理由からでしょう。中卒であろうが高卒であろうが、「読解力」と「数学力」さえあれば、なかば独学でIT機器は使いこなせるようになるからです。

とはいえ、「読解力」と「数学力」で世界一を誇った日本人が、「問題解決能力」で平均並みというのは、やや納得できないものがあります。そう思っていたら、IT研究家の坂村健氏が次のように言っていることを知りました。私は、この板村氏の分析にいたく納得しました。

一位の項目が多い中で日本は「ITを活用した問題解決能力」だけ一〇位と良くない。そこで、きちんとネットでその問題文を見てみると「グループでスケジュール調整し、イベントチケットを取るまでをネットだけで行え」のような、日本の中年以上の「成人」ならネットより電話やサービスマンや部下などの人間関係に頼ったほうが良いと思いそうな課題だ。そもそも調査の入り口でネット経由の調査を拒否する人は、紙による回答となり、本テストは受けられない。その分が日本では三分の一もいた。本テストを受けた人だけなら他の国々の成績を大きく上回っているというから、ここでは「ITを活用した問題解決能力」が単に低いというより、「日本はITを使わなくても便利な社会がそれなりに確立しており、使わないで済ます層と積極的に使う層に二分化している」という分析をすべきだろう。（『毎日新聞』二〇一三年一〇月一七日）

このように、ＯＥＣＤの国際学力調査を調べてみると、「日本の経済的停滞は、日本人の英語力が低いからだ、大学の国際化が遅れているからだ」という政府・文科省の主張がいかに間違っているか、政府がいかに嘘を言い続けているかがよく分かります。このような主張を聞いていると、アメリカが「イラクに大量破壊兵器がある」「フセイン大統領がアルカイダやビンラディンを裏で支援している」という嘘をつきながらイラク侵略にのりだしたのを、つい思い出してしまいます。

日本人の貧困化、日本の経済的停滞は、アメリカの言いなりになった政府の経済政策・労働政策がもたらしたものであり、日本人の学力、とりわけ「英語力」によるものではありません。それをまざまざと示したのが、このOECDの「成人力」調査ではなかったでしょうか。

たとえば、OECDは「日本人女性のスキルは活用されていない」として、日本人の女性について次のように述べているのです。

> 男性よりやや劣っているとはいえ、日本人女性の読解力と数的思考力の習熟度は国際的に最高レベルにランクされる。日本人女性の極端に高い非就業率の点から見て、これは日本は質の高い人的資本が利用されていないことを示している。十分な保育援助と課税政策を通じて、日本人女性が職業と家庭生活を両立できるような政策を設定する必要がある。

ご覧のとおり、OECDは「日本人女性の読解力と数的思考力の習熟度は国際的に最高レベル」であるにもかかわらず、「質の高い人的資本が利用されていない」と言っています。そして「十分な保育援助と課税政策を通じて、日本人女性が職業と家庭生活を両立できるような政策を設定する必要がある」と提言しています。

ところが政府がとってきた政策は、これと全く逆行するものです。日本は「人的資源」を活用するどころか「使い捨て」にしているのです。アメリカの要求にしたがって「構造改革」「規制緩和」、つまり「民営化」を強力に推進し、ワーキングプアと呼ばれるひとたちを激増させました。そのうえ、保育や介護や医療への援助を削り、大企業や富裕層には減税し庶民・貧困層には増税ですから、OECDの提言に逆行するものになっています。

これは、日本における非正規雇用者がうなぎ登りに増大していることによく表れています。総務省が発表した就業構造基本調査では、役員を除く雇用者のうち非正規社員は全体で約二〇四三万人となり、初めて二〇〇〇万人を突破しました。比率も三八・二％と過去最大を更新しています。また過去五年間に介護や看護のために職を離れたひとは約四八万七〇〇〇人。このうち女性は三八万九〇〇〇人で、八割にも達しています（『日本経済新聞』二〇一三年七月一三日）。

繰り返しになりますが、日本の経済的停滞は日本人の英語力によるものではなく、政府の経済政策が間違っているからです。というよりも、一九八〇年代末から激しくなった「ジャパンバッシング（日本叩き）」以来、日本経済が一貫してアメリカの経済政策に従属させられ、自立できないことに由来するものでしょう。これはアメリカ人実業家ビル・トッテン氏がみずから認めていることでもあります。（『日本は悪くない――アメリカの日本叩きは「敗者の喧噪」だ』ごま書房）。

7　アメリカを蝕む大学ランキング競争――なぜアメリカの大学教育は劣化しつつあるのか

ここまで書いてきて、ふと浮かんできた疑問があります。それは、なぜOECDは「成人力」調査の指標として「英語力」「外国語力」を選ばなかったのかという疑問です。もし政府・文科省の言うとおり英語力・外国語力が「成人力」であり「経済力」なら、ＯＥＣＤはそれを調査項目として選んだはずだからです。

しかし、「外国語力」を調査項目に入れていれば、その調査結果はアメリカにとってさらに悲惨なものとなっていたでしょう。というのはアメリカ人が母国語のアメリカ語以外の言語をほとんど話せないことは世界周知の事実だからです。*The Tongue-tied American: Confronting the Foreign Language Crisis*（『口のきけないアメリカ人――外国語の危機に直面』）という題名の、有名な本が出ているくらい、多くのアメリカ人は外国語ができないのです。

アメリカ人の多くは外国語ができませんから外国のことをほとんど知りません。政府や大手メディアの言うことしか読んだり聞いたりしていないので、政府が嘘をついてもそれを信じてしまいます。しかしロシア語、中国語、アラビア語などが理解できれば、政府や大手メディアが流す情報とはまったく違った世界があることを知ることができます。アメリカ人がいとも簡単に政府の言う嘘を信じたのには、このような背景があります。

このように考えると、政府・文科省が「ＴＯＥＦＬを入試科目に入れろ」「大学の授業も英語でおこなえ」「留学生を倍増にして一二万人にしろ」と言っていることの理不尽さが、ますます明確になってきます。そもそもアメリカ留学さえすれば「経済力」が身についたり「国際人」になると考える方がおかしいのです。むしろ逆に、英語しか知らなければ、アメリカの目線でしか世界を見られなくなる危険すら出てきます。そのようなことを考えることのできる人間こそ「国際人」と言うべきでしょう。

また、ヨハン・ガルトゥングが言っているように、そして私がアメリカの大学で教えた経験からしても、アメリカの大学は（博士課程を除き）教育内容は劣化しつつあるのですから、留学するに値するかどうかも、慎重に検討しなければならないのです。苅谷剛彦氏も『アメリカの大学・ニッポンの大学』（中公新書）で次のように述べています。

本書がアメリカの大学教育界に伝えようとしたのは、アメリカの大学が世界で最も優れたシステムであるという神話が崩壊しつつあることへの警鐘である。今でも、大学院には世界中から優れた学生が集まり、アメリカの大学の優秀さの証明と見なされている。しかし、学部教育という足下を見れば、学習の軽量化が進み、大学は社会から期待される役割を果たしているとは言い難い状況になっている。（二四三頁）

苅谷氏が上記で「本書」と言っているのは、*Academically Adrift: Limited Learning on College Campuses*（『漂流する大学教育――キャンパスにおける学びの軽量化』）という本で、氏によれば、アメリカの大学で学習がいかに軽量化しているかを明らかにした警告の書だそうです。苅谷氏は、この本をもとにしながら、学部教育が（あるいは修士課程も）形骸化している理由を次のように説明しています。

そのひとつは、アメリカの大学が市場原理にもとづき、学生や親たちを消費者と見なすようになってきていることにある。学生たちの選択を重視する市場主義は、学生たちの求めるさまざまな教育「サービス」の提供を大学に求める。その中で、たとえば消費者（＝学生）の声に耳を傾けようとする授業評価なども、学習への要求度の低い授業や、成績評価の甘い授業が学生から好意的に評価されるとなると、そのような授業の広がりを許す一因となる。たとえ一部の教員が厳しい成績評価と学習への高い要求を掲げても、選択重視のしくみのもとでは、そういう授業の人気は下がり、学生も集まらない。そのうえ、学生や親たちが大学に求めているのは、厳しい学習よりも、居心地のよい設備の完備した学生寮であったり、キャンパスでの他の学生たちとの交流や「社会経験」であったりする。（二四〇－二四一頁）

これを読むと、先にヨハン・ガルトゥング氏が述べていたことと全く符合していることが分かります。ガルトゥング氏の教授経験は、「アメリカの二四校の四年生大学の学生二三二一人を対象におこなった調査・研究」と、内容が見事に一致しているのです。

すでに紹介したことですが、ガルトゥング氏は、「アメリカの四年制大学は思春期の延長で、いつまでも子供っぽい悪ふざけから抜けられず、ある種のクラブ活動に熱を上げ、卒業の年の春休みに見られるようなドンチャン騒ぎに耽っている」と述べていました。

要するに、多くのアメリカの大学は、英語（米語）でおこなわれていることを除けば、場合によっては、その内容は日本の高校レベルとあまり変わらないということになるわけです。その証拠に、日本の高校におけるる学習レベルの高さについて、山中伸弥氏も次のように述べています。

私の娘が高校生の時、生物でわからないところがあると、私に聞いてきました。でも、私にはわからないんです。「お父さん、京大の教授じゃないの」と言われちゃいましたけど、「こんな難しいことをする必要はないんじゃないか」と思うくらい、すごくレベルが高いんですよ。（『「大発見」の思考法』六七頁）

しかし日本からの留学生は、英語でおこなわれる授業についていくのが精一杯で、その授業内容が日本の大学で学ぶ内容と大差ないこと、あるいはそれよりも低い可能性があることに気づく余裕がありません。これが多くの学部留学の実態ではないでしょうか。

日本の大学でもアメリカの真似をして「授業評価」の制度を取り入れるところが増えていますが、使い方を間違えるとアメリカのようになります。それどころか、この制度を利用して管理職が教員を締めつけたり、教員の給料に差をつけたり、さらには解雇する際の口実にする危険性もあります。

それはともかくとして、「アメリカの大学が質を低下させている」もう一つの理由を苅谷氏は次のように述べています。

> もうひとつの背景は、一種の学歴主義（credentialism）である。消費者としての学生たちが大学に求めているのは、卒業後の雇用市場でどのような職に就けるか、そこで有利になる学歴であり、職業資格である。しかも、学歴主義の風潮のもとでは、学生たちの関心はいかによい仕事に就けるかに集まり、そのために、できるだけ努力をせずに、よい成績をとれる科目の単位を集めて、大卒資格を手に入れようとする。こうして、消費者としての学生の選択を重視する「私事化」（privatization）の傾向と、大学教育を就職のための手段と見なす学歴主義とが、厳しい学習要求の広まりを阻む要因となっているというのだ。ほかにも、経費削減をめざし増え続ける非常勤講師や大学院生による授業の担当といった「私事化」の傾向も大学における学習の軽量化に寄与している。（二四一－二四二頁）

このような事実を読むと、アメリカの大学も日本とあまり変わらないことに気づきます。しかしここで注目すべきなのは、「院生による授業の担当といった『私事化』の傾向も、大学における学習の軽量化（つまりレベルの低下）に寄与している」という事実です。これは日本の大学には見られない現象です。

この「大学院生による授業の担当」は、アメリカではTA（Teaching Assistant「授業助手」）と呼ばれていますが、苅谷氏によれば、このような制度が拡大するようになった理由は次のようなものでした。

また市場原理のもうひとつの側面として、学生や保護者の大学選択は、メディアの発表する大学ランキングに引きずられるようになっている。ランキングの順位を決める要因として研究評価の占める比重が大きいことから、大学は教育より研究をいっそう重視するようになっている。それも学習軽量化の一因として指摘される。（二四二頁）

つまり、「TAという制度」と「大学ランキング」が連動して、大学教育の質を落とす要因になっているというのです。ランキングの順位を決める要因として「研究評価の占める比重が大きい」ので、学部の授業は（ときには修士課程の授業すら）、院生とくに博士課程の学生に任せて、教員は自分の研究に専念する時間を確保するというわけです。

これでやっと、ヨハン・ガルトゥング氏が「アメリカの大学で見るべきものは博士課程しかない」と言っていた理由が、分かった気がしました。［しかし、これを逆に言えば、博士課程の院生はTAの仕事に時間と精力を奪われ、自分の研究に専念できなくなるということです。これでは苦労してTOEFLで高得点をとり博士課程に留学したとしても、その意味が半減するでしょう。］

ところが日本ではTAの制度が十分に確立されていませんから、学部の授業や修士課程の授業は博士課程の院生に任せて自分は手抜きをするということが貫徹していません。これがOECDの成人力調査で日本の若者の高得点を保障しているもう一つの要因かも知れません。

すでに何度も述べてきたように、日本の大学では博士課程でも日本語による高度な教育を学生に保障していますし、そのような環境からノーベル賞を受賞する研究者を何人も生み出しているのです。そのうえ、ＯＥＣＤの「国際成人力テスト」で日本は数学力も国語力も断トツの一位なのです。わざわざ英語で授業をして学生の学力を低下させるのは、「百害あって一利なし」でしょう。

しかし、政府・文科省は大学を「英語化」「国際化」して「世界ランキングで一〇位に入る大学」を激増させると息巻いています。ところが当のアメリカでは「大学ランキング」が教育の質を落とす要因になっているというのです。だとすれば、日本でも、ランキングを上げるために教員が研究にだけ専念し、教育に手抜きをし始める恐れは十分にあります。

これでは、大学の質を上げ「創造的研究者」「グローバル人材」を育てるための「国際化」だったはずなのに、まったく逆の結果をもたらすことになりかねません。文科省が教育「改革」を繰り返すたびに、高校までの教育は劣化を重ねてきたのですが、今度はその大学版ということになるでしょう。まさに「英語で公教育が亡びる」のです。今のまま進めば、その危険性は極めて大きいと私は思います[註5]。

註記

1　南部陽一郎氏が東京大学物理学科の大学院特別研究生だった頃に書いた第一第二論文がすでにノーベル賞級であり、ノーベル賞を受けた朝永振一郎を超えるものだったことは、西村肇「南部陽一郎の独創性の秘密を探る（2）」『現代化学』二〇〇九年三月号で詳しく説明されている。

また南部氏の英会話力については夫人の智恵子氏がノーベル賞の受賞インタビューで次のように語っていることからも推測可能であろう。「米国に来てすぐのことですが、電話がかかってきたので、あなた出てよと言ったら、君が出なさい、私が家にいないときは君が出ないといけないんだから、としかられました。こんなふうに厳しいんですが、結果的には私が早く英語ができるようになりました。」

このインタビューからも分かるとおり、南部氏は夫人よりも英語はできなかったがアインシュタインのいるプリンストン高等研究所で研究はできたし議論にも参加できたのである。

2　この頭脳流出にかんして『中央公論』二〇一五年七月号に「外国人教員から見た、日本の大学の奇妙なグローバル化」と題する興味深い論文が載せられている。

この論文は、エドワード・ヴィッカーズ（九州大学准教授）、ジェルミー・ラプリー（京都大学准教授）両氏の共著によるもので、特に私の目を惹いたのは彼らが、「『スーパーグローバル大学』と称して『グローバル人材』を海外から引き寄せることもさることながら」「日本のトップレベルの大学が抱える難題は、すでに学内に存在している彼らを引き留めることだ」と言っていることだ。つまり外から外国人教員を雇うことより、すでに日本にいる有能な教員を国内に引き留めることが先決だと言っているのである。京大や九大など旧制帝大でさえ、それほど研究環境が悪化しているということである。悪化している例として彼らが指摘している事例を次にいくつか列挙しておく。

「むしろ問題となるのは、日本の大学教員の給与と条件が過去一五年にわたって一貫して下降傾向にあることだろう」（一八一頁）。

「教員たちはどのような改革がなされるべきか議論する場をほとんど与えられず、彼らの状況の改善も施されない中、トップダウンの方針に対して不満が募ったのは無理もない。さらに言えば『国際化』のスローガンを掲げることは『日本の』高等教育を暗に過小評価することにつながり、彼らの反感や抵抗を煽るばかりである」（一八三頁）。

「会議の多くはすでにどこかで決定された事項の報告及び追認を行っているに過ぎないが、出席は義務であり、出欠は事務職員に逐一記録される。会議に費やす［莫大な］時間は、研究や授業ができないということでもある」（一八四頁）。「事務職員が教員の行動をチェックし、教員が事務的な仕事や儀礼的業務への参加で評価されるようでは、授業や研究は格下げされてしまっていると言わざるをえないだろう」（一八五頁）。

3 また山中氏が留学した翌年に出版された杉原厚吉『理科系のための英文作法──文章をなめらかにつなぐ四つの法則』も、基本的には同じ精神で書かれている。冠詞や前置詞など細かな文法を別にすれば、明晰で論理的な文章を書くためのルールは、英語であれ日本語であれ、基本的には同じである。それを理系の学者（専門は数理工学）である杉原氏が学会誌や学会発表で苦労しているひとのためにまとめたのが本書である。だから、繰り返しになるが、山中氏がＵＣＳＦで学んだようなことは、日本でも教えてくれるひとや教えてくれる場はいくらでも存在していたのではないか。

なお『理科系のための英文作法』の続編として、『どう書くか──理科系のための論文作法』という本が同一著者の手で二〇〇一年に出版されている。これは、拙著『英語にとって学力とは何か』のなかで紹介した「Discourse Markers」（文章の流れを示す道路標識）を、理系の論文作法でも大いに使えという主張が中心になっていて、私も意を強くした。

4 しかも習熟度別編成は「落ちこぼれ」を防ぐと言いつつ、「できる子」を集めた集団・クラスだけをもちたがるのが、ともすると、「習熟度別学習」を強く主張する教師たちである。彼らは決して「できない子」のクラスをもとうとしない。これは彼らの本音・偽善性をもっとも明確に示すものである。

5 安倍政権・文科省は「国際化を断行する大学」「スーパーグローバル大学」に巨額の補助金（標準額一校あたり年間四億二千万円）を出すことに決めたわけだが、この「国際化」について、京都大学名誉教授・元京都大学経済学部長・元日本国際経済学会会長である本山美彦氏は、『売られ続ける日本、買い漁るアメリカ──米国の対日改造プログラムと消える未来』（ビジネス社、二〇〇六年）という本のなかで次のような興味ある記述をしている。

「国際化（グローバリゼーション）とは、米語が支配する世界に人々が従うことだ。米国の大学が日本校を相次いで開校し、カリキュラムを米語で編成し、弁護士資格や会計士資格などを、米国政府が米国大学の日本校卒業生に与えるようになれば、日本の大学は壊滅寸前にまで追い込まれ、たとえ日本のブランド大学といえども、米国大学（含む日本校）の大学院にどの程度進学させたかで、その価値を判定される「予備校」へと転落する。米国の教育を受け、米国の価値観に染まり、米国の資格をもつ若者でなければ、国際社会はおろか日本国内ですら通用しない、という社会が生まれることになる。米国の大学が、危機に陥った日本の教育機関を買収し、日本でエリートたちを養成する。日本の教育を受けたエリートたちが、

『国家百年の計』である教育を米国に委ねようとしているのだ。」

これは、『日米投資イニシアティブ報告書』（二〇〇六）でアメリカが日本政府にたいして教育分野（とりわけ大学）における規制緩和を強く要求したことにたいする本山氏のコメントだが、まるで現在の事態を予言しているかのようだ。本山氏が上記で、「たとえ日本のブランド大学といえども、米国大学（含む日本校）の大学院にどの程度進学させたかで、その価値を判定される『予備校』へと転落する」、と述べていることに注目していただきたい。

安倍政権は、「アメリカ留学用の資格試験であるTOEFLを大学入試に使え」「留学生を倍増して一二万人にする」という政策を大々的に掲げ、ひたすら大学の「英語化」「国際化」に狂奔しているわけだが、これはいったい誰の利益に奉仕することになるのか。それを本山氏は鋭く言い当てているように思われる。

本山氏は上記で、「日本のブランド大学といえども、米国大学の大学院にどの程度進学させたかで、その価値を判定される『予備校』へと転落する」、と述べているのだが、本文でも詳しく説明したように、文科省自身が大学院どころか学部レベルでの留学政策を強力に推進しようとしているのだから、現政権がこのような「英語化」「国際化」の政策を続けるかぎり、日本の大学の「劣化」「予備校化」は避けられないだろう。

参考文献

苅谷剛彦（二〇一二）『アメリカの大学・ニッポンの大学』中公新書ラクレ
木下是雄（一九八一）『理科系の作文技術』中公新書
杉原厚吉（一九九四）『理科系のための英文作法――文章をなめらかにつなぐ四つの法則』中公新書
杉原厚吉（二〇〇一）『どう書くか――理科系のための論文作法』共立出版
寺島隆吉（一九八六）『英語にとって学力とは何か』あすなろ社／三友社出版
西村肇（二〇〇八）「どこがスゴイか　南部陽一郎」『原子力文化』二〇〇八年一一月号、一九-二一
西村肇（二〇〇九）「南部陽一郎の独創性の秘密を探る（2）」『現代化学』二〇〇九年三月号、三四-四一
西村肇（二〇〇九）「南部陽一郎の独創性の秘密を探る（3）」『現代化学』二〇〇九年四月号、三六-四一
福井新聞社（二〇〇九）『ほがらかな探求　南部陽一郎』
本多勝一（一九七六）『日本語の作文技術』朝日新聞社

孫崎享《うける》（二〇一二）『アメリカに潰された政治家たち』小学館
宮田由起夫（二〇一二）『米国キャンパス「拝金」報告――これは日本のモデルなのか？』中公新書
本山美彦（二〇〇六）『売られ続ける日本、買い漁るアメリカ――米国の対日改造プログラムと消える未来』ビジネス社
山中伸弥・益川敏英（二〇一一）『「大発見」の思考法』文春新書
ヴィッカーズ、エドワード&ジェルミー・ラプリー（二〇一五）「外国人教員から見た　日本の大学の奇妙なグローバル化」『中央公論』二〇一五年七月号、一七八－一九五頁
ガルトゥング、ヨハン&安斎育郎（一九九九）『日本は危機か』かもがわ出版
チョムスキー、ノーム&エドワード・ハーマン（二〇〇七）『マニュファクチャリング・コンセント』トランスビュー
トッテン、ビル（一九九〇）『日本は悪くない――アメリカの日本叩きは「敗者の喧噪」だ』ごま書房
マコーマック、ガバン（二〇〇八）『属国――米国の抱擁とアジアでの孤立』凱風社
Arum, Richard & Josipa Roksa (2011) *Academically Adrift: Limited Learning on College Campuses*, University of Chicago Press
Simon, Paul (1988) *The Tongue-tied American: Confronting the Foreign Language Crisis*, Continuum Intl Pub Group

参考サイト

寺島隆吉「レポートおよび卒論・修論の書き方」
http://www42.tok2.com/home/ieas/guide_for_report_thesis.pdf
「非正規社員比率三八・二%、男女とも過去最高に」『日本経済新聞』（二〇一三年七月一三日）
http://www.nikkei.com/article/DGXNASFS1203R_S3A710C1EA1000/
「成人力調査、日本にたいする注釈・解説」
Survey of Adult Skills: Country note for Japan (2013)
http://www.oecd.org/site/piaac/Japan%20Country%20Note%20in%20Japanese_clean%20version.pdf
「アメリカの衰退を測る三つのグラフ」『ニューヨーカー』（二〇一三年一〇月二三日）
Measuring America's Decline, in Three Charts
http://www.newyorker.com/online/blogs/johncassidy/2013/10/measuring-americas-decline-in-three-charts.html

第3節　英語は「好戦的人間」を育てる
――言語学者・鈴木孝夫から学ぶもの

1　はじめに

ある日、鈴木孝夫先生から『鈴木孝夫の世界、第四集』(冨山房インターナショナル、二〇一二)が贈られてきました。「鈴木孝夫研究会」(略称「タカの会」)が編集したものですが、私にとっては雲の上の存在である鈴木先生から本を謹呈されるということは、夢のような話です。

しかも、この『鈴木孝夫の世界』は第四集どころか第一集からいただいていますし、同じく冨山房インターナショナルから出ている『あなたは英語で戦えますか』(二〇一一)なども謹呈をいただいているので、私のような無名人にとって、その嬉しさはなかなか言葉には表しがたいものがあります。

この『あなたは英語で戦えますか』は、旧著『英語はいらない!?』(PHP新書、二〇〇一)の増補改訂版で、「小学校で英語を教えること」の是非を論じる場合も、「英語の授業を、英語でおこなう」ことの是非を論じる場合も、必読の書だと思います。

ですから私も拙著『英語教育原論』『英語教育が亡びるとき』(いずれも明石書店、二〇〇七、二〇〇九)を出したときに、「日本人が英語が下手なのは日常生活で必要ないからだ」「国際英語とは英米人の話す英語ではない」など、この旧著『英語はいらない!?』から大いに引用させていただきました。

鈴木孝夫研究会は当初の予定どおり第一二回で終わり、この第四集は第一〇～一二回の講演録と第二回軽井沢合宿での講話の四つを第一章「鈴木孝夫の記念講演」として収録しています。

この研究会の最終講演で先生は、「いま新著を執筆中で、だから『タカの会』も一二回で終わりにさせていただいた」と語っておられました。その待ちに待った新著『日本の感性が世界を変える――言語生態学的文明論』(新潮新書、二〇一四年)が謹呈本として私のところに届き、またもや感激を新たにしました。

読んでみると、前著『第四集』の第一章と重なるところが多く、それを詳しく敷衍したものが新著『日本の感性が世界を変える』になっていることが分かりました。そこで本来なら『鈴木孝夫の世界、第四集』ではなく、この新著を取りあげて本節「鈴木孝夫から学ぶもの」を執筆すべきだったのですが、『第四集』については、すでにブログ「百々峰だより」で四回に分けて詳しく紹介してきましたから、このブログ原稿に加筆修正を加えることで、新著の紹介に代えさせていただくことにしました。

しかし、たとえ『第四集』をすでに読まれた方であっても、まだこの『日本の感性が世界を変える』をお読みでない方は、ぜひ買って読んでみていただきたいと思いました。それほどこの本は刺激に満ちた本でしたから。

2 原発や武器の輸出ではなく、日本語と日本文化の輸出を

鈴木先生と言えば、まず第一に私の頭に浮かぶのは『ことばと文化』(岩波新書、一九七三)と『武器としてのことば』(新潮社、一九八五)ですが、この後者は『新・武器としてのことば――日本の「言語戦略」

を考える』（アートデイズ、二〇〇八）として全面改訂版が出ています。

今でも『ことばと文化』を読んだときの新鮮な感動は忘れられません。太陽の色が言語によって異なるという事例が特に衝撃的でした。また憲法九条を有する非武装国日本がとるべき道は、「ことば」と「情報」への新しい戦略だという主張も、当時の私には「そうなんだ！」と本当に納得できるものでした。

（どこだったか記憶にないのですが、鈴木先生は冗談のように「自分は右翼だ」と言われたことがありますが、その先生が、憲法九条をめぐって上記のような主張をされていることに、私はいたく感動しました。）

いま北朝鮮の核開発問題や尖閣列島の問題を口実に、憲法九条を破棄し核武装のできる日本を！　という主張すらも公然と叫ばれるようになってきていますが、このような危険な時代だからこそ、この本をもう一度読み直す必要があるように思います。

イラク戦争の時と同じように、政府や大手メディアがふりまくプロパガンダに抗するためには、私たちに「ことば」「情報」を正しく読み解く新しい力が必要になってきているからです。原発事故の時も、どれだけ多くの嘘がふりまかれたでしょうか。

さて、第四集には先生の著書『人にはどれだけの物が必要か』『日本語と外国語』『日本人はなぜ日本を愛せないのか』、そして『ことばの人間学』が講演・講話の材料として取りあげられています。

初めて『人にはどれだけの物が必要か』（中公文庫）を手にしたとき、これが言語学者鈴木孝夫の書いた本かと思い、大きな違和感を覚えました。しかし読んでみると私が実践している庭づくりや生活スタイルと一致するところが多く、納得できることばかりでした。

たとえば私は、生ゴミは市役所のゴミ収集には出さないで、すべて庭の肥料としてリサイクル使用するようにしています。冬の暖房も庭から出てきた倒木や枯れ木を薪《まき》にしています。

鈴木先生も、一年の半分以上をすごされる軽井沢での別荘生活は、私がやっているのと全く同じ生活スタイルで本当に親近感をおぼえました。しかし鈴木先生の場合は、道ばたに捨てられていた廃品までも回収してきて再利用するという徹底ぶりですから、とても私には真似ができません。

ところで、『人にはどれだけの物が必要か』を題材にした講演は「三・一一後の今、下山の時代の現在こそ日本の出番だ」という題名になっています。鈴木先生にとっては、現在は「下山の時代」なのです。

核兵器や原子力発電をつくるようになった人類は、もう上り詰めるところまで上り詰めたのであって、今はその頂上から下山することを考えるべきだ、日本も福島原発事故を教訓にして、これ以上の電力を使ったり、ものを浪費する生活から撤退すべきだと主張されているのです。

日本が現在のような危機を迎えるにいたったのは、明治以来、西洋文化・アメリカ流の生活を至上の価値として受け入れてきたからに他ならないというのです。そして封建時代と蔑《さげす》まれてきた江戸時代を見直し、その良さを現代に甦らせろと主張されています。

西洋列強が他国を侵略し、先住民を全滅させるなど、残虐のかぎりを尽くしているとき、日本は他国を一度も侵略せず「鎖国政策」を続けながら、ロンドンをもしのぐ江戸という巨大文化都市を創り上げてきました。

ですから、今度の原発事故を契機に「原発ゼロ」「非武装日本」を世界のモデルとして売り出すべきだ、と主張されているのです。「自然を破壊し、他国を侵略し破壊してきた欧米」をモデルとする考え方から脱却し、「自然と調和しながら生きてきた江戸時代の日本」を新しいモデルとして提起する先頭に立つべきだというわけです。

しかし現政権は「原発再稼働」「原発輸出」「兵器輸出の解禁」を主張し、イラクを初めとして中東に戦火と殺戮を拡大するばかりのアメリカに付き従うだけですから、鈴木先生の主張と全く逆です。先生は「アメリカ主導のＴＰＰは日本の自然と農業を破壊する」と主張されていることも、ここで特筆しておきたいと思います。

先生は日本語についても「三・一一後の今、下山の時代の現在こそ日本の出番だ」（『第四集』二九－三〇頁）で次のように主張されています。（［］は寺島による補足）

時代は下山、そういう難しい時に日本は、ある意味ですばらしい出番の時を迎えているのです。…で、そういうすばらしい日本をもっと世界の人に知ってもらうためには、日本語を知ってもらわないといけない。英会話なんてどうでもいいということなのです。そして、世界中の人たちが日本の文学・哲学・宗教・科学の本を日本語で読んで、日本のよさを学ぶことが肝心だ。日本語会話などできなくてもいい。ちょうど我々日本人が中国語の会話ができなくても漢文を一千年勉強して中国の先進的な文物や技術・制度等をとりいれてきた［のと同じです］。さらに明治以後は英独仏語は読めても会話ができる人間はほとんどいなかったが、我々の先輩たちは日本の中でヨーロッパの先進文化を学んで、ソクラテスからカント、ショーペンハウエルまで輸入し、必要なものをとりいれてきました［だから今度は日本がお返しすべき時なのです］。

要するに、この下山の時代は、アメリカの奴隷状態から脱却して日本の良さを世界に知らせることが大切だし、世界のひとびとが「非核」「非武装」の日本文化を学ぶべき時代を迎えているというわけです。日本をそのような情報発信国に変えなければならないのです。

3　英語のできないひとは仕事ができる

3－1　混乱の極に達しているEUとアメリカ

前項では、『第四集』第一章の第一節「今は下山のとき」を取りあげました。そこで、以下では、第二節「日本の漢字は世界に誇れる偉大な文化である」について紹介しつつ、私見を述べたいと思います。

いま欧米は混乱の極に達しています。その典型例がウクライナ、ギリシャ、イタリア、スペイン、ポルトガルの経済危機です。アメリカもその例外ではありません。国家財政が破綻に瀕しているだけでなく、カリフォルニア州ストックトン、ミシガン州デトロイトなど、全米のあちこちで破産宣告を受けた都市が続出し、多くの民衆が路上に投げ出されています。

民主党政権そしてそのあと再復活した自公政権の悪政にもかかわらず、悲惨な原発事故や解釈改憲・集団的自衛権の問題を別にすれば、世界のなかで比較的に安定しているのが日本です。だから鈴木孝夫先生は、「強欲資本主義の悪弊が頂点に達し、『下山の時代』を迎えている今こそ、原発事故を教訓にして、新しい社会のあり方を世界に提示する絶好の機会が訪れている。今こそ日本の出番なのだ」と主張されていたのでした。

つまり鈴木先生に言わせれば、「世界中の人たちが日本の文学・哲学・宗教・科学の本を日本語で読んで、日本のよさを学ぶことが肝心だ。だから日本語で会話などできなくてもいい」というわけです。「日本語が読めること」がまず大事なのです。

それを逆に言えば、私たち日本人は、「今は英会話などに狂っているときではない。むしろ英語の読み書きを重視し、日本語と日本文化を世界に広めるときなのだ。それは日本語会話を世界のひとびとに教えることではなくて、自然と調和しながら生きてきた日本文化の良さ・価値を世界に教えることだ」ということになります。

ところが今の日本は、残念ながら、これと全く逆の方向に向かっています。たとえば、「小学校でも英語を教えろ」「中学・高校の英語の授業は日本語を使うな、英語で教えろ」というのが文科省の方針だからです。

このような状況を踏まえて、私は、『英語教育原論』および『英語教育が亡びるとき』で、「ただでさえ疲弊しつつある教育現場は、このような政策にふりまわされてさらにいっそう困難な状況に追い込まれていくだろう」と書きましたが、幸か不幸か、この不安は的中しつつあるようです[註1]。

また最近、政府が新しい文教政策として「大学でTOEFLの試験を大学入試や卒業資格に入れろ」などと言い出しています。中国では「卒業資格に英語の試験を」という政策はすでに破綻済みで、その立て直しを始めています。よりによってそのような時期に、このような政策を持ちだしてきていることには、まったく驚きを通り越して呆れてしまいます。

さらに民間では、英語を公用語にする会社が続出し大きな話題になりました。こんなことをすると「英語はできるが仕事はできない」社員が続出するだろうと思っていましたが、私の予測していたとおりの状況になっているようです（『英語のできない人は仕事ができる』PHP研究所、『日本人の九割に英語はいらない』祥伝社）。

なぜこんなばかなことが起きているのでしょうか。それは日本を支配している現在の政界・財界が「いま日本がおちいっている経済的不況は日本人が英語が使えないからだ。だから、すべての日本人を英語使いにしなければならない」と主張しているからです。

まるで文明開化・鹿鳴館の舞踏会にあけくれた明治時代のようです。そのときも日本語をやめて英語を公用語にしろと言い出した文部大臣・森有礼がいました。

アジア太平洋戦争で敗北したときも、英語どころかフランス語を公用語にと言い出す有名な作家まで出てきました。また「日本語が悪いのは漢字があるからだ、だからすべてをローマ字にしろ」という学者も現れ、梅棹忠夫氏などはそれを自ら実行さえしました。

そして今、「英語、英語、英会話」の大合唱で、第三の「文明開化」の時代を迎えているかのようです。

3－2　漢字の「音訓両読み」は意味理解をたやすくする

しかし、先述のように、経済的混乱を抱えているのはEUでありアメリカの方なのです。それどころか世界中に経済的混乱と戦争の火種を撒き散らしているのは、ウォール街とペンタゴンなのですから、私たちが日本語、特に漢字の使用について劣等感を持つ必要はまったくありません。この点にかんする鈴木先生の意見は次のとおりです。

　まあ、そういうことで、また漢字の話に戻せば、今でも日本語は劣った遅れた言語で、とくに漢字が日本語を滅ぼすなどと言う見当違いな学者もいます。こんなことを明治の人が言うなら私は許せる、昭和の初期の人が言ってもまだわかる。その段階では日本は世界の中で物質文明、機械文明、経済では劣っていたのだから、その事実からして原因はもしかしたら日本語にあるのかもしれない、漢字にあるかもしれないと思うのはやむをえなかったかもしれない。

　だけど敗戦後またたくまに世界の大国にのし上がり、この数年は少しかげっていますが一九九〇年代前後は日本のお金でアメリカ全部が買えるとか言われるほどに日本が世界の頂点に立っていた。そんな日本が、何で悪い日本語、とりわけタチの悪い漢字を使って世界一になれるのか。悪いどころか、むしろ他の言語にはない長所、不思議なまでの効能があったから日本大活躍の動力源になったのではないか、その秘密と構造を明らかにしようというふうに、言語学は行くべきだったのに、依然としてそういう気運はない。

それが日本の言語学界、国語学界の現状です。情けないかぎりですが、私は、漢字が悪いと言っているのは、言っている人間の頭が悪いと断言できます。だって遅れた資源もろくにないアジアの小国日本が、百年足らずのうち世界のトップクラスの国になってしまったという事実と、日本語が悪い言語だという命題はどう見ても両立しないでしょう。（四四－四五頁）

では日本は「悪い日本語、とりわけタチの悪い漢字」を使いながら、どうして世界第二位の経済大国になれたのでしょうか。鈴木先生によると、それは、日本の漢字が「音」と「訓」の両方の読み方をもっているからであり、「音訓両読みはことばの意味理解をたやすくする」からなのです。

なぜそうなるかを説明していると長くなりすぎますので岩波新書『日本語と外国語』をぜひ読んでいただきたいと思いますが、ここで特筆しておきたいことは、中国の漢字と日本の漢字は違うということです。というよりも、本来の漢字の良さを残しているのは日本の漢字であって、現在の中国の簡体字は全く別物に変化してしまっているというのが鈴木先生の意見です。以下に、その説明を引用しておきます。

日本人は馬鹿じゃないから紀元四・五世紀の漢字伝来以来、数百年の間に万葉仮名漢字をあてでもない、こうでもないと試行錯誤しながら練り上げていって、日本語という中国語とは全く系統の違う言語にすり合わせて、しかも日本人の都合のいいように変えていった。だから中国の漢字と日本の漢字はいろいろと違うのは当たり前なのです。

言語というのは広まるときには必ず変わるし、変わらなければ広がらないのです。英語だって世界に広がったという事実は、英語が世界中で変わっていったことの証明にほかならない。英米の英語がそのまま世界に広まったわけではない。

言語に限らずすべてのものが、環境が違うところで生き残るには、自分をそこに合わせて変えられなければならない。でないと、そこで生き残れないのです。だから漢字が日本にきて変わったのは当たり前のこと、日本人は漢字を、中国人に対しては、これはもうあなた方のものでなく我々のものなんですと言っていいし、言わなければならない。

日本人が漢字を音だけでなく訓で読むから面倒なことになるので、漢字は音だけで読むことにして訓読みをいっさい廃止すれば日本語はうんとすっきりする、と文化勲章までもらった大学者の梅棹忠夫が主張しましたが、大間違いです。日本の漢字は音と訓と二通りあるからこそ安定しているのです。これが私の漢字論の最重要なところです。

この鈴木説にかかわることですが、私が在職していた頃、毎年必ず複数の中国人留学生が私のところに院生として来ていました。そして彼らの案内で広東や内モンゴルを回りましたが、そのとき痛切に感じたのは、中国の漢字があまりにも簡単になりすぎて、発音も意味も分からないものが多くなっているということでした[註2]。

こんなに簡単にして、見ても意味の分からない漢字にするくらいなら、それこそいっそのことローマ字にしたらどうかと言いたくなったほどです。小学校初級の中国語教科書では、読みがなとしてローマ字を使用しているのですから。

他方、私が『肉声でつづる民衆のアメリカ史』（明石書店）を訳しながら改めて発見したのは、漢字の面白さでした。というのは難しい漢字ほど、そのなかに意味と発音が組み込まれていることを、再認識することができたからです。

これは、一見すると難しい多音節の英単語ほど、発音もローマ字読みすればすみますし、ラテン語やギリシャ語の教養があれば、意味もすぐに分かってしまうのに似ています（多音節語の方がいかに発音が易しいかは拙著『英語にとって音声とは何か』第3部で詳述しました）。

3-3　日本語、とりわけ漢字が日本経済を停滞させたのか？

もう一つ上記の引用箇所で面白かったのは、「英語だって世界に広がったという事実は、英語が世界中で変わっていったことの証明にほかならない。英米の英語がそのまま世界に広まったわけではない」という指摘でした。

というのは今では英米語がいわゆる「英語」の標準語ではなく、今や"Englishes"の時代になっているのに、いまだに「英米人（Native Speakers）はそのような言い方はしない」という言い方がまかりとおっているからです[註3]。

そして、今や「英語」は「庇《ひさし》を貸して母屋《おもや》を取られる」という状態になっているのに、悲しいことに、いまだに"Native Speakers"という神話にとらわれている英語教師自身が少なくないのです。

英米人に「私たちはそのような言い方はしない」と言われたら「あなたこそ英会話学校に行って英語を

学び直すべきだ」と、ダグラス・ラミスが『イデオロギーとしての英会話』（晶文社）で述べていたことを思い出します。

元津田塾大学教授のアメリカ人＝ダグラス・ラミスがこの本を著したのは一九七八年で、何とすでに三五年も経っているのです！　にもかかわらず、日本人の頭はほとんど変わっていないのです。

同時に上記のエピソードは、鈴木先生が「自分は英語で書いたものを英米人にチェックしてもらったことがない」と言っておられたことを思い出させます。

私も、拙著『センとマルとセンで英語が好き！に変わる本』（中経出版）という本を出したとき英文を学内のアメリカ人に見てもらったところ、「あなたがこんな英文を書けるはずがない。盗作はやめなさい」と言われて驚いたことがあります。それ以来、私は英米人に英文を校閲してもらう気がなくなりました。

こんな調子で紹介していると、あまりにも紹介したいことが多すぎて切りがないので、ここで断念します。しかし次の点だけは確認しておきたいと思います。

それは、一九九〇年前後の「世界第二位の経済大国」という地位から日本が転落したのは、「音訓両読みの漢字をもつ日本語」や「英語ができない日本人」のせいではなく、別の要因によるものだということです。

私は日本の戦後史について次のような考えをずっと胸にいだき続けてきました。そして私がＴＥＳＯＬの学会に参加するため渡米し、毎年一か月くらい滞在する生活を一〇年くらい続けている間に、この仮説をますます確信するようになりました。これはブログ「百々峰だより」で以前にも書いたことですが、もう一度以下に再録させていただきます。いま日本にかけられてきているＴＰＰという攻撃は、本質がまったく同じものだと考えるからです。

（1）アジアの国々にたいして日本が侵略戦争にたいする謝罪をせずに済んできたのは、ドイツと違って日本はアジアの隣国と貿易せずとも、アメリカの庇護の下で、基本的にアメリカと貿易するだけで復興してきたからだ。

（2）それどころか朝鮮戦争やベトナム戦争などアメリカがおこなってきた戦争の後方部隊をつとめることによって（いわばアジア人の血によって）莫大な経済的利益を得て戦後の復興をなしとげた。こうして、アメリカはアジアにたいする謝罪の機会を日本から奪うことになった。

（3）ソ連や中国などの社会主義国が存在し、医療や教育の無償化など国民の生活を安定させる実績を上げている国があるかぎり、その対抗上、資本主義国でも同じことが可能であることを実証せざるを得なかった。アメリカが日本の経済復興を援助したのは、上記のことを証明するためのモデル国家として日本を世界に陳列するためであった。

（4）しかしソ連が崩壊し、その結果、社会主義の東欧も姿を消した。こうして社会主義の良さを実践する国は存在しなくなった。中国も名前は「社会主義国」だが、実態はアメリカで学んだ経済エリートが新自由主義的経済運営をおこなう国家独占資本主義国となってしまい、国内では極端な貧富の格差が生まれている。

（5）したがってアメリカにとって、社会主義国に対抗するための「モデル国家」として日本を庇護しなければならない理由は消滅した。むしろいま必要なのはアメリカに対抗するまでの経済力を持つにいたった日本を徹底的に叩きのめし、日本がもつ豊かな資産をアメリカに移し替えることである。これがアメリカから毎年のように日本に突きつけられてきた「規制緩和」「年次改革要望書」だった[註4]。

鈴木先生は、先の引用箇所で、「漢字が悪いと言っているのは、言っている人間の頭が悪いと断言できます。だって遅れた資源もろくにないアジアの小国日本が、百年足らずのうち世界のトップクラスの国になってしまったという事実と、日本語が悪い言語だという命題はどう見ても両立しないでしょう」と言っておられましたが、その謎を解く鍵を、私はやっと見つけたように思えたのです。

4 主語がないから非論理的な言語?

4-1 貧困大国アメリカ、世界一の長寿大国ニッポン

前項では、『第四集』で鈴木先生が次のように述べておられることを紹介しました。

そんな日本が、何で悪い日本語、とりわけタチの悪い漢字を使って世界一になれるのか。悪いどころか、むしろ他の言語にはない長所、不思議なまでの効能があったから日本大活躍の動力源になったのではないか、その秘密と構造を明らかにしようというふうに、言語学は行くべきだったのに、依然としてそういう気運はない。それが日本の言語学界、国語学界の現状です。情けないかぎりですが、私は、漢字が悪いと言っているのは、言っている人間の頭が悪いと断言できます。だって遅れた資源もろくにないアジアの小国日本が、百年足らずのうち世界のトップクラスの国になってしまったという事実と、日本語が悪い言語だという命題はどう見ても両立しないでしょう。（四四－四五頁）

以上は進歩的学者とみなされてきた田中克彦氏の『漢字が日本語をほろぼす』（角川SSC新書）にたいする反論でもありました。また韓国も最近、漢字にたいする見直しを始めましたが、このことも注目すべ

き事実ではないでしょうか。そこで以下では、『四集』第一章第三節「タタミゼ文化が世界を救う」を紹介しつつ私見を述べたいと思います。

さて、「漢字が日本語をほろぼす」という攻撃だけでなく、日本語にたいするもう一つの攻撃は、「日本語には主語がないから非論理的な言語」だとする意見です。これにたいしても鈴木先生は次のように反論されています[註5]。

このように考えると、今までヨーロッパの言語に比べて劣っていると言われてきた日本語の特質が全部美点になるといってもいい。日本語には主語がないと言われて、多くの偉い日本語学者たちががんばって「日本語にも主語がある」とすごく難しい本を書いたりしてきました。その内容は部分的には正しいのですが、しかしいわゆる主語がなくても言語として人間として上等なことがちゃんとやれているのだという本質問題があるのです。主語がないから日本語が劣等で、日本語でのコミュニケーションがめちゃくちゃだとか、日本の科学や工業がだめになったということがありますか？　結果は、かえって主語のある言語をもつ国よりもうまくいっているんですよ。そういう結果からものごとを見るべきなのです。日本語はヨーロッパの言語とは多くの点で確かに違うが、それはいい、悪いの問題ではない、むしろヨーロッパ語と同じでないからよかったんだ、というふうに見方を逆転するときが来ているのです。（八〇頁）

これまで何度も指摘してきたことですが、現在のＥＵは混乱の極致にいたっていますし、世界一豊かな国だと言われてきたアメリカも今や「貧困大国」に転落したことは衆知の事実です。堤未果『ルポ　貧困大国アメリカ』やチョムスキー『破綻するアメリカ　壊れゆく世界』も指摘しているように、豊かなのは一握りの上位層にすぎません。貧富の格差は拡大し一般庶民の生活は転落する一方です。

次の報道も、ＯＥＣＤに加盟する三〇の国のなかでアメリカは、「健康」「安全」「教育」など、あらゆる指標をとってみても最下位に近いことを、統計資料や映像資料を駆使しながら、まざまざと示してくれています。

「アメリカ、住むのに最悪?」The Truthseeker: US worst place to live?

http://www.youtube.com/watch?v=GFSEW4M1onA&list=SPPszygYHA9K1yU3SXHOoC7JhT207No-3D&index=9

この報道では、アメリカは「健康」では二八位で、その下に位置するのはトルコとメキシコだけですし、「安全」面では最低の三〇位で、その上にメキシコが位置しています。

もっと驚くべき事実は、「自由」という指標でもアメリカは二八位で、その下にいたのは韓国（二九位）、メキシコ（三〇位）でした。これが「自由の国」を標榜するアメリカの実態です。

それにたいして日本は多くの指標で上位を占めています。ちなみに「健康」「安全」では一位です。しかし、「自由」という指標では二五位ですから、日本もこのままであれば、ますますアメリカに似た国になっていく恐れがあります。

4-2　非識字大国アメリカ、識字大国ニッポン

アメリカが「貧困大国」であることの他に、ここでもう一つだけ指摘しておきたいことがあります。それはアメリカの非識字率です。これについて鈴木先生は次のような極めて興味深い指摘をされています。

日本語はどちらかというとインドネシアとかメラネシア、ミクロネシアなどネシア（島嶼《とうしょ》）型の言語で、日本の基層文明は完全に南洋型なのです。それに北方型の文明がかぶさっています。ここも二重構造になっているわけですね。（琉球弧を含む日本列島のことを奄美大島とゆかりの深かった作家、島尾敏雄が「ヤポネシア」と命名しているのは慧眼《けいがん》です）

その日本語が、もしも古い日本語そのままだったとしたら近代の文明、つまり我々が享受しているような文明を受け止めることはできなかったでしょう。私はむしろ漢字こそ日本語を救ったのだと考えています。そもその日本語は、受け皿としては力の足りない点があるのです。ところがそれを補ったのが漢字なのです。漢字というのは実に、日本語の理性的・理論的要素の不足という欠点を補って、庶民にまで難しいことをわからせる力をもたらした、大変にありがたい文字だったのです。

対して英語というのは、いまだに庶民に難しいことをわからせる手段を持っていません。イェール大学で教えていたときの講演の際の pithecanthropus のエピソードひとつとっても、それははっきりしているのです。日本語ではこのように難しい抽象的な概念が、庶民の生活にまでするりと入ってくるんです。日本の知的中間層はすごく広いのです。「文盲」もいないのです。これらはすべて漢字のおかげだと言ってもいいくらいなのです。

ついでに言えば、文盲がいない文明国というのは日本だけです。アメリカもフランスも四十パーセントがちゃんとした文字の読み書きができません。これは functional illiteracy（機能的文盲）と言って、アルファベットが読めても自分の名前すら書けない人が大勢いるのです。このことも実は私が発見したことなのです。（八一－八二頁）

鈴木先生は上記の引用で「文盲がいない文明国というのは日本だけです。アメリカもフランスも四十パーセントがちゃんとした文字の読み書きができません」と指摘されています。それどころか、OECDの国際成人力調査（二〇一三）では、ニッポンは読解力でも数学力でも世界一でした[註6]。

ここで思い出されるのが、かつて二〇〇四年八月二一日にNHK教育テレビで放映された「読み書きの苦手をのりこえて」という番組です。この番組では、知的能力および一般的な理解能力などに特に異常がないにもかかわらず、文字の読み書き学習に著しい困難を抱える児童が取りあげられていて、しかもこのような識字障害（ディスレクシア：Dyslexia）を一種の病気として紹介していました。

しかし番組を注意深く見ていると、私にはそれが病気だとは思えませんでした。というのは取りあげられている事例のほとんどはイギリスの児童のもので、読めない単語というのが綴り字と発音があまりにも乖離《かいり》しているものばかりだったからです。

さらに調べて見ると、ディスレクシアが問題とされているのが特に英語圏だということも分かってきました。スペイン語やイタリア語など文字がほぼ発音どおりに綴られる言語では、ディスレクシアがそれほど大きな問題になっていないからです。

ディスレクシアは言語によっても現れ方が異なるのです。文字がほぼ発音どおりに綴られるスペイン語やイタリア語などでは、綴りと発音の間に複雑な関係がある英語やフランス語よりディスレクシアは顕在化しにくいわけです。英語では、丸暗記して覚えれば何でもない単語でも、よく考えるとわけの分からない発音のものが極めて多いからです。

ＮＨＫスペシャル「病の起源　第四集　読字障害：文字が生んだ病」（二〇〇八年一〇月一二日）によれば、アメリカ合衆国では人口のおよそ一割のひとが何らかの程度でディスレクシアを抱えているそうです。これを証明する興味ある事例をＮＨＫ番組「英語でしゃべらナイト」で偶然、目にしました。そこではゲストとしてジョン・レノンの息子ショーン・レノンが登場していたのですが、何とショーンは「リズム」という単語の英語綴り（rhythm）を正しく書けなかったのです。音楽家であるはずのショーンが「リズム」の英語綴りを書けないことに私は衝撃を受けると同時に、英語という言語の正体を見た気がしました。

（それにショーン・レノンの名前は英語ではSean Lennonと書くのですが、このSeanという綴りを「ショーン」と読ませる英語の方がよほど悪い言語ではないか。「海」は英語でseaと書き「スィー」と発音します。）

だとすれば漢字をもつ日本語が悪い言語であり、それが日本の経済発展を妨げてきたという説はますます怪しいことになります。むしろ漢字こそが日本人の知的発展をうながした大きな要因だったという、先に引用した鈴木先生の説のほうがはるかに説得力をもってきます。

日本語ではこのように難しい抽象的な概念が、庶民の生活にまでするりと入ってくるんです。日本の知的中間層はすごく広いのです。「文盲」もいないのです。これらはすべて漢字のおかげだと言ってもいいくらいなのです。（八二頁）

かつて『ビッグ・ファット・キャットの世界一簡単な英語の本』という本が書店を賑わせました。この本には「英語がこれだけ広まったのは世界一簡単な言語だから」という一文があり、これがこの本をベストセラーにした殺し文句だったのですが、これが真っ赤な嘘だったことは、英米における非識字率、ディスレクシアの深刻さを見れば分かるはずです。

ところが昨今の日本は、価値の高い漢字を捨ててカタカナ語を重用するようになりました。特にＮＨＫ

がその先頭に立っています。最近、NHKが多用している「コンプライアンス」という用語がその典型例でしょう。

この場合も、「順法あるいは遵法《じゅんぽう》」という用語を使えば、普通の日本人であれば誰でも理解できるはずなのに、それをわざわざ理解不能なカタカナ語にする意味がどこにあるのでしょうか。

これも、「日本の公用語を英語にしたかった」のに「失敗した」と思っている一部のひとたちが、せめて日本語の語彙だけでも「中国語＝漢字」から「英語＝カタカナ語」へ秘かに移行させようとしているのではないか、と疑ってしまいます。（しかも日本の漢字はもう中国語ではなく日本語になっていることはすでに説明しました。）

カタカナ語を多用することで日本人の知的レベルが上がり経済発展すればよいのですが、おそらく逆の道をたどるでしょう。それは識字率の低い「学力最低辺」のアメリカを見れば分かります。鈴木先生が言われるように、恐るべし！ 日本を愛せない日本人、恐るべし！ 英語アメリカ大好き人間、ではないでしょうか。

4-3 暴力と頂上志向のアメリカ、平和憲法九条のニッポン

アメリカが単に貧困大国に転落しただけであれば大して大きな問題ではありませんが、問題なのは、その転落した地位を取りもどすために、アメリカが「デリバティブ」などという金融商品を開発して世界中を経済的混乱に引きずり込んできたことです。

また、その転落した地位を取りもどすために、アメリカが強大な軍事力を行使して、世界中に紛争・戦争を拡大して武器を売りまくっていることです。今では戦火が中東どころか、イエメンを経てソマリアな

どの北アフリカ、さらにはウクライナにまで拡大しています。

本当は「下山の時代」を迎えているのに、アメリカはいまだに「頂上志向」を捨てず世界の帝王であろうとして、世界中に害悪（そしてアメリカにたいする憎しみ）を振りまいているのです。その一つの結果がボストンマラソンにおける爆破事件だったと言ってもよいでしょう。

国連のパレスチナ地区人権担当官であるリチャード・フォーク氏（Richard Falk）も、ボストンマラソンの爆破事件について次のように言っています。

アメリカが世界を支配しようとする計画は、植民地解放後の世界で、必然的にあらゆる抵抗運動を生み出している。幾つかの観点からすると、アメリカがあの爆破事件で、もっと悲惨な反撃・抵抗を受けなかったのは幸運だった。我々はこの機会に、もういちど問い直すべきではないか。炭鉱のガス爆発を知らせる「カナリアが、いったい何羽死ねば、世界支配という地政学的な妄想から目覚めるのだろうか」と。

U.N. Official Condemned for Highlighting Role of U.S. Policy in Boston Attacks
http://www.democracynow.org/2013/4/26/headlines#4268

私は先に「本当は「下山の時代」を迎えているのに、アメリカはいまだに「頂上志向」を捨てず世界の帝王であろうとして、世界中に害悪（そしてアメリカにたいする憎しみ）を振りまいているのです」と書きましたが、鈴木先生の次の言で、私はますます自分の意見に自信と確信を持つようになりました。

アメリカ人には無理です。下山の思想なんて絶対にない。もっと発展するといつも考えています。これはアメリカの建国の歴史が新しいもの、フロンティアを求め続けそれがごく最近まで可能だったからです。ですから今も、もっと世界を国際化して、もっとペテン師的な数学の魔術でごまかす金融でもって世界をしぼりとるという発想に凝り固まっている。金本位制をやめてからのアメリカという国は、全く現実にもとづかない人工的なお金の世界に入っちゃったわけです。だからああいう国が日本の言うことを聞くでしょうかと心配する人もいますが、聞くも聞かないも、そんなことより日本がもっと日本らしい考え方、信念、過去の実績を広く発信するべきなのです。それしか今の生態系の寿命を延ばす道がないからです。（七三頁）

鈴木先生は上記引用の末尾で「そんなことより日本がもっと日本らしい考え方、信念、過去の実績を広く発信するべきなのです。それしか今の生態系の寿命を延ばす道がないからです」と述べつつ、日本語の果たす役割を次のように指摘されています。

そのためにも日本語を世界に広めるべきだと私は言い続けているのです。それから日本の英語教育は先進国のことを学ぶというのはもうすんだので、今度は日本のよさを世界に向かって発信する、発信型の英語教育であるべきだと主張していきました。でも日本人が英語を使って発信するというのは時間も手間もエネルギーもかかるから、本筋は日本語を早く広めるべきなのです。国連の公用語になぜ日本語を入れないのか、みたいな政策的な提言も行なってきましたが、これは現在の私の心境にこれまで以上にぴったりあてはまることでもあります。（七三頁）

鈴木先生は上記で「今後の日本の英語教育は、日本のよさを世界に向かって発信する、発信型の英語教育であるべきだ」と主張されています。実をいうと私は、鈴木先生の『武器としてのことば――茶の間の国際情報学』（一九八五）を読むまでは、そんなことを考えたこともなかったので本当に驚きました。

また、国連発足時からの公用語が第二次世界大戦の戦勝国の言語（中国語、英語、フランス語、ロシア語、スペイン語）だけだったことも、この本を読むまで知りませんでした。アラビア語が公用語に追加されたのは一九七三年で、石油資源の重要性を反映したものだとすれば、日本が世界第二位の経済大国であり国連への納入金もダントツだったときに提案していれば、その可能性はあったかも知れません。

しかし沖縄を見れば分かるように、今の日本は、実質的にはアメリカの植民地状態ですし、今の日本人は「英語大好き人間」であふれています。ですから日本語を国連の公用語にするなどという考え方は、想像もつきません。

それどころか、東京大空襲や広島・長崎への原爆投下を見れば分かるように、アメリカは軍事基地ではなく民間地・民間人を爆撃して大量殺戮をしたにもかかわらず、今の日本は、不思議なことに、アメリカの軍事・外交政策の強力な支持者です。

かくいう私もアメリカにあこがれて、九・一一事件が起きる数年前までは、一〇年以上も毎年アメリカに通い続け、そのたびに一か月近く滞在する生活を続けてきたのですから、アメリカによる戦後の占領政策のみごとさに脱帽せざるを得ません[註7]。

それはともかく、先述のとおり、鈴木先生は先の引用で、「今後の日本の英語教育は、日本のよさを世界に向かって発信する、発信型の英語教育であるべきだ」と主張されています。それはそのとおりなのですが、私は「受信型の英語教育」も捨て去るわけにはいかないと考えています。

というのは、福島原発事故で明らかになったように、政府の発表も大手メディア（特にＮＨＫを含めた大手のテレビ局）の報道も嘘に満ちていて、外国の報道を通じて初めて、私は福島原発事故における放射能汚染の深刻さを知ったからです。

かつてアジア太平洋戦争で日本が負け戦を続けているにもかかわらず当時の『朝日新聞』を初めとして大手メディアは政府の垂れ流す「勝った、勝った、日本勝った」をそのまま報道し続けてきたのに似ています。しかし英語で情報を読んだり聞いたりできたひとにとっては、日本の敗戦は疑いようのない事実でした。

ですから日本の英語教育は「読む能力」にもっと力を入れるべきだと私は考えています。そうすればインターネットで海外の報道を知ることができるようになった現在、英語を読む力をつけておきさえすれば、政府の発表や大手メディアの報道で国民がだまされることも、大幅に減少するでしょう。

ところがＴＯＥＩＣの受験結果を見るかぎり、大方の予想に反して、日本人の英語力は「聴解力」よりも「読解力」の点数が低いのです。今は学校も民間も「会話一辺倒」ですから、ますます英語の読解力は低下していくでしょうし、「英語でおこなう、英語の授業」は、さらにこの傾向に拍車をかけるでしょう。情報を隠したい為政者にとってこれほど好都合なことはありません[註8]。

5　今や「下山の時代」、世界をタタミゼ（畳化）せよ

5－1　人間の人格を変える「攻撃的言語」

さて以上これまでは、「英語教育を受信型ではなく発信型に変えるべし」「もっと重要なのは外国人にたいする日本語教育を世界に拡大し、日本語・日本文化の良さを世界に広めるべし」という鈴木先生の主張

を紹介してきたのですが、これにはもう一つ別の深い理由があったのです。それを鈴木先生は次のように説明されています。

それから、これまでは欧米的にはっきり自己主張することが素晴らしいのであって、日本人の悪いところは論理的に語れないとか、言説がもやもやしているところだという論が大手を振ってきたけれど、こうした曖昧さ・もやもやを完全に克服しないできたのは、今思えば本当にいいことだったのです。これがもし脱亜入欧がもっと徹底して完全に西洋的に変わってしまっていたとすれば、日本のよさが全部なくなってしまうのですから。

たしかに日本は西洋的なものをよく学んできたが、生まれつき骨の髄から西洋でない以上は、いくら西洋の真似をしても二流の西洋、三流のアメリカになるほかないのです。この期に及んで、アメリカの亜流みたい国をもう一つ増やすようなことになればますます地球に救いがなくなる。一つあるだけでも余計で迷惑千万な存在で世界中に害毒を与えているのだから、アメリカ的な国などは決して増やしてはならない。

けれども今の日本の大部分のインテリとか政府は、そういう方向に向かっているわけです。アメリカ的な価値観や世界観を無条件に是認したうえで、それに追随し、乗っかる形で日本は構造改革とかＴＰＰだとかを進めていくべきだと思い込んでいるのです。そうではなくて、むしろ日本的な文化、考え、人間関係のあり方などを世界に広めるべきなのです。（六一―六二頁）

鈴木先生は上で、「むしろ日本的な文化、考え、人間関係のあり方などを世界に広めるべき」だとされているのですが、その根拠として「タタミゼ tatamiser」という極めて面白い現象を取りあげて次のように説明されています。

そうではなくて、むしろ日本的な文化、考え、人間関係のあり方などを世界に広めるべきなのです。このことを象徴的に表現することばとして、私が最近言い出したのが「タタミゼ」tatamiserです。「タタミ」というのは日本家屋に敷いてある畳のことで、「タタミゼ」はフランス語で「〜をタタミ化する」といった意味のことばです。フランスで、いつから使用され始めたのかはまだ調べがついていません。でも、少なくとも二、三十年前からのれっきとしたフランス語のはず。

どんな意味かについては第一章第二節を参照してもらうとして、そこで触れてない話をすれば、たとえば、日本にある程度長く滞在したフランス人は、国に帰って道で人にぶつかったときに「パルドン（ごめんなさい）」と、つい言ってしまったりするというのです。普通のフランス人だと、道で人にぶつかると相手をにらみつけるか、「コション（豚）！」とか言わないまでも、そういった調子で相手と対立したままで通り過ぎていく。

このように日本に長く住んでフランスに帰ると対人関係が攻撃的でなく融和的になっちゃうというのです。フランスではありえないことをフランス人がしてしまう。で、「お前、タタミゼされた」と言われるというわけ。つまり日本化されたという意味なのです。最近私は、このことばが実にいいと思えてきて、これを世界に広めようと思い立ったのです。世界中の人が「ああ、すみません」「パルドン」ってお互いに言い出せば、世界から戦争が少なくなりますよ。（六二‐六三頁）

つまり日本語や日本文化を広めるのは、鈴木先生にとっては一種の平和運動なのです。欧米語、特に英語が世界に広まるのはアメリカ的・攻撃的な言語や国家を増やすことになりかねないからです。

カナダの大学で日本語を教えている金谷武洋氏も「カナダにいるバイリンガルの日本人児童は、日本語を話しているときは控えめなのに、英語を話すときは人格が変わってしまって急に攻撃的になる」と言っています（『日本語に主語はいらない』講談社、一五二-一五三頁）。

だとすれば、私たちは英語を教えることの意味をもう一度、問い直す必要が出てくるのではないでしょうか。新高等学校学習指導要領にしたがって「英語で授業」をすると「人間が変わった」という実践報告がありましたが（亀谷二〇一三）、人格が変わって攻撃的になるのであれば、これは手放しで喜んではいられない事態だからです。

5-2　なぜ「英語ディベート」は有害無益か

それはさておき、この「タタミゼ」がどんな意味かについて、鈴木先生は、フランスの外交官やフランスの新聞記者の例をあげて次のような説明をされています。


「タタミ」はもちろん日本家屋の畳ですが、タタミゼ tatamiser はフランス語です。これは、非常に簡単な言い方をすると、「日本化する、日本臭くなる」という意味です。

フランスの外交官とかフランスの新聞記者とかが、日本に来て、一～二年滞在してフランスに帰ると、どこかおかしいフランス人になってしまうというんですね。

だいたいフランス人というのは、相手が口を開かないうちから反論を始めるとか自己主張が激しい人たちなのです。レストランに何人かで行って何を食べるかとなったとき、誰かがあるものを注文すると日本人みたいに私もそれ、みたいな同調は絶対しないで、本当はそれを食べたくても、必ず違うものをたのむという傾向が強い。俺が俺がが強い人たちなのです。

ところがそういうフランス人が日本に来て何年か経つと「変なフランス人」になっちゃうというので、それを「タタミゼ」という言葉で表現するようになった。

これがいつごろから使われたのか、言語学的に初出が何年なのかというのは調べていませんが、そういうフランス語があるのは間違いない。しかも最近では、いろいろな国の日本語教育関係者の間で、この「タタミゼ」という言葉が広まっているらしいのです。

簡単に言うと、日本語・日本文化に接すると人間が柔らかくなっちゃうという意味なのです。水につけた大豆みたいになってしまって、フランス本国では使いものにならない。（三二一－三二三頁）

要するに「タタミゼ」というのは、「日本語・日本文化に接すると人間が柔らかくなってしまってフランスに帰国しても使いものにならない」という意味なのです。

しかし、もっと興味深いのは、これがフランス人だけの現象ではないということです。どうもアメリカ人も同じらしいというのです。鈴木先生によれば、それは次のようなかたちで表れます。

これはフランス人だけでなく、最近聞いた話では、アメリカのある女性が日本に来て、日本語を勉強したあと五～六年、日本の会社に勤めてアメリカに帰った。そうすると以前のようにまわりと対等に議論ができなくなっているので愕然としたとのこと。要するに、自分はアメリカ人としてはだめな人間になってしまったというのです。

どうも日本語・日本文化というのは悪く言えば人間を軟弱にする、よく言えば喧嘩とか対立、対決とかができにくい平和的な人間にしてしまいがちのようなのです。ですから、まちがっても前のアメリカ大統領であったブッシュみたいな人間は出てこないのです。

日本国内でも、たとえば日本の民事の裁判官はあまり黒白のはっきりした判決を出したがらないで調停を進める傾向が強い。つまり当事者同士で話し合って解決することを重んじる人たちが多い。これは裁判官の職務放棄みたいなものにも見えるが、しかし、そうとばかりは言えないでしょう。

私自身、かつては、このような風土というのをある意味情けないと思ってきたところもあるのですが、でもこのごろは、トシをとったせいか、それがむしろよいことだと強く感じるようになってきました。

以上は、フランス人やアメリカ人が日本語・日本文化にふれるとその人間・人格がどのように変容していくかの例ですが、それとはまったく逆の事例もあります。つまり日本人が英語にふれると人格が攻撃的になるという問題です。

先にも紹介したように、その興味深い事例を金谷武洋氏は著書『日本語に主語はいらない』で簡単に説明しているのですが、氏はそれをさらに続編『英語にも主語はなかった』（講談社）で次のように詳しく説明しています。

私は、日本人が短絡的に「英会話をマスター、これであなたも国際人」と捉えがちな風潮には、あまり自覚されていない危険性があることを指摘したい。

英語を話すということは、単に日本語をそのまま直訳することではないのだ。あえて挑発的な言い方をすれば、それは一時的にせよ「人格を変える営み」なのである。どんな人格か、と端的に言えば攻撃的、自己主張型人間のそれである。

上手くなればなるほど、日本人の美徳とされる「優しさ・思いやり」とは離れていく。英会話を勉強するなら、それぐらいは覚悟しておいてほしい。

「人格を変える」とは言っても、大人になってから習得した趣味としての片言の英会話なら、外から見た時の違和感はたかが知れている。

反対に、これが日英バイリンガルの子供だったりすると、日本語を話す時は大人しいのに、英語に切り替えた途端、俄然「人が変わったように」自分の意見をはっきりと述べて自己主張する。

こうしたカメレオンぶりは、カナダなどではごく普通に見られることである。慣れていない日本人旅行者などには相当ショックを与えるようだが。(一〇四 - 一〇五頁)

同じような主張は朝日新聞ロサンジェルス支局長・伊藤千尋氏によってもおこなわれています。金谷武洋氏は、月刊『言語』二〇〇三年三月号に載っていた伊藤氏の言を紹介しつつ、次のように述べています。

「米語を世界の共通語とすべきではない」と朝日新聞ロサンジェルス支局長が主張する第二の理由はさらに深刻で、言語を越えて政治的地平にまで及んでいる。「米語を話す人間は攻撃的になる」と言うのだ。これは私が『謎を解く』で指摘したことである。

もちろん、あくまでも傾向であって、攻撃性の個人差は大きい。また、同じ英語でもイギリスやカナダでは雰囲気が違う。男女の差もある。方言ではまた違う。私が最も攻撃性を感じるのは米国の白人男性のそれだ。

伊藤が英語と言わないでわざわざ「米語」としている理由もそこにあるのだろう。

米国に住んでいるがスペイン語も達者な伊藤は、よく中南米を取材で訪れる。つまり米語とスペイン語をどちらも話すのだが、「使用言語そのものの威力」を感じると言う。米語では口の周りの筋肉をしきりに動かし、口調は必然的に攻撃的になる。一方、スペイン語は口先に力を入れずに話す。このために「軟弱かつ協調ムード」になるので、スペイン語は「恋を語るにはいいが、対決には向かない」。

仮にも朝日新聞ロサンジェルス支局長が、読者の知的レベルの高い月刊誌という公器を使ってこうした意見を堂々と述べるとは本当に驚いた。よほどの思いの丈だったのだろう。「やがて米語が世界語として普及し尽くしたとき、世界の人間は攻撃的となり騒乱はさらに増すのではないかと推察される。そのとき、世界の人々の顔つきも攻撃的に変わるのだろう」とまで書くのだから、伊藤の憂鬱と心配は募るばかりの様子である。

（一〇六－一〇七頁）


もし上記の主張が正しいとすれば、文科省の新高等学校学習指導要領は日本人を洗脳してアメリカ人と同じ「攻撃的な人間」に仕立て上げようとしていることになります。

というのは『英語教育が亡びるとき』でも詳論したように、この新指導要領を強力に推進した人物のひとりが松本茂氏（立教大学）であり、彼は英語教育の最終到達目標が「ディベートの授業」だとしているからです。

この「英語ディベート」の偽善性は、上意下達が貫徹していて教師が職員会議で自由に発言し論争できない職場環境で、英語の時間だけ「ディベート」が称揚されているところに象徴的に現れています。この点について私は『英語教育が亡びるとき』で次のように論じました。

最近は英語教員の研修でも「ディベート」を取り入れるところが多くなっているようです。そして「授業でもディベートを」という呼びかけが強くなってきています（松本一九九六、松本ほか二〇〇九）。しかし職員会議できちんと意見を言える環境が整えられていないのに、英語の授業だけは「ディベート」を取り入れるよう奨励するというのも実に奇妙な話です。「ディベート」を奨励する教育委員会や管理職は（もちろんそれを奨励する研究者も）、何よりも先ず自分の足下の、職員会議や教授会の風通しをよくすることが先決ではないでしょうか。

「多様な考え方ができる話題について、立場を決めて意見をまとめ、相手を説得するために意見を述べ合う」（新指導要領）という風景も、最近は大学でさえ見られなくなってきました。国立大学も法人化されてからは学長や学部長の権限が強くなり、上意下達の傾向が強まってきているからです。大学ですらこのような雰囲気なのですから、小中高の現場ではもっと暗い雰囲気が漂っているのではないでしょうか。さもなければ、職員会議で自由闊達な意見を求め、意見集約の一つの方法として採決をしようとした校長が処分されるといった、都立高校のような事件は、起こりようがなかったはずです。

以上のことは、すべて日本語でおこなうことを前提にしての話です。しかし既にみてきたように、そのどれ一つ取ってみても、日本語ですら、それが満足にできている例を私は知りません。しかも学生だけでなく職員会議や教授会を見れば分かるように、教師の世界でも大して変わりがないのです。自分でもできないことを、しかも日本語でもできていないことを、どうして「英語でやれ」というのか。私には全く理解不能です。（二六六－二六七頁）

ところで、「ディベート」というのは、与えられた論題について賛成派・反対派の二組に分かれて論争する訓練をさすのですが、自分がその論題について本当に賛成か反対かは問題ではないのです。その論題が本当は誰の利益に奉仕するかも問題ではありません。自分が賛成でなくとも、賛成の立場で論陣を張るのです。民衆の利益にならなくとも権力者の立場で論じるのです。

ディベートの理論書や実践書（たとえば松本一九九六など）には、このようなディベートを推奨する理由がいろいろあげられているのですが、このような論争方法を考えると、それは詰まるところ、「白を黒と言いくるめる訓練」としか私には見えませんでした。鈴木先生の「ディベート嫌い」もそこから来ているように思います。

この「白を黒と言いくるめる」極致をいくのがアメリカの企業弁護士ではないでしょうか。自分の弁護する企業がどんなに悪いことをしていても法廷で勝ちさえすれば、そして莫大な報酬をもらいさえすればそれでよいからです。「こんな訓練を英語教育にもちこんでどんな人間を育てようとしているのか」と考えると空恐ろしくさえなります。

さいきん購入した本を読んでいたら、チョムスキーもディベートを、「人間の発明のなかでも、最も非理性的なものです。理性的なやりとりを台無しにするように、ルールが作られているのです」と述べているのを発見して、嬉しくなりました。チョムスキーもディベートを、私と同じような観点でとらえていたのです。チョムスキーは次のように述べていました。

討論者は、「それは素晴らしい論点ですね、私は自分の見方を考え直さなければなりません」と言ってはいけないことになっています。むしろ、自分が間違っていると気づいても、自分の立場に盲目的に固執しなければならないのです。「洗練された討論者」と呼ばれる人は、「勝つ」ためには、理性的な議論をするよりもペテンや詐欺をはたらくべきだと分かっています。（『複雑化する世界、単純化する欲望』花伝社、二〇一四、九三頁）

やはりチョムスキーにとっても、ディベートは、「白を黒と言いくるめる」技術、「勝つためには、理性的な議論をするよりもペテンや詐欺をはたらくべき」技術だったのです。

5-3　日本の良さ（地救原理）を広める言語教育を

ところで鈴木先生は、「欧米の歴史は侵略と略奪に満ちている」、にもかかわらず「明治以降の日本は国際化と称して喧嘩のやり方まで欧米の真似をしようとしている」と次のように非難されています。

明治開国後、日本は欧米を真似したのですが、それは独立を守るため、植民地にならないためのあくまでも和魂洋才のつもりだったはず。本当は日本人は欧米人の生き方には合わないのだけど、無理して西洋の「きったはった」「力は正義なり」の流儀に適応しようとしていった。

一九世紀のあの時代は、彼らと一緒にやらないと生かしてもらえなかったのだからやむをえないところもあった。まさしく草食獣そのものの日本が、肉食獣のライオンやトラとかみ合う血みどろの世界におずおずと入っていって国際化しようとした。喧嘩のやり方も真似しようとした。それが日本の軍国主義の始まりなんですよ。

それまで日本は歴史上、外国と戦争したのは、古代の白村江の戦いと秀吉の朝鮮侵略の二回しかない。明治までの江戸時代は無論ゼロで民族としては戦争経験の蓄積がなかった。（四三－四四頁）

このように日本は「喧嘩のやり方も真似しようとして」アジア侵略にのりだし、結局は敗北しました。その理由は、鈴木先生によれば、次のようになります。

で、日本がアメリカになぜ負けたかというと、やはりいくら牛が曲がった角で突いてもライオンやトラの牙にかなわないからです。向こうは肉食獣で殺しが本能、殺さなければ自分が生き残れないと思い込んでいる。ところが草食獣には殺すという本能・意識がない。ですから日本は欧米主導の国際化に向いていないのです。じゃあ、日本はどうすればつぶされずにすむか？　そこで出てくるのが世界を日本のように変えていくこと、これができれば、つまりタタミゼの精神を世界に広げていけば、国際化なんかは必要なくなるのです。

ところが、いま日本の企業が落ち込んでいるのは「英語力がないからだ」とか「ディベートの訓練ができていないからだ」などと言われています。それが「英語で授業」「英語ディベート」を導入する大きな理由になっています。

しかし、そんな訓練を受けなくても、私が一九九二年にアメリカの大学で一年間日本語を教えていた頃の日本は、「ジャパン・アズ・ナンバー・ワン」と言われていました。ですから今の経済的苦境は「英語力」や「ディベート力」とはほとんど何の関係もないのです。それが現在のような地位に落ち込んだのは別の理由があります。これについては前項で書いたので、ここでは割愛させていただきます。

とはいえ草食獣の日本も、アジア太平洋戦争では欧米の真似をして、アジアでそうとう残酷な行為をしています。しかし、『肉声でつづる民衆のアメリカ史』を読んでみると、肉食獣である欧米人の侵略地における殺し方、その残虐性は想像を絶するものがあります。

たとえばコロンブスがカリブ海の島々で先住民を殺すやり方は、宣教師ラス・カサスが『インディアスの破壊についての簡潔な報告』を書いて告発せざるを得なかったほど背筋が寒くなるような殺し方です。ぜひ自分の目で読んで確かめていただきたいと思います（前掲書第一章）。

またアメリカ人の先住民のインディアンを殲滅《せんめつ》したやり方も残酷きわまりないものでしたし、その後、侵略の手を国外に広げるようになってからのフィリピン占領も、作家マーク・トゥエインに「モロ族虐殺にかんする論評」を書かせしめるほど残虐なものでした（第一二章）。

ところが今の日本はアメリカによる食料政策の結果、戦後ますます肉食になっています。ですから、自然と調和しながら生きてきた草食獣の良さを失って、ひたすら「攻撃性」ばかりを強めていくのではないかと心配です。しかも肉食は今まで日本に少なかった癌を激増させています。

そのうえ、最近の日本は、ＮＨＫが「英語でしゃべらナイト」という番組をつくるほどの英語ばやりです。さらに、それに輪をかけて、学校教育で「英語ディベート」や「株の売り買いを学ぶ金融教育」まで導入しようとしているのですから、本来の良さはますます失われていくばかりでしょう。

以上をまとめると、鈴木先生の提案は、「日本の良さ（地救原理）を広め、世界をタタミゼ（畳化）せよ」と要約できそうです。先生の言葉で、もう少し敷衍すると次のようになります。

だから私が言っていること、つまり「タタミゼが世界を救う」というようなことを新たな目標にすればよいのです。私の言う「地救原理」です。（中略）
たとえば日本語の先生。これまでは実は他のことしたいけれど他にいい仕事もないし日本語でも教えるかというようなデモシカ先生がたくさんいたかもしれませんが、世界を救うため日本語を教え、広めるのだという意識に立てば大きく変わってくるはず。

これからは日本の一番優秀な若い人たちが世界を救うために日本語をひっさげて、日本語を世界中に広めれば、日本語の中に隠されているすばらしい感性的なもの、できるだけ対立を避けカドを立てないようにする文化が世界に広まるでしょう。

私は今、本気でまじめに日本は自分たちの生きている感じ方、あり方を世界の人たちに広めなきゃいけないと考えています。世界をタタミゼしていって、みんながどこでも「まあまあ、そんなこと言わないで」というふうに自分を抑えることができるようになったら世界がどうなるか、考えてみてください。（七六頁）

要するに鈴木先生の見解に従えば、「英語ディベート」などというのは、たとえば外交官のように世界と渡り合うべき現代の「防人《さきもり》」たち、あるいは皆の先頭に立って日本を護り引っ張っていく立場のひとだけがその技術を磨けばよいのです。

ヨーロッパ人は世界を相手に奴隷だの侵略だのありとあらゆる悪行を、サド的に何百年もやってきている。今でも本質的には変わっていない。

しかし、日本人が全員サドになると日本の国のよさは消えてしまうのです。だから日本人の中でも風変わりな変な奴、私みたいな奴を探して、そういう人間たちを「防人《さきもり》」として集めて日本の外側に配置して外国に対する防御型、かつサド型の陣形を敷くことが不可欠だと私は言ってきたのです。

で、日本の中では大半の日本人が日本のよさを守って、これまで通りの暮らしを続けていく。日本全体でそういう体制をつくって、そのように過ごしていけば、五十年から百年も経つとハードの欧米式サド型世界が崩壊するでしょう。

そうすると名実ともに日本が世界のリーダーとして世界の危機に臨むことができるようになり、江戸時代型のフロー（自然循環型エネルギー）で生きるのが人間にとって一番いいのであり、世界の危機も救うことができるのだと範を示していけるようになる。（一〇四－一〇五頁）

ここで鈴木先生は、「防人《さきもり》」集団を、「日本人の中でも風変わりな変な奴、私みたいな奴」「相手をいじめることを無上の喜びみたいに感じる連中」と述べておられます。つまり、すべての日本人が「防人」集団になってしまったら「日本人の良さ」が死んでしまうと言われているのです。

ところが現在の外交官は「国益を守るためアメリカと論争するのではなく、ひたすらアメリカに従う道をさぐるのを仕事とするようになってしまった」と、元外交官であり元防衛大学教授だった人物ですら嘆かざるを得なくなっているのが、日本の現状なのです（孫崎享『戦後史の正体』）。

そしてさらにいま政府・文科省は、日本語や日本文化を広めるのとは逆に、「小学校から英語を」「アメリカへの留学試験であるＴＯＥＦＬを大学入試に採用せよ」と叫び出す始末です。日本人全員を「サド型の攻撃性人間」に仕立てたいのでしょうか。

もっと悪いことには、今の政府は、「タタミゼ」の象徴とも言うべき憲法九条を世界に広めるどころか、それとは逆に、「日本を普通の国にしよう」と言って「解釈改憲」を強行し、原発や武器の輸出、集団的自衛権の方向へとまっしぐらです。これでどうして日本が、そして地球が救われるのでしょうか。

要するに、今の日本の英語教育は、「『武器としてのことば』を駆使できる現代の防人の配置を！」という鈴木先生の主張とは、まさに逆行する方向へまっしぐらに突き進んでいるわけです。これでどうして日本に未来があるのでしょうか。

日本の大手メディアでは、憲法専攻の黒人大学教授オバマ氏が大統領になったから好戦的なアメリカは姿を消し今後は平和な世界が到来するかのような論調に満ちていました。オバマ氏のノーベル平和賞受賞が、このような論調をさらに後押ししました。

それどころか当時、老舗の月刊誌『英語教育』（大修館書店、二〇〇九年一〇月臨時増刊号）が「オバマ演説の魅力、そこから何を学ぶか」といった趣旨の特別記事を組んだことすらありました。しかしチョムスキーの論考をずっと読んできた私にとっては、それは全くの幻想にすぎないことは最初から歴然としていました。

このような特集は「英語教師の「三つの仕事」「三つの危険」」（『英語教育原論』第1章）で述べた「三つの危険」、すなわち「教師の自己家畜化」「学校の自己家畜化」「国家の自己家畜化」を地でいくようなものだと思われました。たまりかねた私は、『英語教育』編集部に電話をして「このような特集をくんで間違った言説を広めることは問題ではないか」と抗議しました。

しかし電話口に出てきた人物は、私が次号で反論を書かせて欲しいと言ったことにたいして、口を濁したまま明確な返答を避けてしまいました。それから六年経った現在、どちらの主張が正しかったか、歴然としてきたように思います。それはノーベル平和賞選考委員会が二〇一四年八月一九日に「未だにグアンタナモは稼動しており、アフガニスタンも、リビアの爆撃も存在する」として、オバマ氏に平和賞の返上を要請したことからも明らかでしょう。

「ノーベル委員会、オバマ氏に平和賞返上を要請」

http://japanese.ruvr.ru/news/2014_08_19/276111068/

私がこの原稿を書いている二〇一五年現在、オバマ氏の戦争はイラクやアフガニスタンどころかリビアやシリアにまで拡大し、中東各地が瓦礫の地と化しています。そして最近は、イエメンやウクライナまでも内戦地帯に変えてしまいました。

イエメンでは、アメリカの無人爆撃機が無実のひとを次々と殺戮し、そのことを是とするイエメン政府にたいする反感を強め、ついにイエメンの大統領はサウジアラビアへと亡命せざるを得なくなりました。そして今度は、サウジアラビア政府が、湾岸の同盟諸国（いずれも王制独裁国家）を引き連れて、反政府勢力への一斉爆撃へと乗りだし、一般民間人の犠牲者をさらに拡大することになりました。

しかも、このサウジ政府に武器・弾薬を供給し、爆撃機に空中給油まで提供していたのがアメリカ機でした。こうしてイエメンの惨劇をさらに拡大させてきたのがオバマ政権でしたから、チョムスキーは「これほど異常な国際的なテロ攻撃は歴史上かつてなかった」とこれを激しく非難し、サウジ政府だけでなくアメリカの果たしている役割についても厳しく糾弾しています。

Chomsky, "Yemen is the most extraordinary global terrorism campaign in history"
https://zcomm.org/zvideo/792472/

他方でオバマ政権は、ウクライナでクーデターを起こし、選挙で選ばれた大統領を追放し、傀儡政権をキエフに据え付けました。その実働部隊になったのがネオナチや極右勢力でした。にもかかわらず、オバマ氏は、アメリカ議会と一緒になって、「ロシアがウクライナを侵略している」とプーチンを悪魔化する宣伝を繰り広げ、数百人にも及ぶ軍事顧問団をキエフに派遣しました。

これはまさに「白を黒と言いくるめる典型例」ではないでしょうか。このような、「英語ディベート」を地でいくような、オバマ政権の動きにたいしても、チョムスキーは、これは「『オーウェルの小説を読んだひとなら誰でも、すっかりお馴染み』のアメリカの策略」だと厳しく非難しています[註9]。

Chomsky, "'Any reader of Orwell would be perfectly familiar' with US maneuvers"

https://zcomm.org/znetarticle/any-reader-of-orwell-would-be-perfectly-familiar-with-us-maneuvers/

ところが、現在の政府・文科省は、このようなアメリカに大量の留学生を送り込もうとしているのです。そして同時に国内では、「TOEFLを大学入試に」と声高に叫びつつ、各県の教育委員会を使って「英語で授業」「英語でディベート」を強力に推進しようとしているわけです。

このような動きは、現在の政府が平和憲法を「解釈改憲」しつつ、アメリカと一緒になって日本の軍事化をさらに強化・推進しようとしている動きと一体化したものであり、「日本の良さ（地救原理）を広め、世界をタタミゼ（畳化）せよ」と訴えてこられた鈴木先生にとっては、何ともやりきれない思いのする政策なのではないでしょうか[註10]。

だとすればなおさら、私たち民衆の側が鈴木先生の言われる「地救原理」を掲げ、世界を「タタミゼ」するために奮闘しなければならないし、それがフクシマ後の「下山の時代」を迎えた私たち日本人の使命ではないかと思うのです。

註記

1　文科省の新指導要領と教師がおかれている過酷な現状については寺島（二〇一四）で論じた。このような教育環境では学力低下は避けられない。その証拠に、文科省自身が「高校三年生の英語力は中卒程度」と認めざるを得なくなってきている。というのは、文科省は二〇一五年三月一七日、高校三年生を対象に初めて実施した英語力調査の結果を公表した。民間の資格検定試験と同様に「読む・聞く・書く・話す」という英語の四技能について調べた結果、「平均的な生徒の英語力は、実用英語技能検定（英検）に換算して、中学校卒業程度の三級以下と判定された」と発表したからである。これは文科省が指導要領を「英会話」「コミュニケーション」中心に大きく転換させた結果がもたらしたものだ。この調査に対する私の詳しい分析は寺島（二〇一五）を参照されたい。

2　私が院生として教えた中国人学生が、帰国してから大学に職を得たというので、その大学を訪れたとき、いつもの着慣れた和服姿で外国語学部の学部長に会いに行ったのだが、日本軍国主義の教授がきたとして問題になったということを、あとで聞いた。日本でも、男が和服姿で教壇に立つと変な目で見られるから、今から思うと当然のことだったのかも知れない。しかし、その学生は院生として私の和服姿の授業に出ていたわけだし、海外に行くときも和服だということは知っていた。にもかかわらず訪中するときあらかじめ彼女から何の忠告も受けなかったので、中国でも和服姿で問題ないと思っていたのだった。

3　Kachru（1985）は、世界に拡大する英語を"World Englishes"という用語を使いつつ三つの同心円モデルで表したことで有名だが、橘（二〇一二）は、「Kachru の World Englishes における権力の問題」という論文で、"World Englishes"という用語そのもののなかに、まだ母語話者の「英語の権力」（Power of English）を感じると言っている。これは傾聴するに値する論である。他方、永井忠孝『英語の害毒』（新潮新書）はさまざまなデータを引きながら、世界では英米人の英語のほうがアジア人の英語よりも通じにくくなっていると述べている。「世界中の人に一番通じやすかったのはスリランカ人の英語で、話した内容の七九％が通じた」「それにたいしてアメリカ人の英語の通じやすさは五五％だった」という（七四頁）。実に興味ある指摘である。

4　この原稿を書き終えたとき、本山美彦『売られ続ける日本、買い漁るアメリカ――米国の対日改造プログラムと消える未来』『姿なき占領――アメリカの「対日洗脳工作」が完了する日』（いずれもビジネス社）、ビル・トッテン『日本は悪くない――アメリカの日本叩きは「敗者の喧噪」だ』（ごま書房）という本があることを知った。これらの本を読んで私は自分の仮説が正しいことをますます確信するようになった。

5　日本語に主語はないということを主張したのは『象は鼻が長い』という著書で有名になった三上章氏だが（なんと驚いたことに、そのとき三上は高校の数学教師だった）、これにたいして当時、多くの学者が「日本語にも主語がある」と反論した。しかし、日本語に西洋文法で言うような主語はないということは今では動かしようのない事実だろう（金谷武洋『日本語に主語はいらない』『英語にも主語はなかった』いずれも講談社）。

6　日本がOECDの「国際成人力調査」で読解力でも数学力でも世界一であったことについては、前節および寺島（二〇一五）「英語力は科学力を育てるか」で詳述した。この学力世界一は日本語の文字・表記法にも支えられていることは見逃してはならない点であろう。と同時に、日本がこの調査で世界一であったことは、日本の教育制度が世界一（あるいは日本の教師の教育力が世界一）であることをも示している。ところが政府・文科省は、この世界一の教育制度をアメリカ流に改悪し、「英語で授業」という制度を導入して学力低下をはかろうとしているのである。

7　東京大空襲や広島・長崎への原爆投下のような爆撃は、明らかに、ニュルンベルグ裁判で「人道に反する罪」とされた戦争犯罪である。またアメリカがどのように日本の為政者を服従させ知識人を洗脳したかについては、孫崎享『戦後史の正体』、土屋由香『親米日本の構築』、松田武『対米依存の起源』などがある。これらを読めば分かるように、日本のアメリカ一辺倒の源は、政治構造そのものにあり根が深い。「二世議員、三世議員の多くはアメリカに『遊学』する。またキャリア官僚も、そのほとんどが入省後、数年してアメリカの大学院に留学する。さらにまた大学の研究者も昇進するためにはアメリカ留学の履歴で箔をつけることとなる。こうした構造が日本社会あげてのアメリカ一辺倒につながっている」（孫崎）。まさに英語力は洗脳力としても機能しているのである。

8　いま話題になっているTPP（Trans-Pacific Partnership）についても大手メディアは、この協定の利点しか報道しない。しかし庶民にとって利益があるものであれば協定の進行状況を極秘にする必要はないはずである。ところが推進役のアメリカでさえ、一般の議員にはその内容を知るすべがない。知る権利をもつ議員でさえ、それを口外すると罰せられる。たまりかねてウォーレン上院議員ら一部の良心的議員がオバマ氏にいっさいの裁量権を与えるTPP推進法案に強力に反対している。だが、日本のメディアでは、このような協定の利点を紹介することはあっても危険性について述べることはほとんどない。TPPで一番危険なのは、「国家や自治体が、食料・環境・医療の安全を確保するために、外国企業の活動や輸入を規制しようとすると、企業から訴えられる」という条項である。以上のような事実は、日本の大手メディアがきちんと報道しなくても、英語を読むことさえできれば左記のような独立メディアからいくらでも入手できる。しかし今の英語教育はこのようなちからを育てない。

「アサンジが語る。極秘のＴＰＰは貿易ではなく企業による国家支配だ」

Julian Assange on the Trans-Pacific Partnership: Secretive Deal Isn't About Trade, But Corporate Control

http://www.democracynow.org/2015/5/27/julian_assange_on_the_trans_pacific

9 日本人が「民主主義のモデル国」として賞賛し憧れているアメリカを、チョムスキーは次のように徹底的に批判している。

チョムスキー「世界の誰もが知っている：アメリカは世界最強最悪のテロ国家だ」

http://www42.tok2.com/home/ieas/Chomsky_US_Laeading_Terrorist_State.pdf

チョムスキー「なぜアメリカとイスラエルは世界平和にとって最大の脅威なのか」

http://www42.tok2.com/home/ieas/chomsky20120903issraelThreat.pdf

しかし相変わらず日本の大手メディアはアメリカのこのような側面についてはきちんと取り上げて報道しようとはしていない。そのうえアメリカは単に外国にたいしてだけ暴力的なわけではない。国内でも銃暴力や性暴力（レイプ）など多様な暴力が荒れ狂っている。それについては本章第1節でも若干ふれたが、寺島（二〇一五）「暴力、それはアメリカの生活様式だ」では、最近アメリカで目立って激増しつつある「警官による暴力・殺人」と「右翼・ネオナチによる暴力・殺人」についても論じた。

10 この「解釈改憲」については、自民党の古参幹部（たとえば元自民副総裁・山崎拓）でさえ、時事通信イタビュー「解釈改憲、将来に禍根残す」で次のように言っていることを知り、私の方が驚いてしまった。

「解釈改憲とは、正面から堂々と憲法を改正せず、時の政権が解釈によって事実上の憲法改正をおこなうということだ」。集団的自衛権を「解釈改憲で容認すれば、憲法の安定性を損ない、これからも時の政権によって憲法解釈はどうにでもなるという前例をつくってしまう」。オバマ大統領は集団的自衛権の行使容認を歓迎したが、「米国の軍事力が弱体化し、それを日本の自衛隊によって埋めようというのが歓迎の意味だ。日本の自衛隊は悪く言えば、米国の『警察犬』になるということだ」（http://www.jiji.com/jc/pol-interview?p=yamasaki_taku02-01）

つまり安倍内閣の「解釈改憲」「集団的自衛権」は、「白を黒とねじ伏せる」あまりにも強引な論法であり、改憲をめざしてきた古くからの自民党幹部でさえ認めがたいものなのだ。だから、安倍内閣が一方の外交政策では「解釈改憲」を強引に進め、他方の文教政策では「ＴＯＥＦＬを大学入試に」「留学生を倍増して一二万人に」と言いつつ「英語で授業」「英語で

「ディベート」という政策を強力に推進していることは、私には、単なる偶然の一致とは思えない。

参考文献

金谷武洋（二〇〇二）『日本語に主語はいらない』講談社選書メチエ
金谷武洋（二〇〇四）『英語にも主語はなかった』講談社
亀谷みゆき（二〇一三）「新学習指導要領で求められる授業づくりの実践」『STEP英語情報』二〇一三年三／四月号：一〇－一二
小林一郎（二〇一〇）『英語のできない人は仕事ができる』PHP研究所
鈴木孝夫（一九七三）『ことばと文化』岩波新書
鈴木孝夫（一九七八）『ことばの人間学』新潮社
鈴木孝夫（一九八五）『武器としてのことば――茶の間の国際情報学』新潮社
鈴木孝夫（一九九〇）『日本語と外国語』岩波新書
鈴木孝夫（一九九四）『人にはどれだけの物が必要か』飛鳥新社（中公文庫一九九九）
鈴木孝夫（二〇〇一）『英語はいらない!?』PHP新書
鈴木孝夫（二〇〇五）『日本人はなぜ日本を愛せないのか』新潮選書
鈴木孝夫（二〇〇八）『新・武器としてのことば――日本の「言語戦略」を考える』アートデイズ
鈴木孝夫（二〇一一）『あなたは英語で戦えますか』冨山房インターナショナル
鈴木孝夫（二〇一二）『鈴木孝夫の世界、第四集』冨山房インターナショナル
橘広司（二〇一二）「Kachru の World Englishes における〈権力〉の問題」『アジア英語研究』第一四号：六五－八四
田中克彦（二〇一一）『漢字が日本語をほろぼす』角川SSC新書
堤未果（二〇〇八）『ルポ 貧困大国アメリカⅠ・Ⅱ』岩波新書
土屋由香（二〇〇九）『親米日本の構築』明石書店
寺島隆吉（二〇〇四）『センとマルとセンで英語が好き！に変わる本』中経出版、二〇〇四年度全国学校図書館協議会選定図書
寺島隆吉（二〇〇七）『英語教育原論』明石書店
寺島隆吉（二〇〇九）『英語教育が亡びるとき』明石書店

寺島隆吉（二〇一四）「亡国の英語教育――小学校英語の「教科化」と中学校英語の「英語で授業」を考える」『教育と文化』七五号：二二―三五
寺島隆吉（二〇一五）「英語の学力低下は誰がもたらしたのか」上・下（『長周新聞』二〇一五年四月一三・一五日）
寺島隆吉（二〇一五）「英語力は科学力を育てるか」上・中・下（『長周新聞』二〇一五年六月一七・一九・二二日）
寺島隆吉（二〇一五）「暴力、それはアメリカの生活様式だ」上・中・下（『長周新聞』二〇一五年七月二〇・二二・二四日）
寺島隆吉（二〇一五）「英語が話せないのは日本人だけ」という神話」連載一〇回（『長周新聞』二〇一五年九月二一日～一〇月一二日）
永井忠孝（二〇一五）『英語の害毒』新潮新書
成毛眞《なるけ》（二〇一一）『日本人の九割に英語はいらない――英語業界のカモになるな！』祥伝社黄金文庫
孫崎享《うける》（二〇一二）『戦後史の正体』創元社「戦後再発見」叢書
松田武（二〇〇八）『戦後日本におけるアメリカのソフト・パワー――半永久的依存の起源』岩波書店
松田武（二〇一五）『対米依存の起源――アメリカのソフト・パワー戦略』岩波現代全書
松本茂（一九九六）『頭を鍛えるディベート入門――発想と表現の技法』講談社ブルーバックス
松本茂（二〇〇一）『日本語ディベートの技法』七寶出版
松本茂、鈴木健、青沼智（二〇〇九）『英語ディベート 理論と実践』玉川大学出版部
三上章（一九六〇）『象は鼻が長い――日本文法入門』くろしお出版
向山淳子、向山貴彦（二〇〇一）『ビッグ・ファット・キャットの世界一簡単な英語の本』幻冬舎
本山美彦（二〇〇六）『売られ続ける日本、買い漁るアメリカ――米国の対日改造プログラムと消える未来』ビジネス社
本山美彦（二〇〇七）『姿なき占領――アメリカの「対日洗脳工作」が完了する日』ビジネス社
ジン、ハワード&アンソニー・アーノブ編（二〇一二）『肉声でつづる民衆のアメリカ史』明石書店
チョムスキー、ノーム（二〇〇八）『破綻するアメリカ 壊れゆく世界』集英社
チョムスキー、ノーム（二〇一四）『複雑化する世界、単純化する欲望――核戦争と破滅に向かう環境世界』花伝社
トッテン、ビル（一九九〇）『日本は悪くない――アメリカの日本叩きは「敗者の喧噪」だ』ごま書房
ラミス、ダグラス（一九七六）『イデオロギーとしての英会話』晶文社
Chomsky, Noam (2007) *Failed States: The Abuse of Power and the Assault on Democracy (American Empire Project)*. Metropolitan Books

Kachru, Braj (1985) "Standards, codification and sociolinguistic realism: the English language in the Outer Circle" in Quirk & Widdowson (eds.) *English in the World*. Pergamon Press.

参考サイト

「ノーベル委員会、オバマ氏に平和賞返上を要請」
http://japanese.ruvr.ru/news/2014_08_19/276111068/
山崎拓「解釈改憲、将来に禍根残す」＝元自民副総裁インタビュー＝
http://www.jiji.com/jc/pol-interview?p=yamasaki_taku02-01
コーズィ、ジョン「暴力、それはアメリカの生活様式だ」（拙訳）
http://www42.tok2.com/home/ieas/ViolenceTheAmericanWayOfLife.pdf
チョムスキー、ノーム「世界の誰もが知っている――アメリカは世界最強最悪のテロ国家だ」（拙訳）
http://www42.tok2.com/home/ieas/Chomsky_US_Laeading_Terrorist_State.pdf
チョムスキー、ノーム「なぜアメリカとイスラエルが平和への最大の脅威なのか」（拙訳）
http://www42.tok2.com/home/ieas/chomsky20120903IsraelThreat.pdf
Chomsky, "Yemen is the most extraordinary global terrorism campaign in history"
https://zcomm.org/zvideo/972472/
Chomsky," 'Any reader of Orwell would be perfectly familiar' with US maneuvers"
https://zcomm.org/znetarticle/any-reader-of-orwell-would-be-perfectly-familiar-with-us-maneuvers/
Julian Assange on the Trans-Pacific Partnership: Secretive Deal Isn't About Trade, But Corporate Control
http://www.democracynow.org/2015/5/27/julian_assange_on_the_trans_pacific
The Truthseeker: US worst place to live?
http://www.youtube.com/watch?v=GFSEW4M1onA&list=SPPszygYHA9K1yU3SXHOoC7JhT2O7No-3D&index=9
U.N. Official Condemned for Highlighting Role of U.S. Policy in Boston Attacks
http://www.democracynow.org/2013/4/26/headlines#4268

あとがき

本書は次の三部で構成されています。

1　京都大学で開かれた二つの国際シンポジウムで私がおこなった問題提起および基調提案、南山大学で開かれた日本フランス語教育学会で私がおこなった講演

2　京都大学新聞によるインタビュー（これは前編と後編の二回に分けて同紙に掲載された）に加筆修正を加えたもの、および「インタビューを終えて」と題して同紙に投稿したもの

3　私が書いているブログ「百々峰だより」に載せたなかから、大学の国際化に関連するものを選んで、それを大きく三つに分類し、さらに大幅な加筆修正を加えたもの

私がこれまでに明石書店から出版した英語教育関係の著作は、ノーム・チョムスキーやハワード・ジンなどの翻訳を除けば、『英語教育原論』『英語教育が亡びるとき――「英語で授業」のイデオロギー』の二冊になります。

前者の『英語教育原論』は副題がないので内容が分かりにくいのですが、第1章「英語教師、三つの仕事・三つの危険」という「英語教育論」「英語教師論」を除けば、残りの叙述のほとんどすべてが、当時の世論を二分した小学校英語の是非に充てられています。

後者の『英語教育が亡びるとき』は、副題「『英語で授業』のイデオロギー」が示すように、文科省が新しい高等学校学習指導要領で「英語の授業は日本語を使ってはならない、英語でおこなえ」という方針を明記したことの是非を論じたものでした。

要するに前者は小学校における英語教育を論じ、後者は高校における英語教育を論じたものです。ですから次に出すべき本は中学校における英語教育を論じたものになってしかるべきだったのですが、本書はそれを素通りして、大学における英語教育を論じたものになってしまいました。

しかも「大学における英語教育」という場合、大学教養部すなわち共通教育における「教養科目としての英語教育」を思い浮かべるのが普通ですが、本書ではそれを飛び越して大学教育における英語の役割そのものを論じることになってしまいました。

このような流れになってしまったのは、それを私が選んだからではなく、現在の政治情勢・教育政策が否応なしに私をそのような方向に押しやってしまったからでした。というのは大学設置基準が大綱化されてからは大学の共通教育にたいする縛りが緩くなり、外国語学習は第二外国語を必修としなくなったからです。

その結果、国立大学でも独語・仏語などの履修者が激減し、それと並行して「教養・共通教育では役に立つ英語教育をしろ」という名目でＴＯＥＩＣを全員に受験させようとしたり、ＴＯＥＩＣ受験対策を共通教育「英語」の授業内容として組み込めという暗黙の圧力が強くなってきました。このようなことを放置しておくと、共通教育における英語教育は、ＴＯＥＩＣ受験対策を開講している予備校と何ら変わらなくなってしまいます。

もっと問題なのは、岐阜大学のように医学部や工学部など理系学部を中心になりたっている大学で、ビジネス英語であるTOEICを強制受験させて何の意味があるかということです。ましてその受験対策のためにTOEIC受験問題集を共通教育「英語」の授業テキストとして使うようになれば、ただでさえ英語嫌いだった学生を、ますますを英語から遠ざけることになるでしょう。私の経験では、とりわけ工学部で共通教育「英語」を教えていたとき、「英語が嫌いだ」「英語が得意でない」からこそ工学部を選んだという学生が圧倒的に多かったからです。

そのうえTOEIC受験には、もうひとつ別の問題があります。学生を強制受験させる場合は受験料を無料にしなければならないからです。そのためには教員の研究費を削って受験料に回さなければなりませんが、その一方で文科省からの交付金は年ごとに減らされる一方ですから、このTOEIC全員受験は二重の意味で無理・無駄を学生と教員に強いることになります。

しかも第二外国語を必修から外して外国語学習を英語に一極化し、英語以外の外国語を学ぶ機会を減らしたり奪ったりすることは、英語という眼鏡でしか世界を見れない学生を育てる危険性があるわけですから、これは単に独語教師や仏語教師の失職問題だけでは終わらない、それ以上に深刻な問題をはらんでいると言うべきなのです（これは本書で詳しく論じたので、これ以上の説明は割愛します）。

ところが第二次安倍内閣になってから、今まではTOEICを振りかざして全国の大学を指導していた文科省が、今度は共通教育の「英語」どころか、共通教育の他の科目まで「英語で授業しろ」と言い始めました。そしていつのまにかTOEICではなくTOEFLを声高に叫び始めたのです。なぜこのような理不尽なことが次々と、しかも堂々とまかり通ってしまうのか、怒りを通り越して、あきれてものも言えない状態になりました。

私が『英語教育原論』で小学校の英語教育を論じ、『英語教育が亡びるとき』で高校の英語教育を論じたあと、中学校英語ではなく、大学教育における英語問題に自分の研究や発言の重点を移さざるを得なくなったのには、このような背景がありました。

かといって、ことは日本の未来に関わる重大事ですから、政府・文科省の言動にあきれてばかりもいられません。そこで明石書店にお願いして、今までに書きためたもの、講演やインタビューで語ったことを集めて緊急出版したいと強く思うようになりました。こうして出来上がったのが本書でした。

しかし頁数の関係で本書に盛り込むことができなかったことや、本書の編集が終わったあとに起きた新しい出来事も少なくありません。そこで以下では、書き足りなかったこと言い足りなかったことを、「あとがき」というかたちで若干の補足をしたいと思います。

冒頭でも述べたように、本書の第1章は京都大学でおこなわれた国際シンポジウム、第2章は京都大学新聞のインタビューが中心になっています。そこで大きな焦点になっているのが、「国際化を断行する大学」「共通教育の半分は英語で授業をおこなう」という京都大学の方針であり、そのための実効策としての「外国人教員一〇〇人計画」でした。

その背景にあるのは「英語力＝グローバル人材」という考え方ですが、これにたいする批判は本論で充分に展開したつもりなので、ここではそれを改めて繰りかえすことはしません。気になるのはこのような方針を掲げた京都大学のその後です。

文科省が募集する平成二四年度「国立大学改革強化推進事業」に選定された京都大学は、「外国人教員一〇〇人計画」「共通教育の半分は英語で授業をおこなう」という政策を掲げたわけですが、このような政策をかかげた当時の京都大学総長・松本紘氏は今はいません。

総長選考会議（その半数は学外委員）で、議長の安西祐一郎氏（元慶応義塾大学塾長、中央教育審議会会長）は、京都大学で従来からおこなわれてきた総長選挙＝予備投票および意向投票を廃止し、基本的には総長選考会議だけで総長を選べる仕組みをつくろうとしたようです。

しかし、それにたいする強い批判が学内で広がり、総長選考会議も予備投票・意向投票をふまえて総長を決めざるを得なくなったのでした。こうして現総長が続投する道は閉ざされ、その結果、新しく総長に選ばれたのが山極壽一氏でした。

山極氏は英語に一極化する国際化には批判的な人物です。そのことは本書でもふれました。しかしすでに文科省に提出した計画で京都大学は補助金をもらうことになっているのですから、いまさら「外国人教員一〇〇人計画」を撤回するわけにもいかないでしょう。

私はこの案にたいして本書では、「期限と人数まで決めて外国人を雇うわけだから能力が低い人物まで雇わざるをえなくなる危険性がある」「しかもこれは日本人の有能な若者が国内で研究者としての仕事が得られないことを意味し、頭脳流出につながりかねない」と批判しました。

ところが事態は私が思い描いていたのとは少し違った方向に展開しているようです。というのは関西の大学にいる知人の話では、公募しても外国人研究者の応募が少ないので、手分けして「一本釣り」で外国人研究者を集めてこざるを得ない状況になっているというのです。

今から考えてみると、これもある意味で当然、予想されたことでもありました。というのは私が東海北陸地区私立高等学校教育研究集会の講師として講演を頼まれたとき、「英語で授業をし、バカロレア試験も受験させている」というので有名な静岡県の私立高校が実践報告をしていたのですが、そのとき「外国人教員を雇っても給料の良いところへすぐ逃げ出してしまうので、教員確保に困っている」という話を聞いたからです。だとすれば、京都大学でも同じことが起きても不思議はなかったはずなのです。

しかし私の頭では、ノーベル賞受賞者を多く輩出している、世界でも高名な京都大学のことだから、公募すれば、少なくとも人数だけは多くの応募者を確保できるだろうと予想していたのです。しかし、応募者が少なかったということは、世間はそれほど甘くなかったということでしょうか。

ところが最近になって『中央公論』二〇一五年二月号に「大学国際化の虚実」という特集が載っていることを知り、さっそく取り寄せて読んでみました。すると、何と驚いたことに特集の最初に京都大学新総長の山極氏が「真の国際化とは何か」という一文を寄せているのです。

しかも、そのなかで山極氏は、「なぜ日本の大学の外国人教員比率が低いかと言えば、給料の問題と居住環境の問題が大きい」「日本の大学、とくに国立大学の教員の給料は、外国、とくにアメリカの大学の教員と比べるとすごく安い」「京都は文化の厚みがある歴史的な町だから、毎日が楽しくて仕方がないと言ってくれる外国人も多いけれど、居住環境だけが整っていない」と述べていたのです。

日本政府の公教育にたいする支出はＯＥＣＤのなかでも最底辺のレベルにあることは周知の事実ですが、このようなことを放置しておいて文科省は、「大学世界ランキング」でトップレベルを目指せと尻をたたいているのです。しかし、それがいかに絵に描いた餅にすぎないかが、はしなくも京都大学の人事で露呈してしまったように思えました。

この人事について知らせてくれた知人は、そのとき『中央公論』二〇一五年七月号に「外国人教員から見た、日本の大学の奇妙なグローバル化」という論文が載っていることも知らせてくれました。この論文は京都大学と九州大学に勤務する二人の准教授（前者はアメリカ人、後者はイギリス人）による共著論文でした。

この論文については本書の第3章註5でかなり詳しく紹介したので、ここでは詳細は割愛させていただきますが、そこで彼らは、「外国人教員の召致に熱心なのは結構だが、それよりも心配すべきなのは日本人の優秀な研究者の頭脳流出ではないか。上意下達化している教授会その他の会議に、教員が意味のない出席を義務づけられ、事務員に出席しているかどうかだけを監視され点検されることに、教員は嫌気がさしているからだ」と書いていたのです。

理事長や学長が権力をふるっている私立大学や地方の国立大学ならいざ知らず、天下の旧制帝大ですら議論の自由がなく、かつ教育と研究に専念できる環境が保障されていないことに私は驚かされました。このような環境に外国人教員が魅力を感じるはずがないのです。彼らは次のようにすら書いていました。

「(大学改革の)本来の目的は、日本に当然あって然るべき高いレベルの授業と研究が大学で行われるようにすることでなければならない。これが実現すれば、文科省は国際的にトップレベルの学者を惹き付けるために特別な資金をあえて用意する必要はない。なぜならば、彼らは自発的にやってくるだろうから。」(一八七頁)

これを読むと、現政権の大学改革がいかに荒唐無稽のものであるかが、日本人にとってだけでなく外国人の眼にとっても歴然としていることがよく分かります。というよりも、外国人だからこそ、より鮮明に見えた大学の姿かも知れません。

ところで、先に紹介した『中央公論』二〇一五年二月号の「大学国際化の虚実」という特集に、もうひとつ私の目を惹いた記事がありました。それは「もし日本のすべての大学の授業が英語でおこなわれたら

――斜めから見たグローバル化」という論文です。

これを書いた清水真木氏（明治大学教授）は、数年前からグローバル化を肯定する「空気」が次第に濃くなり自分のような哲学を担当しているのんきな身分の教員ですら息苦しさを感じるようになった、そして英語で授業した実績がないと不利益を被ることになるのではないかといういやな予感が頭から離れなくなったというのです。

そこで清水氏は履修者の多くない授業（週に一コマ、半期だけ、三年生以上）で実験することにしたそうです。この実験で得た結論を氏は次のように述べています。

「日本語で聴いて分からないものを英語で聴いて分かるはずがない」「英語で聴いて分かる話のレベルが、日本語で聴いて分かる話のレベルを超えることはありえない」、したがって「英語による授業の割合が増えるとともに、これに比例して、大学が提供する授業の質の平均的なレベルが低下する」（一四五頁）

このような結論は、私が京都大学国際シンポジウムの基調講演で述べたこと（二〇一四年一一月、第1章第2節に採録）と符合していて極めて興味深いものでしたが、しかし私にとっては実験するまでもなく、これは自明のことでした。しかし清水氏は、自らも述べているように、「実際に授業し、学生の反応を見るまで、うかつにもこれに気づかなかった」と言うのです。

あの基調講演で私は次のように述べました。

「有名な笑い話に『難しいことを易しく説明するのは小学校教師、易しいことを難しく説明するのが大学教師』というものがあるからです。大学教師や高校教師は、日本語で説明する授業でさえ、一般的には、小学校教師よりも下手なのです。だとすると、高校や大学で、日本語を使ってですら、上手く生徒・学生に説明できない教師が、日本語で説明してもきちんと理解できない生徒・学生を相手にして、英語で授業をしたら、どんな悲惨な結果になるか、想像に難くないでしょう。」

ところが政府・文科省には、このような自明な結論が未だに見えていないのです。たぶん彼らも清水氏と同じように、日本の大学・学生のレベルが目に見えて低下するまでは、このことに気づかないのかもしれません。しかし、それでは大学が崩壊してしまいます。そうなってからでは遅すぎるのです。だからこそ私は本書の緊急出版を明石書店にお願いしたのでした。

私が本書を書き終えてから新しく起きた出来事で、私にとって最も印象的だったのは、今年（二〇一五年）もまた、日本人が二人もノーベル科学賞を受賞したというニュースでした。しかも、物理学賞を受賞した梶田隆章氏も医学生理学賞を受賞した大村智氏も、いわゆる旧制帝大の卒業生ではなかったのです。

梶田氏は大学院は東京大学ですが学部卒業は埼玉大学でしたし、もっと興味深かったのは大村氏が山梨大学学芸学部自然科学科を卒業し、最初は東京都立工業高校（夜間定時制）で理科教諭として勤務していたという事実でした。

しかも大村智氏が大学院で得た学位は、定時制高校に勤務するかたわら通った東京理科大学の修士号のみです。博士号は東京大学（薬学）、東京理科大学（理学）から得ていますが、それぞれの大学の博士課程を出ているわけではありません。いわゆる「論文博士」です。

政府・文科省は「国際化を断行する大学」と称して英語化を推進する大学に巨額の補助金を出すことに決めたわけですが、「スーパーグローバル大学」のタイプA「トップ型」として選ばれた大学のほとんどは、旧制帝大か有名私大の慶応・早稲田のみでした。

それどころか、タイプB「グローバル牽引型」として選ばれた国立大学のなかにも、梶田隆章氏や大村智氏が卒業した埼玉大学や山梨大学は入っていません。したがって当然のことながら、大村氏が定時制高校に勤務しながら通っていた東京理科大学（大学院）や、大学院卒業後に助手として勤務した山梨大学工学部、その後に異動した北里大学は、タイプBにすら登場しません。

このような財政支援の仕方にたいして、私は本書で、「優れた人材はどこでどのように眠っているのか分からないのだから、能力別学級をつくるような財政支援のしかたをしていると、日本全国に埋もれている宝・逸材を取り逃がすだけでなく、莫大な血税をどぶに捨てることになりかねない」と批判してきました。その批判を改めて見事に証明してくれたのが今回のノーベル賞の受賞人事ではなかったのかと思うのです。

また政府・文科省は、「グローバル人材」を育て、同時に「世界大学ランキング上位に入る大学」を目指せと主張しつつ、「ＴＯＥＦＬを大学入試に使え」とか「留学生を倍増して一二万人にする」という政策を打ち出したりしています。

しかし、このような政策にたいしても、私は本書で、「アメリカ留学用の資格試験であるＴＯＥＦＬを大学入試に使うというのは、大学生全員が留学するわけでもないのだから、学生に無用な負担を強いるだけであり、高額の受験料をアメリカに献納するだけに終わりかねないという意味でも、無駄である」と批判してきました。

また留学に関しても、私は本書で、「日本の大学では博士課程までも日本語で教授できる、しかもノーベル賞受賞者の大多数は留学すらしていない。アメリカで博士号を得たのは受賞者のうち二人しかいない。だから高額の留学費用をかけて、しかも銃乱射やレイプが渦巻くアメリカの大学に、危険をおかしてまで留学する価値はない。武者修行をしたければ日本の大学で博士号を取り、研究テーマがはっきりした段階で、研究員や招聘教授として遊学したほうがはるかに有益だ」と述べました。

このことを再び見事に証明してくれたのも、梶田隆章氏や大村智氏の受賞ではなかったかと思うのです。というのは梶田氏は、埼玉大学を卒業したあと進学した東京大学大学院で、博士号を得ただけで、一度も留学していません。研究員や招聘教授としてすら留学していないのです。それでも世界最先端の研究ができ、ノーベル賞が取れるのですから、わざわざ高額の費用をかけ、銃暴力にあうかも知れない危険をおかしてまで留学する必要はないのです。

大村智氏の場合も基本的には同じです。先述のとおり大村氏は大学院の博士課程すら出ていません。氏は、東京理科大学で修士号を取り、山梨大学工学部で助手を務めたあと、北里研究所に移り、そこで技術補として研究した成果が認められて北里大学の助教授となりました。しかし氏が東京大学で薬学博士号を得て、東京理科大学でも理学博士号をとったあとアメリカに遊学したのは、米国ウェズリアン大学の客員教授としてであって院生でも研究生でもありませんでした。

何度も言いますが、日本で質の高い研究をしていれば、院生や研究生としてすら留学する必要はないのです。私が本書で「武者修行をしたければ日本の大学で博士号をとり、研究テーマがはっきりした段階で、博士研究員（いわゆるポスドク）や招聘教授として遊学したほうがはるかに有益だ」と述べたことの正しさが、ここでも改めて証明されているのではないでしょうか。


ところで、私がアメリカ留学をする必要はないと述べた背景には、（その詳細は本書で説明したので省きますが）アメリカの大学の学部教育や修士課程は外から見るほどレベルは高くないという事情もあります。

平和学の創始者であるヨハン・ガルトゥング氏は「学部教育は見るべきものは何もないが博士課程だけ

は別格だ」と述べていますが、博士課程に留学しても、TA（ティーチングアシスタント）として授業の補助やレポートの採点をしたり教員の代わりに学部の授業を担当したりする仕事に追われ、自分の研究時間が大幅に削られるということも少なくありません。

だからこそ私は、「TOEFLで高得点をとるために苦労して英語学習に励み、高額のTOEFL受験料と莫大な留学費用を払ってまで留学しても、銃暴力や性暴力におそわれる危険もあるアメリカへ、なぜ学生や院生として留学しなければならないのか」と、本書で繰り返し疑問を呈してきたのです。

まして学部レベルや修士レベルでは日本の大学で学ぶことと大して差のないことを、あるいはそれよりもレベルの低いことを、英語で苦労しながら学ぶとなれば、なおさらのことです。

それどころか、英語学習にエネルギーを奪われ、研究力・創造力は枯渇してしまう恐れさえあります。その証拠に、梶田隆章氏や大村智氏の経歴を調べてみても、英語学習に多大なエネルギーを注いだ痕跡はほとんど見つけることができませんでした。

梶田氏は、ウィキペディアによれば、小中学校ではトップクラスの成績だったが、埼玉県川越高校の成績は中の下程度で、埼玉大学理学部に進学後も高校から続けていた部活動（弓道）に熱中し、大学院の入試も全く解けなかったそうです。このように埼玉大学でも、副将を勤めるほど弓道に熱中していたのですから、氏がTOEFLなどの英語学習に精力を注いだとは、とても考えられません。むしろ大学院の研究が面白くなってきて、それが英語論文を読み書きするちからを育てたと考えるほうが自然でしょう。

他方、山梨県北巨摩郡神山村（のちの韮崎市）生まれの大村氏は、韮崎高校ではスキー部と卓球部で主将を務めるなどスポーツに熱中し、特にスキーは、大学生のときに国体出場したほどの腕前だったそうです。しかし氏の場合も、英語学習に没頭した形跡は見当たりません。五年間勤務し、物理や化学の授業で教鞭を執った夜間定時制高校でも、ＴＯＥＦＬの受験学習をした形跡はありません。

というよりも、働きながら東京理科大学修士課程を修了するのに精一杯で、またその後の山梨大学工学部助手を振り出しに研究者としての生活を始めた後も目の前の研究に没頭し、留学そのものが念頭になかったのでしょう。北里研究所で技術補として抗生物質ロイコマイシンの構造を解明していたとき、研究に熱中するあまり精神科を受診したというエピソードが、そのことをよく物語っています（『日本経済新聞』二〇一〇年七月一四日）。

ですから大村氏の場合も、他の多くのノーベル賞受賞者と同じく、英語は研究の後に付いてきたのであって、英語力が氏の研究力を培ったわけではなかったのです。氏がウェズリアン大学の客員教授を兼任することになったのも、カナダの国際会議で知り合ったアメリカ化学学会会長（マックス・ティシュラー）にたいして留学を打診したところ、研究業績が高く評価されて客員教授採用に至ったもので、氏の会話力が優れていたからではありませんでした。

このことをみても、私が本書で何度も述べたこと、すなわち「日本人は世界の最先端をいく学問を日本語で学ぶことができる」「文科省は留学し研究力をつけるためにこそ英語力をつけろと言っているが、ＴＯＥＦＬなどの受験勉強で精力を奪われることは時間とお金の無駄遣いだ」「武者修行をしたければ日本の大学で博士号をとり、研究テーマがはっきりした段階で、ポスドク研究員や招聘教授として遊学したほうがはるかに有益だ」と述べたことの正しさが、改めて証明されているのではないでしょうか。

ウィキペディアによれば、二一世紀以降、自然科学賞部門の国別で、日本は米国に続いて世界第二位のノーベル賞受賞者数を誇っているのです。ですから、「大学世界ランキング」で日本の地位が低いと大騒ぎして「国際化」を断行し（そのうえＴＯＥＦＬなどの外部試験を導入して入試制度を改悪し）いま世界トップクラスにある日本の学問的地位を引き下げる必要は全くないのです。

それどころか、OECDの国際成人力調査でも日本は世界第一位の「読解力」「数学力」を誇っているのです。しかも本書第3章で詳述したように、この調査は世界二四か国で一六歳から六五歳の男女を対象におこなわれたものですが、その結果は日本の中高年齢層のほうが若者よりも学力が高いことを示しています。つまり旧制度の教育を受けたひとのほうが学力が高いということです。これには調査結果を分析したOECDの解説者自身が驚いているくらいです。

これを逆に言えば、日本は教育改革を重ねれば重ねるほど学力が低下しているとも言えるわけです。これは、文科省の「改革」が実は「改悪」であったこと、現在の「改革」を重ねる教育を受けた世代からはノーベル賞の受賞者は出てこない可能性があることを、示唆しているとも言えるのです。

考えてみれば、日本の歴代のノーベル賞受賞者は、文科省が改悪を重ねる以前に教育を受けたひとたちばかりです。大学入試も全教科を受けねばなりませんでしたし、英語の聞き取りテストもありませんでした。もちろん小学校で英語学習をうけることもありませんでした。

にもかかわらず、昨年度の日本人による受賞に引き続き、今年度（二〇一五年）も、大村氏や梶田氏がノーベル賞を受賞したことは、日本人がノーベル賞級の研究をするためには留学する必要もないし、小さい頃から英語学習にうつつを抜かす必要もないことを、みごとに示してはいないでしょうか。

ここまで書いてきたとき、ふと気になって手元にあった松尾義之『日本語の科学が世界を変える』（筑摩選書）を読み直してみました。驚いたことには、そこには次のように書かれていたのです。

「なぜ日本の若い研究者は外国に留学しないのだろう。古い人にはたぶん分からないと思うが、その一

番の理由は、十中八九、日本の研究レベルが高くなってしまい、留学するメリットが薄れてしまったことだ」（二一三頁）

氏は右のように述べる理由として次のような事実をあげています。

「ネイチャー誌などを読めば薄々わかるのだが、昔に比べて、本当に、アメリカやヨーロッパから出てくる論文がつまらなくなった。（中略）私はここ数年、『ネイチャー誌で日本人の論文が出たら、まず間違いなく、質が高くておもしろいですよ』と科学者に申し上げてきた。トーマス・クーンのいう普通の論文、つまり今の科学のパラダイムの中のこまごまとした論文ではなく、少しでもその殻を破ろうとするものを探すと、多くが日本人科学者の論文だということだ」（二一〇－二一一頁）

科学雑誌として有名な『ネイチャー』（週刊）は、日本独自に『ネイチャー・ダイジェスト』という月刊誌を発行していて、前掲書の著者・松尾氏は二〇〇九年から四年半、その実質的な編集長を務め、一貫してネイチャー誌に載った英語論文を追い続けてきた人物です。その氏が言うことだけに、私には極めて説得的でした。

この本が出たとき私はざっと通読して「私と同じことを考えているひとがここにもいた」という印象が強くて、その細部までを記憶していませんでした。というのは、題名『日本語の科学が世界を変える』が示すように、この本の主張は、日本人が日本語で思考するからこそ世界の先端を行く科学をつくりだすことができたのだという点にあり、それを多くの例をあげて実証していたからです。

たとえば、湯川秀樹の「中間子」という概念・考え方も、西洋的な思考からは生まれなかったものですし、昨年度（二〇一四）のノーベル物理学賞を受賞した「青色発光ダイオード」の発明も、松尾氏によれば、実は元東北大学総長を務めた西澤潤一氏の研究がなければ生まれようがなかったものでした。松尾氏によれば「工学分野ではノーベル賞を二つもらってもいいかな」と思われるほどの大天才です。いわば理論物理学における南部陽一郎のような存在です。

またニュートリノの研究で今年度の物理学賞受賞者である梶田隆章氏は東京大学の大学院で小柴昌俊氏と戸塚洋二氏の指導を受けたのですが、その戸塚氏は東京大学宇宙線研究所長として一九九八年、スーパーカミオカンデでニュートリノ振動を確認し、ニュートリノの質量がゼロでないことを世界で初めて示した人物ですから、二〇〇八年に癌で死亡していなければ、梶田氏よりも先に（あるいは梶田氏と一緒に）ノーベル賞を受賞して当然の人物でした。

このように日本にはノーベル賞候補者がきら星のごとく存在しているのです。松尾氏によれば『日経サイエンス』が一九九一年一〇月号で「日本の頭脳――ノーベル賞に限りなく近い人たち」という大特集を組んだとき、その時点ですでに「候補者」は五〇人近くいたそうです（前掲書九一頁）。とりわけ技術や工学の分野では、日本は間違いなく世界のトップレベルを走っていて、少し紹介したいと思っただけでも、あげるべき人物は一〇〇人は下らない、しかし「絶対に外せない人」という条件をつければ、先に紹介した西澤潤一博士を置いていないだろう――これが松尾氏の意見でした（前掲書一六〇頁）。

つまり松尾氏によれば、日本の研究者が海外に出ようとしないのは留学が必要ないからなのですが、だからといって氏は、海外に武者修行にでかけることは意味がないことだと言っているわけではありません。「ある程度の基礎固めができた段階」で海外に出かけることは、それなりに有意義であるし、「日本語による科学の充実にも貢献する」と述べているのです。

だとすれば政府・文科省が今こそ積極的に考えるべきことは、若手研究者が「海外に出ることを支援する仕組み、外に出ると得をする仕組み」であり、「小学生の英語教育よりも、こちらの方がまず優先されるべき」（二一四頁）だと松尾氏は言うのです。これも私が本書で述べてきたことと符合していてまさに我が意を得たりという思いでした。ここで氏は明言していませんが、学生や院生への留学支援策についても同じ思いだったと思われます。つまり、まず考えるべきは若手研究者の遊学であって学生・院生ではないのです。

（ちなみに松尾氏は前掲書で、ノーベル賞を受賞した朝永振一郎氏も、プリンストン高等研究所の元所長オッペンハイマー氏も、「科学者の英語はブロークン英語だ」と言っていたことをも紹介しています。これも記憶に止めておくに値する事実ではないでしょうか。）

ところで昨晩、散歩に出たとき立ち寄ったコンビニ店で、何気なしに売られていた新聞を見ていたら、「留学生先しぼむ米人気」という大見出しが目に飛び込んできました。見ると朝日新聞の夕刊（二〇一五年一〇月二八日）で、日本の学生の留学先としてはアメリカよりも中国のほうが多くなったというのです。「日本の学生、中国行き、逆転」という中見出しで、次のような説明が付けられていました。

「留学先の内訳では、〇四年には米国が約四万二千人で全体の半数を占めていたが、一一年には半減し、全体に占める割合も約三五％に落ち込んでいる」「〇四年をピークに下がり続けていた留学者も一二年の最新統計では久々に盛り返したが、米国留学の減少に歯止めがかからない」「対照的に増え続けているのが中国で、一二年にはついに米中が逆転した」

私は本書第1章で、「嘘をついてイラク侵略を開始（〇三年）して以来、アメリカの威信は大きく失墜し、それに比例してアメリカに対する嫌悪感と英語嫌いは増大する一方だ」「政府・文科省が小学校から大学に至るまで英語熱をあおり立てているのは、このような危機感の現れではないか」と述べました。「〇四年以来、米国留学の減少に歯止めがかからない」という朝日新聞の記事は、この私の仮説が正しかったことを証明しているように見えます。

この記事で不思議なのは、現在の日本政府が反中国感情を煽り立てているのに、中国への留学生数がアメリカ留学の人数を超えたという事実です。「グローバル人材」の育成を掲げ、英語を学んでTOEFLを受験しアメリカ留学することが「国際人」の証であるかのように、文科省は言い立てているのですが、肝心の学生は冷ややかにそれを眺めているということなのでしょうか。

ロシアや中国を核とするBRICS諸国が、今や世界で大きな存在感を示すようになりました。中国が主導するアジアインフラ投資銀行にイギリス・フランス・ドイツ・イタリアのようなEU諸国まで雪崩を打って参加するようになり、今までアメリカが覇者として君臨していた世界も多極化し始めています。

政府・文科省はアメリカの方しか顔を向けていませんが、留学生の人数が米中で逆転したということは、学生の方がグローバル化する本当の世界像が見えているのかもしれません。もしそうだとすれば、政府が反中感情を煽って中国包囲網を強化しているにもかかわらず、文科省よりも先に学生の方が、すでに「グローバル人材」として育っていると言うべきでしょう。

それはともかく、朝日新聞は先の記事で、アメリカへの留学が減少している理由として経済的要因をあげ、それが米国留学に二の足を踏ませることになっているという解説をつけています。「高い学費と円安」という小見出しをつけ、「一一年時点での米国大学の年間平均授業料は、私立大学も州立大学も、日本の大学のほぼ倍で、これがさらに増額傾向にある」「円安ドル高が、これに追い打ちをかけている」というのです。

もちろん、これがひとつの大きな要因であることは事実でしょう。だからこそアメリカの学生は学費の安いカナダに逃げ出しているのです。それを私は本書第3章で詳述しながら、安倍政権は留学生倍増計画と称し「カナダに逃げ出した学生の穴埋めとして、日本の学生をアメリカに送り出そうとしているのか」と批判したのでした。

しかし、アメリカ留学が激減しているもっと大きな要因に、アメリカの国内事情があるように思います。というのは私が本書で詳述したように、アメリカ国内では学校や大学の構内ですら「銃の乱射」「性的暴行」が蔓延して、たくさんの被害者が生まれているからです。このような内情を知れば、学生はもちろんのこと、親も自分の息子や娘をアメリカに送り出すことに不安を覚えるでしょう。

銃による殺人事件は毎日八九人にも及び、毎週どこかの学校または大学で、四人以上の死傷者が出る銃乱射事件が起きているのです。日本の学生・院生は日本語で世界最先端の研究ができるのですから、そのようなアメリカに、なぜ好きこのんで留学しなければならないのでしょう。二の足を踏むのは当然のことではないでしょうか。ところが朝日新聞は、このような事実には一言もふれていないのです。

私は本書第3章で大学における銃乱射事件についても、かなり詳しく説明したつもりですが、その後もスクール・シューティングは収まる気配を見せません。

つい先日（二〇一五年一〇月一日）、オレゴン州のコミュニティカレッジ（公立短期大学）で、銃器で武装した男が九人を射殺したあと、警察の銃撃戦のなかで自殺しました。ところが、その後二週間もたたないうちに二つの大学で（アリゾナ州とテキサス州）、またもや銃撃事件があり、ふたりが死亡しているのです。

次頁下の図表は「Everytown for Gun Safety」という銃規制を求める団体のホームページに載せられているものですが、人口一〇万人あたりの銃による殺人事件を棒グラフにしたものです。これを見れば分かるように、文明化した世界で、アメリカの銃による殺人率は他の諸国の二〇倍以上なのです。

このようなことを知っていて政府・文科省は、ＴＯＥＦＬ受験を煽りアメリカ留学を勧めているのでしょうか。本書でも繰り返し述べたことですが、知らないで勧めているとすればその無知を恥じるべきですし、知っていて勧めているのであれば殺人罪に荷担することになりかねません。

　まして、アメリカにおける大学の教育内容が、メディアでもてはやされているほどの質の高さをもっていないとすれば、留学には、なおさら意味がないことになります。これも本書で詳しく説明したので、これ以上は繰りかえしません。

　私に許された「あとがき」の紙幅が残り少なくなってきましたが、どうしても書いておきたいことが、あとひとつだけ残されています。そのひとつが大学における研究資金の問題です。

　大村智氏がノーベル賞を受賞したとき、氏の研究がアメリカの製薬会社メルクから資金提供をうけたものであり、産学協同の先端を走ってきた人物であるかのように紹介され、メディアでも、もてはやされました。

人口10万人あたりの銃による殺人事件数

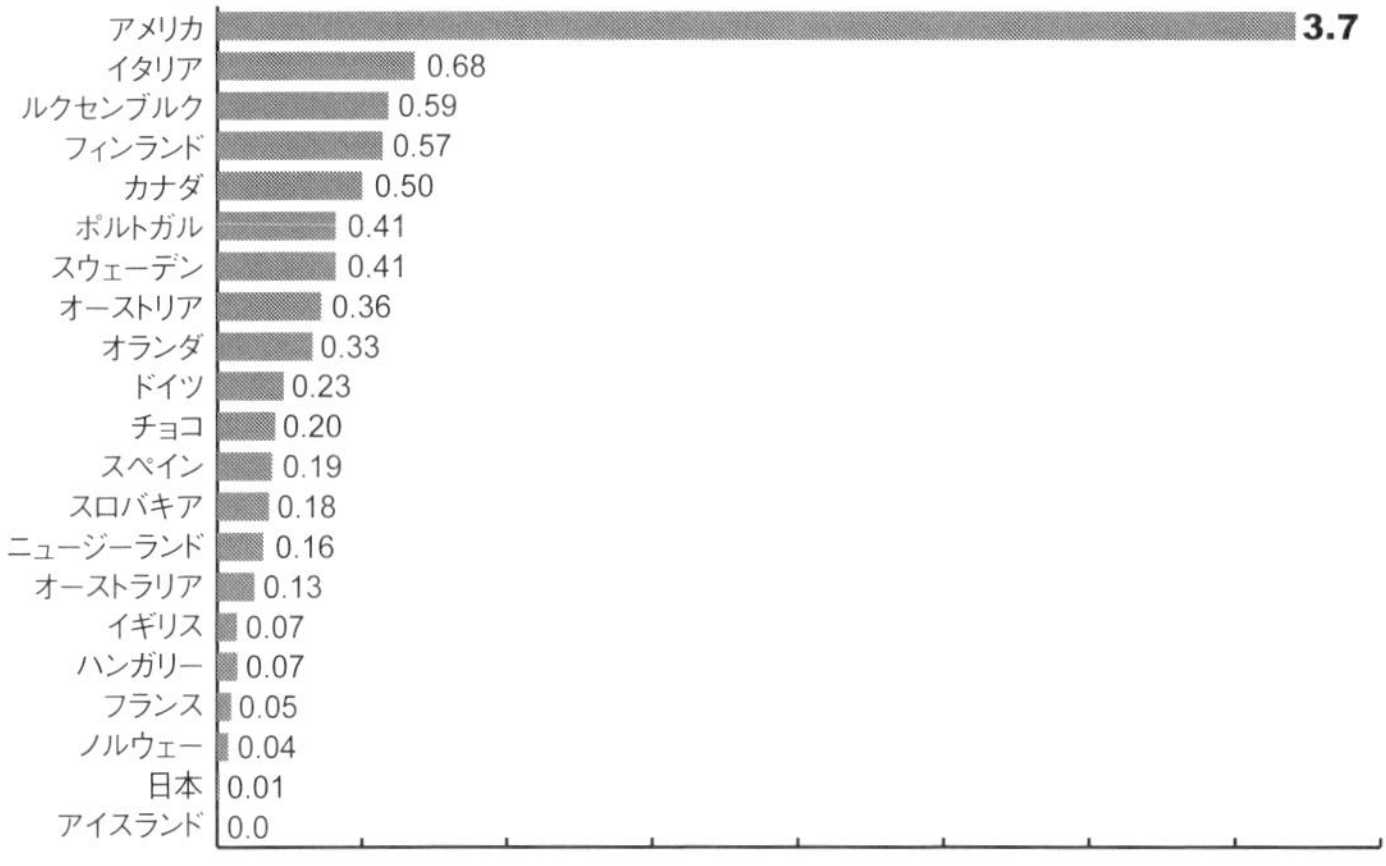

しかしこれは客員教授として研究していたウェズリアン大学から帰国するとき、「戻っても研究費はない」と言われ、やむを得ずアメリカで製薬会社を回って共同研究を打診して資金を獲得したのでした。政府・文科省が将来性のある研究や研究者にきちんと援助をする仕組みをつくっておけば、このような苦労は必要なかったはずなのです。

ところが文科省は大学への交付金は毎年のように削る一方で、「スーパーグローバル大学」として認められた大学にだけは、破格の資金を大盤振る舞いすることにしました。このような「能力別学級」だけを育てるようなやりかたをすれば、大村氏が助手として研究生活を始めた山梨大学、あるいは氏が後に職を得ることになった北里大学のような、地方の小さな国立大学や中小の私立大学は、永遠に陽の当たらない存在となってしまいます。

これでは、何度も述べてきたように、全国各地に埋もれている貴重な人材を発掘しないまま投げ捨てることになるでしょう。青色発光ダイオードの発明でノーベル賞を受賞した赤崎勇氏は「自分のやりたいこと、いつ芽が出るかも分からないことを、自由に研究できたことが受賞につながった」と言っていますが、今や名古屋大学や京都大学のような旧制帝大でさえ文科省の交付金だけでは研究できない状況に追い込まれているのです。新しく京都大学の総長に選ばれた山極氏も京都大学新聞のインタビューで「企業・個人から寄付金を集めないかぎり研究できない状況に追い込まれている」と述べていました。

いわゆる旧制帝大のような巨大国立大学をも、このような状況に追い込んでおきながら、他方で「国際化を断行する大学」「英語一極化を推進する大学」には「スーパーグローバル大学」のようなかたちで莫大な資金を提供するわけです。これは、財政難にあえいでいる過疎地の自治体の弱みにつけ込んで原発を受け入れさせたやり方と同じです。これでは、「いつ芽が出るかも分からないことを自由に研究できる環境」

は、拡大するどころか減少・消滅する一方になるでしょう。

なぜなら「スーパーグローバル大学」として認められれば申請した期日までに申請したとおりの成果をあげなければなりませんし、企業との共同研究も企業の望むような成果を出さなければ将来の資金提供はありえないからです。これでは真に画期的な基礎研究はできないことになります。このような弱みにつけ込んで新しく登場したのが防衛省による研究資金の提供でした。

防衛省は、一件あたり年間三〇〇〇万円で超高速エンジンや無人車両技術など二八分野で公募をかけ、一〇九件の応募から東京工業大学など四大学を含む九研究機関を指定しました。アメリカでは無人飛行機が殺人爆撃機として使われ、パキスタン、アフガニスタン、イエメンなどで数多くの民間人犠牲者を生み出してきましたが、このようなことに日本も大きく足を踏み出そうとしていることに、私は大きな危惧を覚えざるを得ません。

憲法九条をもつ国が、まさかこれほどまでに大きく右旋回することになろうとは、かつては想像だにできませんでした。日本は、「フクシマ後の世界」を生きているにもかかわらず、原発輸出や武器輸出にうつつをぬかす「普通の国」になろうとしているだけでなく、今や大学までもが研究費ほしさに軍事研究にまで乗り出そうとしているのです。


しかしこれは、現在の政府・文科省が、憲法九条を解釈改憲してアメリカと集団的自衛権を行使するための戦争法案を強行採決したり（これは与党が推薦した憲法学者すら国会で違憲だと証言）、「国立大学は、式典では日の丸を掲げ、君が代を斉唱せよ」という通達を出しつつ政府批判の温床となりかねない人文系・社会科学系学部の縮小廃止を指示したりしているのですから、ある意味で現政権にとっては当然の流れとも言えるわけです。

とはいえ、「グローバル人材の育成」という視点から見れば、そのような政府の行為は、私にはまさに天に唾する行為に見えます。なぜならグローバル化する世界は、今やアメリカと英語・ドルの一極支配からBRICS諸国を初めとする多言語・多極化する世界へと大きく転換しようとしているからです。

このようなグローバルな勢力転換は、アメリカが米州機構（OAS）で孤立し、キューバと国交回復せざるを得ないように追い込まれたことに典型的に表れています。チョムスキーがデモクラシーナウのインタビューでも述べていることですが、南北アメリカとカリブ海の全独立国三五か国が参加する米州機構は、アメリカがそれらの諸国を単なる自分の「裏庭」だとみなしてきたにもかかわらず、今やアメリカの統制がきかない組織になってしまっているのです。

アメリカが米州機構どころか世界で孤立し始めていることは、先日（一〇月二七日）の国連総会でも露呈しました。キューバに対する経済制裁を解除するようアメリカに求める決議が圧倒的多数で採択されたからです。キューバと国交回復するなら、当然のことながら経済制裁も解除しろというわけです。同様の決議は一九九二年から採択されており今年で二四回目なのですが、とりわけ今年はアメリカの孤立が目立ちました。この決議に反対したのはアメリカとイスラエルの二か国だけだったからです。

ですから、「グローバル人材の育成」を掲げながら、アメリカの戦争政策に荷担していくのは、グローバルとしての世界の流れが全く見えないからとしか言いようがありません。『肉声でつづる民衆のアメリカ史』（明石書店）を読めば分かるように、アメリカは建国以来、一貫して武力でものごとを解決してきましたが、現在の中東の混乱ぶりを見れば分かるように、武力では平和を勝ち取れないこと、国土を瓦礫に変え、死傷者と難民を激増させるだけだということは、ますます歴然としてきています。

だからこそ、「今まさに日本の出番なのだ」「日本の良さ（地救原理）を広め、世界をタタミゼ（畳化）せよ」というのが、言語学者・鈴木孝夫氏の主張でした。

鈴木氏の言う「地救原理」「タタミゼ」について詳しいことは本書第3章第3節をぜひ読んでほしいのですが、氏によれば、日本人はもともと争いを好まない草食民族であり、肉食民族が得意とする英語ディベートは性格的に合わないだけでなく、日本人の良さを殺してしまいかねないというのです。その意味で憲法九条はまさに日本人にぴったりの条文だというわけです。

いまロシアとアメリカ、中国とアメリカの間で新しい冷戦が始まりつつありますが、それがいつ熱戦＝核戦争に変わるか分かりません。そのように地球が丸ごと破壊されかねない危機にあるとき、憲法九条をもつ日本は、「武力」によってではなく「言力」によってものごとを解決する以外にはないし、そのような日本の良さ（地救原理）を広め、世界をタタミゼ（畳化）することこそが今の日本に求められている、と鈴木氏は主張しているのです。

しかし「攻撃的な言語である英語」を学べば学ぶほど、日本人も攻撃的な人間にかわってしまう危険性がある。したがって『武器としてのことば』を使った戦いは、現代の防人《さきもり》すなわち外交官や、「私のような風変わりのな人間」「相手をいじめることを無上の喜びみたいに感じる連中」に任せるべきで、すべての日本人が「防人」集団になってしまったら「日本人の良さ」が死んでしまう――これが鈴木氏の主張でした。

だとすれば、日本の良さ（地救原理）を広め、世界をタタミゼ（畳化）する大学教育は、どうすれば可能になるのでしょうか。「日本人の、日本人による、日本人のための英語教育」は、どのようなかたちをとる必要があるのでしょうか。

鈴木氏の言う「今や下山の時代」だからこそ、このような議論が、いま緊急に求められているのではないかと思うのです。

また、そのような議論が緊急におこなわれなければ、そして今の文教政策がこのまま進行すれば、日本の大学教育だけでなく、日本の公教育全体が確実に亡びるでしょう。

英国のタイムズ紙の高等教育情報誌THE（Times Higher Education）が一〇月一日に発表した世界大学ランキング二〇一四〜二〇一五で、日本の大学がランクを下げて話題になりましたが、調べてみると、低下した一番の理由は在籍する外国人学生の数の少なさによるものであって、研究者の実力とはほとんど何の関係もありませんでした。

現在の日本は、本書第3章でも詳述したように、OECD国際成人力調査の「国語力」でも「数学力」でもトップの位置を占めていますし、ノーベル科学賞の受賞者数も二一世紀以降はアメリカに次いで世界第二位です。

しかしこれは、これまで積み重ねられてきた現場教員・研究者の血のにじむような努力に支えられて生み出された成果でした。

いま極めて深刻なのは、文科省が教育改革という名の「改悪」をすればするほど、教員が置かれている教育・研究環境が悪くなり、生徒・学生の学力は低下しているという事実です。文科省自身による最近の調査でも、「高校三年生の英語力は中卒程度」でした（一〇月一日発表）。

ですから、何度も言うように、このまま事態が進行すれば、OECDにおける日本の地位も、ノーベル賞受賞者数も、確実に転落・減少するでしょう。そんな不安を私はどうしても拭い去ることができません。

私が本書を緊急に出版したいと思ったゆえんです。

くりかえしになりますが、日本の良さ（地救原理）を広め、世界をタタミゼ（畳化）する大学教育は、どうすれば可能になるのでしょうか。「日本人の、日本人による、日本人のための英語教育」は、どのようなかたちをとる必要があるのでしょうか。本書がそのような議論の「たたき台」になれば、私としては、これほど嬉しいことはありません。

なお最後になりましたが、編集部の森富士夫さんには、本当にお世話になりました。私の様々な要求・御願いに辛抱強くつきあっていただき感謝に堪えません。この場を借りて改めてお礼を申し上げたいと思います。

二〇一五年十一月

寺島　隆吉

[著者紹介]
寺島隆吉（てらしま　たかよし）
1944年生まれ。東京大学教養学部教養学科（科学史科学哲学）卒業。元、岐阜大学教育学部（英語教育講座）教授。現在、国際教育総合文化研究所所長、英語教育応用記号論研究会（JAASET、略称「記号研」）代表。石川県立高校教諭（英語）として在職中に、金沢大学教育学部大学院教育学研究科（英語教育）修了。コロンビア大学、カリフォルニア大学バークリー校、サザン・カリフォルニア大学客員研究員。ノースカロライナ州立農工大学（グリーンズボロ）、カリフォルニア州立大学ヘイワード校日本語講師。
著書：『英語教育が亡びるとき』『英語教育原論』（以上、明石書店）、『学習集団形成のすじみち』（明治図書出版）、『センとマルとセンで英語が好き！に変わる本』（中経出版）、シリーズ『授業の工夫―英語記号づけ入門』全６巻、『英語にとって学力とは何か』『英語にとって授業とは何か』（以上、三友社出版）、『英語にとって文法とは何か』『英語にとって音声とは何か』『英語にとって教師とは何か』『英語にとって評価とは何か』、シリーズ『英語音声への挑戦』全６巻（以上、あすなろ社）、**監修**：『寺島メソッド 英語アクティブ・ラーニング』（明石書店）、**訳書**：『肉声でつづる民衆のアメリカ史』『チョムスキーの「教育論」』『チョムスキー21世紀の帝国アメリカを語る』『アフガニスタン悲しみの肖像画』（以上、明石書店）、『衝突を超えて：9・11後の世界秩序』（日本経済評論社）など多数。

英語で大学が亡びるとき
――「英語力＝グローバル人材」というイデオロギー

2015年11月30日　初刷第１刷発行
2017年１月10日　初刷第２刷発行

著　者　寺島隆吉
発行者　石井昭男
発行所　株式会社 明石書店
〒101-0021　東京都千代田区外神田 6-9-5
電話　03（5818）1171
FAX　03（5818）1174
振替　00100-7-24505
http://www.akashi.co.jp
組版／装丁　明石書店デザイン室
印刷　株式会社文化カラー印刷
製本　本間製本株式会社

（定価はカバーに表示してあります）　ISBN978-4-7503-4266-5